国家社科基金西部项目（批准号：13XGL010）成果

政府私域救援研究！

ZHENGFU SIYU JIUYUAN YANJIU

陈红霞 ◎ 著

GOVERNMENTAL RESCUE ///////////////////
/////////// IN PRIVATE SPHERE

人民出版社

目　　录

绪　　论

人类历史,风险相伴。近代以来,人类在享受主体性发展带来的巨大福利的同时,也逐渐加剧了与外部世界的冲突,并引发了精神危机,使自己陷入深深的"发展困境"之中。这种"发展困境"的最激烈表现就是各种公共危机,较为温和的表现则是人的"生命困境"。

"生命困境"常常以"社会问题""公共问题"的面貌出现,如犯罪、贫穷、失业、人口、环境等问题,"影响到多数人的生活,而必须以社会群体的力量才能进行改进"①。但"生命困境"并不仅仅表现为"社会问题",也表现为某些"个人麻烦"。C. 赖特·米尔斯在《社会学的想象力》中就提出要区分"个人麻烦"与"社会问题"。② 郑杭生进一步将"个人麻烦"描述为没有"超出个人的特殊生活环境"、不会"威胁社会多数成员价值观、利益或生存条件"、不具备社会问题所具有的"普遍性和变异性、复合性和周期性、破坏性和集群性"等特征的现象。③

"个人麻烦"有可能是缓慢而温和地发展的,如生病、破产、欠债、感情危机等,虽然扰乱甚至中断了当事人持续一贯的生活状态,但通过个人、家庭、团体、社区等努力或依托政府的社会保障体系即能渡过难关,一般不会威胁当事人的生命。也可能是一种威胁当事人生命的状态,这种状态有可

---

① 北京大学社会学习社会学理论教研室:《社会学教程》,北京大学出版社 1997 年版,第333 页。

② 参见[美]C.赖特·米尔斯:《社会学的想象力》,陈强、张永强译,生活·读书·新知三联书店 2001 年版,第 6 页。

③ 郑杭生:《社会学概论新修》(第三版),中国人民大学出版社 2003 年版,第358—360 页。

能是紧急的,如自杀;也有可能是缓慢的,如吸毒成瘾或患上艾滋病。本研究将这种威胁当事人生命的"个人麻烦"称为"私域危机"。不同于公共危机"突然发生并对公众正常的生活、工作以致生命财产构成威胁"[①],私域危机的影响范围和破坏性有限。理论上,"私域危机"应依靠个人、家庭和团体的努力予以应对,而不应该"依靠社会中大家的力量共同解决"[②]。但实践中,现代社会则越来越依靠政府解决"私域危机",由此引发的争论也越来越多。本书以"主体性危机"为背景,立足近年来引发广泛关注和争议的典型案例,并将政府私域救援与"公共危机"救援进行比较,探索政府私域救援基本规律和总体要求,力争建立起相应的认知框架和实践体系。

一、研究的背景和问题

危机救援是政府的重要职能之一,是政府树立形象、赢得信任的重要途径,也是公民评价政府的重要标准之一,有学者甚至认为其"直接影响到国家政治经济的稳定和发展,进而关系到国家政权的生死存亡"[③]。实践中,政府也因为有较强的危机管理和救援能力而大受赞扬,如5·12汶川特大地震抗震救灾、利比亚撤侨等都让我国政府形象得到了极大的提升。但近年来,政府的部分救援行动却受到质疑,如在2010年"野黄山"事件、2011年四姑娘山14名"驴友"失踪事件、2014年马来西亚沙巴州中国女游客被劫持事件等影响较大的事件中,不少人在对当事人生命表达关心的同时,也在质疑当事人的行为是否合理,进而质问政府的救援行动是否存在公共资源错用和滥用的嫌疑,认为有些事件并不属于公共危机,一切后果应该由当事人自行承担,而不应该由公众买单。要正确理解公众态度变化,有必要认清这类事件与那些典型公共危机的区别。

---

① 肖鹏军:《公共危机管理导论》,中国人民大学出版社2012年版,第3页。
② 北京大学社会学习社会学理论教研室编写:《社会学教程》,北京大学出版社1997年版,第333页。
③ 张小明:《公共部门危机管理》,中国人民大学出版社2006年版,第2页。

(一)两类事件

根据社会舆论对政府救援行动的评价和反思,我们可以将政府所面对的危机分为两类。第一类事件如 2003 年 SARS 事件、2004 年"大头娃娃"事件、2008 年汶川特大地震等,危机规模较大,但引起的争议较少。第二类事件则不一样,规模较小,但引起的争议比较多,近年来这类事件中影响较大的有如下几例。

(1)"野黄山"事件。2010 年 12 月,18 名上海"驴友"在黄山遇险,营救过程中民警张宁海不幸坠崖牺牲,经过媒体的报道后,事件不断发酵,引发广泛争论。一方认为,警察乃公职人员,救人乃至因公牺牲是其职责所在,而被拯救是"驴友"应有的权利。[①] 另一方认为,"'野黄山'事件中,天之骄子们将原因粉饰为'公共品的提供和个人自由的矛盾'。这样的'理性'让人心寒,反映了部分大学生追求个人私利,放弃责任,群体意识错位。"[②]还有一部分人认为,此案件中,更应该警惕与反思的是政府垄断、挥霍公共资源及滥用权力的行为,而不应该是学生的冒失行为。[③]

(2)四姑娘山"驴友"失踪事件。2011 年 9—10 月,来自杭州、武汉、广州的 9 名"驴友"因穿越四川四姑娘山而与外界失去联系 12 天。救援过程中,四姑娘山景区、小金县政府、卧龙自然保护区、理县政府、阿坝州政府、四川省登山协会以及当地的森林公安、武警等各级政府和众多部门、单位动员救援人员上千人,仅进山搜救队员就达 300 多人。按照四姑娘山户外活动管理中心的统计,共有 300 多人参与搜救,一共产生了 13 万元左右的救援费用。但救援行动结束后,被救"驴友"仅承担四川省山地救援总队志愿者食宿费用 3600 元,人均承担救援成本不到 500 元。此次事件是我国首次因此类危机救援而要求被救助对象承担救助成本。虽然更多的人认为应该让

---

① 杨于泽:《警察搜救驴友纵有牺牲也天经地义》,《中国青年报》2010 年 12 月 16 日。

② 刘敏辉:《读大学张扬个性得有道德底线》,见 http://news. hustonline. net/article/86602. htm。

③ 《复旦学生标签下的政府救援》,《凤凰评论》第 347 期,2010 年 12 月 27 日,见 http://news. ifeng. com/opinion/special/fudanjiuxianguocheng/。

当事人承担所有的成本并进行罚款,但由于当时法律法规对此并无明确的规定,且执法主体不明确,因而无法对其进行惩罚,也无法追偿政府承担的所有成本。

（3）医保范围争议。2011年6月22日,上海市发布了《关于贯彻实施〈社会保险法〉调整本市现行有关医疗保险政策的通知》,将因自杀、自残、吸毒、酗酒等行为引起的医疗费用纳入医疗保险支付范围。这一表面看似十分正确和友好的政策却引发了关于社保基金属性、保障范围、基本医疗内涵与外延等一系列争论,但争论的双方似乎都认为上海市政府的政策不太合理。一方认为,让医保基金来承担因自杀、自残、吸毒、酗酒等个人故意行为引起的医疗费用,的确不符合权利与义务对等这一政策设立原则,但鉴于生命权的至高无上性,医保基金承担相应的费用能够体现政府和社会对生命的尊重。另一方出于对此举可能引发的不良后果的担心,认为医保基金必须关注其社会整体效能,盲目大包大揽不符合医保基金设立的本意,否则会导致医保基金难以为继并进而损害更多参保人的利益。

（二）比较分析

虽然上述两类事件一般均被政府视为突发事件,事件定性、处置程序和善后处理都按照政府应急管理的标准进行处置,但公众对此态度却并不一致。根本原因在于,一部分民众认为第二类事件(包括第三个案例中提及的相应情况)不属于公共危机,对其进行救援不属于政府的本职工作。根据公共危机以及公共危机应急救援的定义,可以发现两类事件有本质的不同。对这种不同的关注,正是本书的最初出发点。

1. 事件性质比较

一般认为,公共危机"是一个事件突然发生并对公众正常的生活、工作以致生命财产构成威胁的状态"[1],具有突出的突发性、紧急性、不确定性、危害性以及影响的社会性、扩散性等特征。上述第二类事件虽然具有突然

---

[1] 肖鹏军:《公共危机管理导论》,中国人民大学出版社2012年版,第3页。

爆发、时间紧急等危机的一般特征,但与第一类事件相比,其并不具有"公共性"和"影响的社会性"特征。

表 0-1　两类事件性质比较

	第一类事件	第二类事件
公共性	具有公共性	不具有公共性
突发性	突然爆发	不一定突然爆发
紧急性	紧急	不一定紧急
破坏性	并非所有的事件破坏范围都广泛	有限
可控性	不具有可控性	基本可控
扩散性	扩散可能性大	扩散可能性小
持续性	影响持续时间长	影响持续时间短

2. 处置过程比较

危机处置"就是在一个非常规状态下,针对某种特殊的危机所引发的情况,政府机构或政府的专业机构果断地判断情况的态势,所进行针对性较强的并辅助以相适应技术处置的过程"①。根据《中华人民共和国突发事件应对法》和《国家突发公共事件总体应急预案》规定,危机处置的主体应该是各级政府,一般包括信息报告、先期处置、应急响应、应急结束四个阶段。两类案例中政府处置的过程基本相似,救援保障方式也十分相似,所不同的仅仅是规模大小和具体行动方式而已。

3. 善后处理比较

目前,第一类事件中,各事件的善后处理均有相应的法律法规进行指导,同类危机处置方式也较为一致。与之相比,第二类事件中各事件的善后处置则不一致:一是善后的内容不一样,事件处理结束后几乎不需要政府继续关注;二是社会公众的态度不一样,当事人几乎都面临社会的指责,要求追究其责任;三是即便是同类事件,善后的方式方法也不尽一致。

---

① 严琦华:《公共危机处置:从战略决策的切入到战术模式的运转》,《法律科学》2009 年第 1 期,第 92—102 页。

表 0-2　两类事件善后比较

	第一类事件	第二类事件
救援主体	政府	政府
救援环节	信息报告、先期处置、应急响应、应急结束	信息报告、先期处置、应急响应、应急结束
救援成本	较大	较小
成本承担	政府	政府
危机善后	非常复杂、政府必须继续大量支出	较为简单、政府可以不再有支出
纠责重点	责任人和救援人员	受害者
民众态度	赞同政府支付救援和善后处理成本	部分民众不同意政府支付救援成本

综合来看,第一类事件完全符合公共危机的各种定义和基本特征,救援行动也属于公共组织"从各个层面向社会提供各种公共服务和公共产品的过程"[①]。第二类事件则属于"私域危机",也即"个人麻烦",其触发点都是当事人自利性行为,而不是社会变迁或结构变化导致的破坏性因素积累的结果,不具有公共危机的根本属性和特征,无论是"驴友"的违规探险还是吸毒者、自杀者(不包括利他性自杀)等行为都无法解释成为了社会公共利益。

(三)问题提出

从上述比较结果我们可以得出如下推论:在由政府主导的危机救援中,有一些并不属于公共危机救援,而应称之为"私域危机救援"。虽然单个的私域危机救援行动的成本相对要小得多,善后处理也比较简单,但由于当事人的行为没得到法律的允许和公众的认可,因而政府的救援行为会引起公众的质疑和不满。在很多人看来,政府对私域危机进行救援造成了公共资源滥用,不仅与公共资源的使用原则不符,损害了其他社会成员的利益,也会造成较为恶劣的社会影响,形成坏的先例。本书通过比较政府私域救援

---

① 王乐夫:《公共管理学:原理、体系与实践》,中国人民大学出版社 2007 年版,第 5 页。

与政府公共危机救援,主要尝试探讨以下几个问题:

第一,政府私域救援是否具有特别的内涵特征?通过总结私域危机的内涵、特征、类型以及发生的原因,分析私域危机与公共危机存在的差异,进而分析这种差异是根本性的还是相对性的,以及将会如何影响政府的救援行为。考虑到政府私域救援涉及公权在私人领域的活动以及私人对公共资源的占用,那么,政府私域救援的基本特征和基本要求是什么,应该遵循哪些基本原则?

第二,政府私域救援的理论基础是什么?在严禁公器私用的理念下,私域危机本应该由私人力量来处理,个人在什么样的情况下有权利要求得到政府的帮助,甚至动用公共资源为己所用?政府私域救援是否会产生一种负面示范效应,造成公共资源的更大浪费?

第三,政府私域救援是否存在一般性的认知框架?通过比照政府公共危机救援的认知思路,梳理政府私域救援的模式和路径并分析这种模式和路径的特殊性。如果这种模式和路径具有普遍意义,是否可以用来应对政府私域危机救援引起的争议,并实现制度化?

第四,政府私域救援应如何进行善后处理?由于救援对象不同,善后处理的要求也应不同。政府私域救援的善后处理涉及成本分担、危机责任追究以及救援责任追究等问题,也就是说,成本应该由政府、企业还是当事人承担?如果由当事人承担,当事人承担的部分是惩罚还是赔偿,如何追究当事人责任?如果救援失败造成当事人死亡或更大的危机,是否应该追究政府责任?如果政府私域救援过度运用公共资源,应不应该追究政府责任,当事人是否应该承担过度救援的成本?

二、研究的现状与不足

政府私域救援在我国一直作为政府应急管理的重要内容,在实践程序、救援手段、善后处理等方面均与突发公共事件应对基本一致。因此,在很长时间内,我国学术界并没有单独提出这个问题,2006 年温州村民石夫人峰被困事件后,^①才有文章零星涉及私域救援问题。针对此事,当时有评论指出:"须知囿于国力,我们用于公共救援的资源和手段是十分有限的,此番营救不得不求助于军方就清楚地表明了这一点;而我国又是一个多灾害国,应当尽可能地把有限的应急救灾公共资源让渡给更需要、更急迫的救灾抢险。"^②直到四姑娘山"驴友"事件发生后,才有文章系统论私域危机与公共管理关系的问题。国内学者关于政府私域救援的研究主要围绕以下问题展开。

(一)政府介入私域的合法性

长期以来,普遍的观点是,政府不应该介入私域,同样私域主体也不应该侵蚀公共利益。根据这一假定,私域发生的危机应该依靠私力或市场的力量加以解决,否则意味着公权私用、假公济私。但这公平合理吗? 对此,王景斌认为,基于公共权力的属性、市场失灵的现实以及个体理性的有限性考虑,政府具有介入私域的正当性。通过政府适度介入私域,保证其组织和整合社会功能的发挥,可以提高私域的行为效率。当然,政府介入私域应该有限且必须遵守尊重私法自治、法定性、合理性、合比例以及责任行政等原则。^③

问题的另一面是,如果政府进行私域救援是正当的、必要的,是否意味着政府责任或者公共服务是无限的? 对此,杜辉认为"有限公权力,只是界定政府的行政权力边界,并没有限定政府的服务行为。一个真正'亲民、利民'的政府,不会因为公权有限,放弃最大限度地满足公民的需要。相反,如果以政府公权有限为由,放弃为民服务,那同样是一种不作为,也是一种政府违法"。并提出"有限政府无限服务"。^④ 但燕继荣认为"服务型政府

---

① 2006年10月1日,为庆祝祖国的57岁生日,温岭太平街道下河村村民林某决定爬到几十年没有人上去的、高达80多米的石夫人峰上插彩旗,却因攀爬用绳意外掉落而受困于峰顶。当地政府多方救援无效后,经台州市委向东海舰队航空兵某部发出了求救,动用军用直升机后才将其成功救下山。

② 俞评:《值得的营救与不值得的冒险》,《今日浙江》2006年第23期,第1页。

③ 王景斌:《论行政权对私域的有限介入》,博士学位论文,吉林大学,2008年。

④ 杜辉:《有限政府无限服务》,《环渤海经济瞭望》2004年第2期,第29—30页。

建设应以坚持和贯彻'有限政府'原则"①。

（二）政府私域救援的必要性

关于政府对于面临生命危险的公民是否负有救援的责任，学者和普通民众的认识比较一致。绝大多数学者都认为，政府私域救援的理论前提是人的生命权。认为在危险状态下，如果公民通过自己的力量无法实现自救，维护自己的生命权，"就有权利请求公权力的介入"②。有学者根据《世界人权公约》关于人权的规定③、我国《民法通则》第98条的规定④、《中华人民共和国突发事件应对法》第四十八条的规定⑤以及《中华人民共和国人民警察法》第二十一条规定⑥，认为"不论何种情况，政府部门在接到求助后积极给予救助，都是其法定的职责，与造成危险的原因甚至究竟是否发生危险并无关系"⑦。但《中华人民共和国突发事件应对法》中规定的四大类突发事件，并没有明确包含私域危机。还有一部分学者认为，政府应该进行私域救援的原因在于，这是纳税人应享受的权利，但实践中不纳税的人也没有被剥夺被救援的机会。

（三）政府私域救援的成本承担

政府私域救援的成本包括物质成本、劳动力成本和机会成本。关于政府私域救援的成本分担问题学界和普通民众争论的都比较激烈。一部分学者

---

　　① 燕继荣：《服务型政府的施政理念》，《浙江人大》2010年第8期，第30—31页。

　　② 杜文勇：《论危险状态下公民生命权的保护——"超级玛丽"案的启示》，《江淮论坛》2010年第1期，第118—121页。

　　③ 《世界人权宣言》第三条规定："人人有权享有生命、自由和人身安全。"

　　④ 《民法通则》第九十八条规定："公民享有生命健康权。"

　　⑤ 《中华人民共和国突发事件应对法》第四十八条规定："突发事件发生后，履行统一领导职责或者组织处置突发事件的人民政府应当针对其性质、特点和危害程度，立即组织有关部门，调动应急救援队伍和社会力量，依照本章的规定和有关法律、法规、规章的规定采取应急处置措施。"

　　⑥ 《中华人民共和国人民警察法》第二十一条规定："人民警察遇到公民人身、财产安全受到侵犯或者处于其他危难情形，应当立即救助。"

　　⑦ 泽清：《驴友违规探险，谁为救援买单》，2012年12月18日，见 http://view.163.com/12/1218/14/8J0VVOMU00012Q9L.html。

认为当事人不应该承担成本，这一结论一般是从政府职责和公共服务特性的角度作出的。如潘秋越认为，公民享有紧急救助权，在遭遇突发事件时，国家应给予竭力救助。虽然公共资源有限且应该公平分配，但公平使用并不是平均分享，"应对于有特殊要求的人给予一定的'偏袒'，在全社会范围内逐步缩小成员间的差异"。因此，诸如四姑娘山"驴友"遇险事件等救援中的成本不应由当事人承担，尽管当事人有过错。但由于"自治团体"及景区并非国家机关，没有施救义务，因而获救主体需要支付相应代价以弥补其耗损。①

另一部分学者认为在目前情况下，我国的公共资源还十分有限，应该重点保障公民的基本需要，而不应以较大的代价满足私人偏好。如石勇认为，"大家在组成政治社会时，从政府成立的逻辑上，并没有约定要为这类纯粹的私人偏好买单"②。但有人认为，如果收费，救援行动就变成了一种经营行为，与公共服务的精神不符合，且现阶段实行这样的措施也不现实。③ 更重要的是，如何界定一个人的活动是属于"基本需要"还是"纯粹的个人偏好"呢？

更多的人建议区别对待，认为如果因公民自身原因而导致的搜救，理应由公民承担费用。④ "遵从规则的探险，天然可获得一整套救援机制的保护；因违规而涉险的人们，尽管也当获得无差别的救援，但其后的成本分配，理当是另一套逻辑。"⑤虽然目前对此还没有达成一致的意见，但第三种主张更容易接受，只是操作起来也有困难，比方说在山林里迷路算不算公民自身原因而导致的危险？

（四）私域危机的责任追究

主张对当事人进行惩罚实际上主张将私域危机分为主观故意或疏忽造

① 潘秋越：《规范违规"驴友"救助的法律思考——从违规穿越四姑娘山"驴友"救助说起》，《成都理工大学学报（社会科学版）》，2012年第3期，第77—82页。
② 石勇《救援"驴友"，政府该不该全额买单》，《廉政瞭望》2011年第11期，第32—33页。
③ 参见杨羽：《搜救费让"驴友"承担是否合理》，2011年10月14日，见 http://www.chinadaily.com.cn/hqpl/zggc/2011-10-14/content_4062222.html。
④ 《驴友遇险》，《标准生活》2011年12期，第92—93页。
⑤ 蒋璟璟：《探险前先学会担当》，《华西都市报》2011年10月14日，第6版。

成和纯粹意外两类。如石勇认为，"'驴友'遇险……如果是自身的过错，比如谎报线路之类，则在支付救援费用之外，还必须受到惩罚"①。但主观故意和疏忽在很多时候也难以区分，惩罚标准如何定也需要进行深入探讨。在处罚的方式上，学者的主张也并不相同，如潘秋越主张仅仅进行行政处罚。② 也有学者建议处罚的方式应多样化，主张相应处罚应"包括经济处罚及规定时间内禁止参与户外探险活动等"③。还有人建议自助探险风险致害入刑，如何洪兰以复旦"野黄山"事件为例，认为自助探险风险致害具有严重的社会危害性，严重威胁到国家的法律制度，因此也是刑法的调节对象。④

与此同时，还有一部分人反对进行惩罚，即便是当事人有过错。除了国家救助公民是义务不是施舍、公共资源应该用于公民等理由外，还有人从民族精神的养成角度对其探讨。如秦建中就认为，在中国传统文化中，离经叛道者、特立独行的人往往被看成大逆不道或另类甚至精神病，如果对获救的四姑娘山"驴友"等进行探险者进行收费或惩罚，将会更加使公民不敢越雷池一步，"在这样的社会氛围里，久而久之，中国人就缺少了进取的锐气，被磨平了初出茅庐时的棱角，小小少年就变得老气横秋"，并认为这是民族的悲剧。⑤

（五）完善私域危机管理制度的建议

很多学者都对完善户外活动管理提出了建议，主要包括以下几个方面内容：一是健全法律法规，明确救援主体和救援程序，完善责任甄别体系，建

① 石勇《救援"驴友"，政府该不该全额买单》，《廉政瞭望》2011 年第 11 期，第 32—33 页。
② 潘秋越：《规范违规"驴友"救助的法律思考——从违规穿越四姑娘山"驴友"救助说起》，《成都理工大学学报（社会科学版）》2012 年第 3 期，第 77—82 页。
③ 黄恬恬等：《加强政府管理构建户外探险活动安全管理机制》，《咸宁学院学报》2012 年第 7 期，第 132—134 页。
④ 何洪兰：《自助探险风险致害的刑事责任研究——以复旦"黄山门"为视角》，博士学位论文，重庆大学，2013 年。
⑤ 秦建中：《中国人为何不将探险的驴友当英雄》，见 http://blog.culture.ifeng.com/article/14063274.html。

立惩罚标准。二是建立区域管理体制,完善户外活动服务体系。三是建立政府为主体,社会组织参与的救援体系。四是建立户外运动保险,完善私域救援的成本分担机制。五是建立户外活动资质管理制度,切实加强户外运动者的安全培训,强化户外运动者自律。

政府私域救援的研究虽然还处于起步阶段,但个别研究已经触及了问题的核心,提出了很多启发性的意见和建议,为进一步探讨开了一个好头。当然,现有的研究也还存在很多不足:一是研究的宽广度不足。当前的研究和争论几乎都是关于救援技术、程序和善后方式的,对于政府与当事人的关系研究不够。与此同时,除野外救援外,对政府私域救援其他类型很少涉及。二是研究的系统性不够。现有的研究绝大多数都是针对某个问题进行讨论,或者说都集中在救援善后工作的某个方面,如讨论救援成本的分担问题等,系统的、一般性的讨论比较少,缺少关于政府私域救援的基本认知框架,总体上显得十分零散。三是研究的理论性不够。公私分立假设下,公权与私域的关系是一个非常重要的理论触发点,但目前对此的理论阐述极少。下一步,关于政府私域救援研究的重点在于提升研究的系统性、理论性和特色性。

三、研究的对象和内容

(一)研究对象

如果说危机是指一种不稳定的状态,那么私域危机应该是指个人由于突发事件的出现而严重威胁到其正常生存与发展的状态。[①] 从时间上看,这种状态有可能是需要立即作出决策的危急关头,也可能是持续向坏的方向发展的一种长时间趋势;从过程来看,私域危机实际上是对当事人的生活常态或正常预期的一种破坏过程;从结果来看,私域危机有可能会导致个人生活的决定性变化,既可能是生活状况的根本改变,也可能是一种致命的危险。

---

① 肖鹏军:《公共危机管理导论》,中国人民大学出版社 2012 年版,第 3 页。

如果以危害程度和发展速度作为衡量私域危机的两个维度,我们可以将私域危机分为四种类型:第一种是时间紧急危及生命;第二种是危机发展较为缓慢但最终也危及生命;第三种时间紧急并不会危及生命;第四种是危机发展缓慢但不会影响生命。后两种情况会影响个人的生存状态,如破产、残疾、失业等情况,对个人而言是极大的危机,然而这一类危机不影响生存,而且现有的社会帮扶机制,如失业保险、低保等社会保障、社会救助体系,基本上能够有效帮其渡过难关。前两种类型也已经纳入了政府的救援范畴,第一种情况主要纳入政府应急管理体制,第二种如吸毒成瘾、患艾滋病等危及生命情况也已建立了专门的救援体系,但在实践中,政府对处于这两种情况的人进行救援往往会引起较大的争议,特别是关于成本分担和责任追究方面,公众颇有微词。

表 0-3　私域危机基本类型

	危及生命	不危及生命
发展快	Ⅰ 发展快危及生命	Ⅲ 发展快不危及生命
发展慢	Ⅱ 发展慢危及生命	Ⅳ 发展慢不危及生命

本研究的对象并不包括所有的私域危机,而是其中一部分会危及当事人生命安全的情况,也即是上述四种类型的前两种情况。同时,由于实践中有关第二种情况已经形成了较好的救助体系,且争议较少,因此本研究将以第一种类型为主题,兼顾第二种类型。重点解决以下几个方面的问题:一是基本认知问题,即能否通过建立某种标准,将私域危机与公共危机区分开来,提高研究对象的可识别性。二是理论基础问题,即解决政府私域救援行为的合法性、必要性问题,为政府行为提供理论基础。三是行为特征问题,通过深入分析政府私域救援的过程和机制的细节,找出私域危机救援的特殊的行为规则。四是相关争议问题,有关成本分担、责任追究、隐私保护等政府私域危机救援中较容易引起争议的问题,需要进行深入分析。五是政府私域危机救援的风险问题,指出政府私域危机救援可能带来的道德风险和法律风险。

总体上,本研究是一种理论研究,是对近年来我国政府私域危机救援实践的梳理和总结,所提出的对策建议均蕴含在各问题的讨论过程中,不专设章节叙述。

(二)研究意义

有利于完成政府私域救援的理论反思。对政府私域救援进行反思,有利于形成可适用于政府私域救援的一般性理论。人类社会正处于风险之中,主体性发展导致的自反性现代化越来越明显,缺乏风险责任约束的人的决策和行为,导致了更为广泛的生存危机或私域危机。特别是随着全球化、信息化的发展,任何局部的、个性的私域危机都可能产生蝴蝶效应,因此,我们既要强调应对危机的速度,更要总结应对危机的规律,为政府私域救援提供一般性理论指导,降低成本,从容应对,减少损失。

有利于完善政府应急管理的整体安排。研究政府私域救援,为进一步探讨公域与私域、公权与私权以及公共权利对于个体特殊偏好的责任义务等重大理论问题提供了新的视角,有利于进一步梳理政府应急管理的思路,扩大应急管理的覆盖面;有利于梳理危机事件的特征和发生规律,丰富公共管理特别是政府应急管理的内容;有利于完善各项应对机制,减少此类事件的发生,实现政府应急管理的真正意义。

有利于推进依法治国。对私域危机的界定、对公私关系的研究、对政府私域危机救援中公私权冲突的探索等,有利于形成限制公权力、保障私权利的政策制度,将法治原则、人权保障原则引入政府私域救援,将政府私域救援全面纳入法制化轨道,保证政府权力能够在法治的框架内运行,既防止公共权力损害私人利益,又限制私权侵入公共利益,提高防范和处置突发私域危机能力,及时预防、控制和消减私域危机引致的损害。

(三)主要内容

本研究主体部分由绪论、正文组成,其中绪论为研究准备,正文分为五个部分,第一、二章为理论研究,第三至五章为实践研究。各章主要内容

如下:

绪论:研究背景、问题缘起、研究现状和基本假设。将私域危机置于主体性困境这个大的社会背景之中观察,认为主体性困境是现代社会私域危机的根本原因。主体性困境除了表现为各类公共危机、社会问题外,也表现为各种"个人麻烦",这些"个人麻烦"即私域危机,虽然其动机和影响都是较为纯粹的个人指向,但解决这些麻烦却需要公共权力介入。这些"个人麻烦"需要进行专门的研究,而相关争议是研究的重要切入点。

第一章:政府私域救援的基本认知。通过比较研究的方式,梳理界定"私""私域""私域危机""政府私域危机救援"四个核心概念的基本内涵和基本特征,这些特征是与"公""公共领域""公共危机""公共危机管理"等相关概念比较而得出的。

第二章:政府私域救援的理论基础。本研究认为政府私域救援具有其合理性基础,可以经济学、政治学、法学、社会学、伦理学等相关理论得到合法性支持。相关解释可以分为理性视角和感性视角两大类,但经济学、政治学以及法学的解释功利倾向更强一些,后者如社会学、伦理学的解释虽然系统性、深刻性弱一点,但却符合人性特征,更具有根本性。

第三章:政府私域救援的运行模式。主要是对政府私域救援进行类型分析,根据政府行动的不同特征,将其分为缓释型救援、应急型救援和涉外型救援三种模式。多样化的类型,反映了私域危机的多样性、复杂性和挑战性。

第四章:政府私域救援的过程分析。主要是从时间维度对政府私域救援进行过程分析,政府私域救援与公共危机处置的过程并无不同,因而各个阶段工作内容不是分析重点,本研究关注的重点是私域危机预防、处置、善后阶段的特殊挑战以及对政府行为的特殊要求。

第五章:政府私域救援的保障系统。主要是对支持政府私域救援顺利进行的组织体系、法律法规、参与主体、要素资源等参与要素进行结构分析,重点讨论在公私分立假设下,公共资源应该在更好地维护私域权利的同时不伤害公共利益和社会公众情感。

四、研究的思路和方法

（一）基本假设

本研究基于以下被广泛接受的理论假设和实践立场，并认为这些假设之间的矛盾成为政府私域救援的问题之源。

1. "经济人"假设

"经济人"是一种理论抽象，假设作为个体的人总是追求自身利益或效用的最大化，当面临若干不同的选择时，始终倾向于选择能够给自己带来最大利益或效用的那种选择。其特征包括：首先，"经济人"是理性人，能够对自己的利益作出最准确的判断，能够在各种可选择的方案中寻找出最优的；其次，"经济人"是自利人，作为一种本能，个体一切行为的根本动机都是追求私人利益；最后，在"看不见的手"的指引下，"经济人"的行动能够推动整个社会福利的提高。"经济人"假说肯定了个人对物质生活追求的正当性，为人的发展注入了理性精神，扩展了人的社会关系，丰富了人的个性。但另一方面，这个假说也淡化了人的道德追求，引发了人与人的冲突，造成了人与自然的对抗。

"经济人"被假设成是一种完全理性的人，其接受的信息具有确定性，具备完全的计算和推理能力，能够排除干扰选择最优效用，是一种无所不知的存在。但在实践中，具有"全知全能的荒谬理性的"[1]"经济人"是不存在的。由于人面临的世界是不确定的，而且这种不确定性随着人数的增加而增强，更重要的是人并不是无所不知的，[2]因而，只能依据有限理性行事。在实践中，有限理性成为一种更具真实性的假说。这种假说强调"根本的不确定性"和"信息的不完全性"[3]，认为当一个人进行决策时，是无法掌握

---

[1] 赫伯特·西蒙：《管理行为》，徐立等译，北京经济学院出版社1988年版，第18页。

[2] 卢现祥：《西方新制度经济学》，中国发展出版社1996年版，第10页。

[3] 杨小凯：《不完全信息与有限理性的差别》，《开放时代》2002年第3期，第76—81页。

完全信息、预测未来的,即达到完全理性的。与此同时,由于目标的多样性,即便信息充分,但由于信息处理能力有限,人们选择行为的现实标准应该是"满意"而不是效用最大化或利益最大化。

根据集体行动理论,"有理性的、寻求自我利益的个人不会采取行动以实现他们共同的或集团的利益"①。利己的个人总会从自身利益最大化的角度出发选择行动策略,尽力推卸或逃避责任,通过"搭便车"以最大化自身利益。因此,在一个集体中,"存在着一个令人惊讶的少数'剥削'多数的倾向"②。这种行为"必将为责任的认定与追究造成困难,增加了治理过程中责任承担和责任追究的不确定性",造成了权责背离。③

2. 资源稀缺假设

资源的稀缺性,是指与需求的无限性相比,资源的供给是有限的。稀缺是客观世界的基本特征之一,是人类社会活动的限制条件,不会因为人类社会的发展变化而消除。由于资源的稀缺性,因此对于任何资源的消费仅限于少数人而排除多数人,且这少数人也必须付出一定的代价才能获得消费特定资源的资格。当然,稀缺性是一个相对的概念,一方面并不是所有资源的稀缺性都是一致的,有些资源更为稀缺;另一方面每个人对稀缺的感受是不同的,受稀缺约束会因时、因地而有所不同。公共产品和公共服务也是一种稀缺资源,所以政府在提供公共服务的时候不能不做选择,即规定享受公共服务的门槛。换句话说,无限供应的公共产品和公共服务是不存在的,社会公众对公共资源的需求和期望,永远会高于政府实际能够供给的程度,这种状况最终会导致政府的合法性递减甚至危机。④

资源的稀缺性决定了资源分配的根本原则是效率,即尽可能利用有限的资源实现最大限度的社会福利。萨缪尔森认为:"效率是指最有效地使

---

① 曼瑟尔·奥尔森:《集体行动的逻辑》,陈郁等译,上海人民出版社 1995 年版,第 2 页。

② 曼瑟尔·奥尔森:《集体行动的逻辑》,陈郁等译,上海人民出版社 1995 年版,第 3 页。

③ 郭蕊:《治理时代的权力与责任》,《沈阳师范大学学报(社会科学版)》2013 年第 5 期,第 41—44 页。

④ 黄健荣:《论现代政府合法性递减:成因、影响与对策》,《浙江大学学报(人文社会科学版)》2011 年第 1 期,第 19—33 页。

用社会资源以满足人类的愿望和需要。更准确地说,在不会使其他人的境况变坏的前提条件下,一项经济活动如果不再有可能增进任何人的经济福利,那么,该经济活动就是有效率的。"①竞争是提高资源配置效率的重要途径,有两种方式,一种是通过破坏性竞争,使得利益主体依靠侵害其他利益主体权益获得利益,会使原本稀缺的东西变得更加稀缺;另一种是通过生产性竞争,即利益主体根据公平合理的规则获得自身的利益。因此,建立一种有利于促进生产性竞争的规则,即科学合理的生产和分配制度,才能有利于创造出更多的社会财富,缓解资源稀缺难题。

资源的稀缺性决定了在资源配置的过程中应注重公平公正,使每个社会成员获得必要的福利以满足其真正的需要。因此,在资源有限情况下,需要把有限的资源进行合理的配置,以满足更多社会成员的需要,以使达到一种人人平等、井然有序的运行状态。要实现这个目标,必须保证每一个符合法定条件、标准的利益相关方机会均等、不受歧视,即公平公正。实现资源的公平公正配置,决定了资源的配置必须要有一定的规则和制度来明确关于这个物品权利人与人之间的相互关系,订立明确这一权利关系的契约。根据制度经济学的观点,产权制度和分配制度是这种契约关系的关键环节和重要条件,如果没有清晰的产权和自由且充满竞争的市场,就无法真正有效地配置稀缺资源。公共资源作为一种稀缺性,也必须在清晰的产权规定基础上予以分配,建立起规范的公共资源管理制度。

3. 公私分立假设

把生活分为私生活(私的领域)和归属国家(国家领域)这抽象的两极,一直是思想史的论证母题和分析范式,②对个体在两个分离的领域中如何实现协调而又富有意义的生活的思考,始终是人类精神生活的重要内容。按照公私分立的假设,人类的活动受来自两个领域的规则支配,这两个领域分别有着自身独特的精神内涵、规则准则和价值目标,且这些价值、规则和

①　保罗·萨缪尔森等:《经济学》(第十六版),华夏出版社1999年版,第2页。
②　刘畅:《中国公私观念研究综述》,《南开学刊(哲学社会科学版)》2003年第4期,第73—82页。

精神内涵是对应存在的(不一定是对立的),如法律领域公法与私法的区别、经济领域市场与政府的区别、社会领域群体和个人的区别,等等。一般认为,私域是一个权利的领域,而公域是一个权力的领域,[①]前者强调个人身体、人格和精神的自由自治,注重道德的约束;而后者是一种公共活动的空间,强调规则和对于权威的服从。公私分立界定了私人活动和公共活动空间和价值取向,划定了权力的行为标准和责任范围,提供了自由和权利发展的必要空间,为有秩序地维持人们经营共同的生活空间提供了基本规则、尺度和惯例。[②]

　　作为一对范畴,公私是对立的两极,始终存在各自独立的核心因素。从主体组成来看,公域主体单一而私域主体多元;从价值取向上看,公域强调公平而私域强调效率;从行为目标上看,公域维护权力而私域维护权利;从存在基础来看,公域排斥亲缘关系而私域依靠人伦道德,等等。实践中,公利与私利、公权与私权的博弈也愈演愈烈,产生了公共利益本位论和私人利益本位论的冲突。在公私利益发生冲突时,公共利益本位论认为应以维护社会和谐稳定为核心,要求私人作出妥协;相反,私人利益本位论认为维护私人利益应该是终极价值,因此,公共利益应该作出让步。公私冲突的根本性在于,由于资源稀缺性的存在,个人利益很难越过私域边界去实现,私人利益不可能在群体中获得完全的实现,个人的利益不可能与公共意志完全吻合,人与人、人与社会、人与国家之间的冲突(但这种冲突不一定是不可调和的)就在所难免。某种意义上讲,人类社会的一切矛盾根源在于公私分立。

　　但公私两个领域划分是相对的,具有动态转化性。首先,公域私域是相互依存的,彼此决定了对方的存在形式和发挥作用的范围;其次,公域私域是彼此转化的,二者的界限并不是固定不变的,而是此消彼长,一方扩大另一方就必然缩小,因此试图一次性地区分公域私域也是徒劳的,在实践中公

---

①　张康之:《公共行政拒绝权利》,《江海学刊》2001 年第 4 期,第 58—63 页。
②　[日]佐佐木毅等:《社会科学中的公私问题》,刘荣等译,人民出版社 2009 年版,第 271—272 页。

物与私物也是可以通过一定的途径相互转化的①；再次，公域私域的基础是相同的，无论是私域还是公域，其最小的构成单位都是个人；最后，公私是可以互相促进的，个人合理追求会增加社会福利，而公域的价值在于能够维护存在其中的个人的利益。正是因为如此，崇公抑私、重私轻公的态度都是不对的，公私失衡也就没有社会和谐，相反，应该承认公域私域的一致性，树立公私协调发展观，一方面积极推动个人对自身利益的追求，另一方面要通过公共权力来维护公民的权利，并要求公民履行义务，实现社会福利。

公私分立是公共管理存在的前提。虽然公共管理的主要目标是为了增进社会福利，但其作用并不限于公域，建立和维护社会公平与正义，是为了化解私域中的问题，保证私域的正常运转，提升私域的效率。因此，政府价值在公私两个领域同时得以体现，在私域更加强调效率，在公域表现为追求公平，并通过公平和效益的平衡，实现公私协调。要实现公平与效率，首先必须明确公私划界，改变公平、效率等不同价值在群己、公私之间的混用；其次要规范公私利益交换，保证交换主体的正当性、交换内容的合理性、交换比例的相应性和交换程序的合法性；最后要严禁公私利益相侵，通过法律、道德甚至习俗，既要改变原来那种认为集体有权要求个体无偿为其服务的思想，也要改变原来那种认为个人可以无限要求集体为其服务的思想。②在实践中，私法已经能够精致地规范和保护私域利益，确保公法能够主动适应变化的社会利益格局调整，并真正为私域负起责任，通过促使公法和私法相互协调，实现公共利益和个人利益的和谐。③

4. 风险社会假设

德国社会学家乌尔里希·贝克在其著作《风险社会》中明确提出"风险社会"这一概念，但并没有对这个概念进行定义。根据贝克在此书及其他

---

① 何晓星：《公私物品的逻辑》，《浙江大学学报（人文社会科学版）》2008 年第 6 期，第 154—162 页。
② 沈晓阳：《公私划界——社会正义的第一要义》，《山东理工大学学报（社会科学版）》2002 年第 6 期，第 35—38 页。
③ 潘萍等：《公私法关系论纲》，《河北法学》2003 年第 4 期，第 157—160 页。

著作中描述,我们可以将"风险社会"定义为,在现代化和全球化背景下,人类因过度信任科技进步而造成的一种可能造成自我伤害的状态,其本质是不确定性。① 风险社会是现代化的自反阶段,是现代性、全球化和科学技术发展的必然结果,其风险主要来自缺乏风险责任约束的人的决策和行为,具有内生性、扩散性、普遍性、制度性和难以预测性、难以控制性等特征,造成了自然和文化资源的逐渐消失,动摇了对社会秩序的根本假设,消解了工业社会的文化魅力。② 风险社会是对人类所处时代特征的形象描绘,是对常态社会理论的一种反动,是反思现代性的一个独特视角,其目标并不是为了悲观地面对未来,而是希望通过批判扬弃的态度审视现在,在积极寻找现有制度合理性的基础上,建立人类社会新的秩序格局。

　　社会转型是风险社会形成的重要原因。社会转型一般是指传统社会向现代社会转变的过程。根据贝克的理论,这个过程是一种现代性发展过程,分为两步,第一步是从农业社会转向工业社会,第二步是从工业社会过渡到风险社会,现代性在内部发生断裂。这种断裂,导致了常态社会向非常态社会转变,社会风险不断积累。从这个意义上将,社会转型"是由一种简单的确定性到另一种负责的确定性的过程","是一个确定性逐步下降,不确定性逐步上升的过程",这种不确定性包括改革过程带来的不确定性、旧社会瓦解的不确定性以及引进外来因素造成的不确定性。③ 这种不确定性,根本原因在于转型导致了原有的既定的利益格局遭到打破引起了一系列的矛盾,这些矛盾涉及的领域多、频率高、组织性强、方式多样、危害性强④,触发的风险也很普遍。可以说,风险社会是社会转型期内在的不可避免的时代境遇。当然,和风险社会一样,转型期的矛盾并不完全是消极的,这种矛盾为社会转型奠定基础、积蓄力量。

---

① 瞿华:《风险社会:可能及其可为的逻辑思考——兼论吉登斯的风险社会理论》,《电子科技大学学报(社会科学版)》2013 年第 4 期,第 1—7 页。
② [德]乌尔里希·贝克等:《自反性现代化:现代社会秩序中的政治、传统和美学》,商务印书馆 2001 年版,第 10—12 页。
③ 张海波:《中国转型期公共危机治理——理论模型与现实路径》,社会科学文献出版社 2012 年版,第 105—107 页。
④ 张永理等:《公共危机管理》,武汉大学出版社 2010 年版,第 23 页。

风险社会是全球化的重要特征,而全球化又导致了"世界风险社会"的来临。吉登斯指出,"全球化本质就是流动的现代性,在这里,流动指的是物质产品、人口、标志、符号以及信息的跨空间和实践的运动;全球化就是时空压缩,全球化使得人类社会成为一个即时互动的社会"①。全球化进程中,各地商品、服务、资本、劳动力和观念相互影响、相互渗透,使得世界越来越成为一个密不可分的整体,推进了人类社会的不断进步;但另一方面,全球化也使得传统社会中局部性、区域性风险超于地理和社会文化边界,无限制地向全球扩散,使人类社会变成一个高度复杂的世界风险社会。这种境况不仅威胁到所有的生命,而且会影响人类和所有其他物种的后代。可以说,风险社会是现代性的后果,而全球化扩散了风险所造成的现代性后果,"引发了层出不穷的社会问题,政府面临着公共问题的复杂性、动荡性和多元性环境,导致政府不可治理性(Ungovernability)的增加"②。

5. "公共性"假设

"公共性"本质上是一种价值取向,"是与私人性、个人性和私密性等概念相对而言的,它强调的是某种事物与公众、共同体(集体)相关联的一些性质"③,这种"事物"主要指公共服务、公共产品。政府管理的公共性主要体现为:管理主体的非私人属性、所遵循价值的公平公正性、管理手段的公开透明性以及管理对象的社会性以及目标的公共利益导向,但这种目标否定公共部门的特殊利益,强调行政过程和手段的理性、道德和公众监督。④总体来看,可以将公共性视为公共管理的最终也是决定性的价值观,强调管理目的的公益性,体现了公共管理的公共精神,即在为民服务的过程中应坚持民主的精神、公正的精神和公平的精神,平等、透明、公正地分配公共资源。⑤

---

① 钱进等:《公共安全危机策论》,江苏人民出版社2010年版,第5页。
② 张志银:《公共产品与政府职能:以新公共管理运动为视角》,《理论学刊》2007年第2期,第84—87页。
③ 谭安奎:《公共性二十讲》,天津人民出版社2008年版,第1页。
④ 王乐夫等:《公共管理研究的基础与核心》,《社会科学》2003年第4期,第67—74页。
⑤ 张成福:《论公共行政的"公共精神"——兼对主流公共行政理论及其实践的反思》,《中国行政管理》1995年第5期,第15—17页。

公共管理中过分的效率取向,导致了公共性的丧失。对效率的强调,导致了对人的自利性认识的绝对化,造成了公共行政价值的偏颇和公共行政在民主治理过程中正当性的丧失,形成了市场基本教义和对市场机能的不当崇拜,忽略了公共部门管理与私人部门管理的差异,混乱了政府与公民的关系。① 这些都违背了公共服务的传统,造成了"公共精神"的衰微:寻找既适用于私人管理又适用于公共管理的普遍法则导致了对自由、秩序、公正、服务等公共行政伦理的背离,进而造成公共行政实践不断走向误区,使得公共行政成为追求某些特定团体、市场主体乃至个人利益的手段。② 不仅不利于改善政府服务,相反,不恰当的行政伦理造成了公民在公共管理中严重缺位,人们只有服从政府的义务而无监督和约束政府的权利。

公民社会的日益成长诱发了"公共性"的回归。第三部门的壮大、社群主义的盛行、多元主义的兴起,引发了公民参与公共管理的热情,越来越多的人呼吁公共管理回归"公共性"价值,即贯彻"以人为本"的原则,强化公共服务的理念,实现公平与效率平衡,并按照公平正义要求,将公共服务理念转化为具体服务内容与服务指标,将公共服务理念转化为公共管理者的具体行为,通过坚持公共物品的共享性,进一步缩小公共资源分配的差异性,减少地区、行业、群体及个体之间的分配差异。③

(二)研究思路

本研究属于政府应急管理的范畴,建立在规范研究基础上,研究的重点在于对实践问题进行理论梳理而不是政策建议。全部研究基于这样一个假设:当个人面临生命危险时,有权得到政府的救援,无论这种危险是什么导致的。但这个假设是与公共管理的"公共性"价值取向并不完全一致。传统公共管理理论认为,公共权力维护的是公共利益,而私域是市场调节的范

---

① 张成福:《公共行政的管理主义:反思与批判》,《中国人民大学学报》2001 年第 1 期,第15—21 页。
② 张成福:《论公共行政的"公共精神"——兼对主流公共行政理论及其实践的反思》,《中国行政管理》1995 年第 5 期,第15—17 页。
③ 付翠莲:《公共管理中公共性的缺失与回归》,《经济与管理》2009 年第 6 期,第21—24 页。

畴,一方面公共权力不应该介入私域,另一方面私域利益也不应该通过公共权力得以实现,因个人失误造成的后果应该由其自身承担。两种观念之间的矛盾造成了一种实践困境——个人的过失可以由政府买单吗?反过来说,因为资源的公共属性就可以对因主观因素使自己深陷死亡危险的人见死不救吗?这个困境就是本研究的出发点。

本研究首先界定研究对象的范畴。从"私域"这个核心概念出发,对"私域""私域危机""政府私域救援"的内涵特征进行界定,并通过比较研究,始终将政府私域救援置于公私二元矛盾冲突的境地。其次,梳理了政府私域救援的经济学、政治学、法学、伦理学基础,解决理论认识问题,为全书研究奠定基调。最后,通过深入解读案例,对政府私域救援的类型、过程和保障方式,进行深入分析,重点突出政府私域救援与公共危机救援在操作层面的差别。总体来看,本研究在关注政府、私域等概念的"本质"研究的同时更关注二者关系的研究,在政府所代表的公域与私域之间权利、价值、范畴等相互冲突的语境下,研究二者的一致性、统一性,力争在更高的层面消弭因恪守"本质"区别而导致的二者之间的紧张关系。基本分析脉络如图0-1所示。

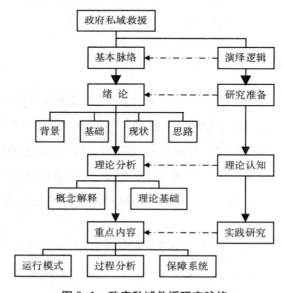

图0-1 政府私域救援研究脉络

（三）研究方法

1. 规范研究法

根据政府行为的基本价值取向——维护公共利益,构建完整科学的评价体系,并据此对政府私域救援的行为、行为结果以及产生这一结果的理论基础进行评判,解决政府私域救援政策制度的合意性问题,判断政府各种行为的正确与否。

2. 比较研究法

根据公域私域的价值取向、行为主体、行为方式、制度体系等不同,将私域危机与公共危机、政府私域救援与公共危机救援、国内外私域救援方式等进行比较,以及政府私域救援内部的不同问题、基于不同时间的发展状况的历史比较,从而找出政府私域救援的特殊性、阶段性等特征及一般规律。

3. 文献研究法

依据现有的理论、事实和需要,系统地梳理国内外关于政府私域救援的文献资料,提出课题假设、研究设计,假设和设计是指对有关文献进行分析整理或重新归类研究的构思,将课题或假设的内容设计成具体的、可以操作的研究活动,从哲学角度重新审视政府私域救援的哲学本质、功能与识别,挖掘其理论价值和实践意义。

4. 案例研究法

一方面,以某个或某几个个体作为研究的对象,并在个案之间作比较后,将研究结果推广到一般情况。对另一方面,依据规范研究形成的一般价值体系,对近年来国内外政府私域救援的典型案例逐一进行结构式分析,通过详细地调查一件实例来了解这一实例所属的整类个体的情况,并通过不同的案例分析,搜集资料,分析整合,以了解争议的成因,进而提出适当对策,验证假设。

第一章 私域、私域危机和政府私域救援

政府私域救援是一种经常实践而未被认真思考的政府行为,既是社会安全网络的重要组成部分,又是政府应急管理的重要内容。与公共危机管理一样,私域危机救援也属于非常态政府行为,"私域"是其内在属性的规定,"私域危机"是其直接原因,而"政府"则凸显了其行为的特殊性。要理解政府私域救援必须首先认识私域和私域危机。

第一节 私的内涵

作为一种价值论域,"私"的观念始终是中外思想史上至关重要的论证母题,决定其他概念的范畴,牵涉着思想史诸多领域和层面,关系到社会的价值取向、行为准则和关系结构,具有提纲挈领的意义。甚至在公共管理领域,如果"私人的独立性和利益得不到论证,任何公共权力也都将失去其合法性"[①]。因此,在界定"私域""私域危机"以及"政府私域救援"等一系列重要概念之前,有必要对"私"的语源语义进行粗略追溯,以求其根本意义。

---

① 李晓辉:《公域与私域的划分及其内涵》,《哈尔滨商业大学学报(社会科学版)》2003 年第 4 期,第 124—127 页。

一、"私"的意理溯源

(一)"私"的语义溯源

"私"同"厶",有文字依据可考的"厶"字要晚至春秋战国时代,《韩非子·五蠹》有言:"自环者谓之私。"[1]许慎引申其义,将其解释为"奸邪也。韩非曰仓颉作字,自营为厶。凡厶之属皆从'厶'"[2]。但这种解释被现代学者认为是"一种政治文化上的主观阐发,而非文字学意义上的客观解释。故不可引以为字义构形之依据"[3]。原因在于,"但在甲骨文、金文的公字的演变中,公字看不到'厶'的部分,并且在迄今为止所见到的甲骨文、金文中根本见不到'私'字[4]"[5]。为此,现代学者提出不同观点,其中,如徐中舒提出"厶"为耒耜,认为"私是农具,从厶,象耒耜之耜形,是农夫用以耕作,作为自己私有的工具,故私得引申为公私之私"[6],又"耜为农具,为个人所日常使用的物件,故得认为己有……厶与私亦当为耜引申之字……私从禾,即耜之别体,耜为个人所有,故得引申为公私之私"[7]。范德茂等认为古"厶"是一个象意文字,乃人鼻侧形,其意义应当是"偏也。侧面于人,掩匿其奸"[8]。但这种解读也受到怀疑,如刘畅认为,"'厶'字构形有多条系统,故不能只有'像人鼻形'这一种解释"[9]。宋金兰认可"厶"字脱胎于"自"

---

① 韩非子校注组:《韩非子校注》,江苏人民出版社1982年版,第671页。

② 许慎:《说文解字》,中华书局1978年版,第189页。

③ 刘畅:《中国公私观念研究综述》,《南开学报(哲学社会科学版)》2003年第4期,第73—82页。

④ 这种说法有误,李亚农在《殷器杂识》(《考古学报》1957年第5期)提及甲骨文中"厶"与"丁"同形,但词义与来源不明。

⑤ [日]佐佐木毅等:《公与私的思想史》,刘文柱译,人民出版社2009年版,第52页。

⑥ 徐中舒:《徐中舒历史论文选辑》,中华书局1998年版,第1441页。

⑦ 徐中舒:《徐中舒历史论文选辑》,中华书局1998年版,第93页。

⑧ 范德茂等:《关于"厶"字的象意特点及几个证明》,《文史哲》2002年第3期,第109—112页。

⑨ 刘畅:《关于"厶"字的象意特点及几个证明商榷》,《史学集刊》2003年第4期,第88—96页。

（鼻），但并不是为了要刻意强调鼻子的侧或偏，"谈不上是以什么侧面鼻形来表现'掩匿其奸'了"①。

（二）"private"的语义溯源

Private 来源于拉丁语 prīvātus 和 prīvāre，其拉丁语词根为 privo。prīvātus 的意思是个人的、私人的、私有的，或没有社会地位的、没有国家职位的，或普通的、平常的、一般的、平凡的；prīvāre 意为夺去、剥夺、失掉、丧失或挽救、解救、使避免、使摆脱、解除、使自由。② 综合来看，private 是一个政治和法律含义较为明显的词，本意为"被剥夺"和"被隔离"，即"被剥夺了参与公共生活，尤其是国家政治生活的权利"。此外，private 还含有"隐私"的含义，具有"不公开地、私下地进行"的意味。特别是 privatus（后演化为 privacy），在古罗马时代 privatus 已经引申为"隐私，私人的"③，"in private"，有时即指"在家宅之中"，因为"家"是指"不暴露于众人环视之下"的意思。因为在希腊和罗马的传统中，家庭中生活和生命的再生产，是通过努力和女性的勤劳来维持的，而这是隐藏在他人的目光之下的。至今在英语和法语中还残留着这种含义，即"不为人所知"或"欲为人所知"。④

二、"私"观念的价值认知

（一）中国的传统观念

"私"在中国具有强烈的伦理倾向，"作为一般文字概念，是先有'公'字后有'私'字，而作为道德范畴则先有'私'字后有'公'字"⑤。作为一种否定的道德载体，"私"所蕴含的"利""欲""非""卑""恶"等负面性质不断地

---

① 宋金兰：《"私（厶）"字的语源及嬗变——兼论"私"所引发的先秦思想观念之变革》，《汉字文化》2008 年第 2 期，第 47—53 页。

② 谢大任：《拉丁语汉语词典》，商务印书馆 1988 年版，第 440—441 页。

③ 沈中等：《隐私权论兼析人格权》，上海人民出版社 2010 年版，第 76—77 页。

④ 易继明：《私法》（第 1 辑第 2 卷），北京大学出版社 2002 年版，第 11—12 页。

⑤ 钱广荣：《中国早期的公私观念》，《甘肃社会科学》1996 年第 4 期，第 18—21 页。

加以强化，而"以私灭公""公正无私""先公后私""公而忘私"等抑私尚公的思维模式①则被不断强化，成为影响社会发展的主流思潮。但历史地看，我国传统社会对于"私"的态度，也是因事因人因时而变。"事实表明，在先秦很长的一段历史时期里，"私"的含义是中性的，整个社会对"私"是宽容的，这一时期的哲学家、思想家也未曾对"私"采取拒斥态度。"②如《论语》仅两处提及"私"（"退而省其私，亦足以发"③；"私觌，愉愉如也"④），且均不具有道德意旨。孟子指出，"民之为道也，有恒产者有恒心，无恒产者无恒心。苟无恒心，放辟邪侈，无不为己"⑤。肯定私产是良好道德的前提，承认私的必要性。道家更加尊重人的本性的发展，庄子借用老子之口质问"仁义，人之性邪？"，并认为"无私焉，乃私也"，而"兼爱无私"只是"乱人之性也"，⑥将私看作人性的一部分，灭私违背人性，是不符合天地固有之常——"道"的要求的。杨朱更是明确主张"为我""贵己""拔一毛而利天下不为也"，对私的尊崇走向极致。

现在的学者认为，"率先为'私'字涂上贬义色彩的是法家"⑦，"战国时法家所共同的一个倾向，是强公室而抑私门"⑧。从管子到韩非，法家学者多贬私扬公。管仲认为，"私者，下之所以侵法乱主也"。又说"私术者，下之所以侵上乱主也"⑨。"私意者，所以生乱长奸而害公正也，所以壅蔽失正而危亡也。故法度行则国治，私意行则国乱。"⑩"私"成为乱国之根源。韩

①　杜洪义：《早期公私观念的尚公取向及其社会价值》，《辽宁师范大学学报（社会科学版）》2012年第4期，第561—565页。
②　宋金兰：《"私（厶）"字的语源及嬗变——兼论"私"所引发的先秦思想观念之变革》，《汉字文化》2008年第2期，第47—53页。
③　孔子：《论语·为政》，中华书局2006年版，第16页。
④　孔子：《论语·乡党》，中华书局2006年版，第137页。
⑤　孟子：《孟子·滕文公上》，中华书局2006年版，第104页。
⑥　陈鼓应：《庄子今注今译》，商务印书馆2007年版，第403—404页。
⑦　宋金兰：《"私（厶）"字的语源及嬗变——兼论"私"所引发的先秦思想观念之变革》，《汉字文化》2008年第2期，第47—53页。
⑧　郭沫若：《十批判书》，见《郭沫若全集》（历史编，第2卷），人民文学出版社1982年版，第325页。
⑨　黎翔凤：《管子校注》，中华书局2004年版，第905页。
⑩　黎翔凤：《管子校注》，中华书局2004年版，第1210—1211页。

非子在论证"法"为守国之道的同时,极力否定"私"的客观性,把"私"树立为"行法"的第一敌人,认为"能去私曲就公法者,民安而国治;能去私行行公法者,则兵强而敌弱"①。至此,"私"的"污名化"全部完成。应该承认的是法家所针对的私,更多的是针对国君和官吏的私心、私德、私利和私行,反对以其利益和个人好恶为标准行国家之事。

对"私"进行最彻底否定的是主张"尽去人欲而复全天理"的宋明理学,"在具有背反性的宋明理学体系中,把'公'与天道、天理结合起来,即人类之公内在于天道之公之内;而把'私'与同样具有价值否定意义的'欲''利'联系起来,成为与天理对立的应当否定的罪恶,崇尚'天理之善'的'公',而否定和压抑'人欲之恶'的'私'。"②这种否定具有系统性、彻底性、对抗性的特征,"公"开始神圣化,而"私"成为"天理"不张的罪恶根源,不仅挤占了"私"的行为空间,而且压制了"私"的心理空间。但这种极端的解读和社会需求并不一致,引起了极大的反弹。

宋代王安石、陈亮、叶适等就明确提出反对程朱的主张,强调义利、德行的统一。明清之际为我国"私"理念发展史上的一大关键,出现了吕坤、顾炎武、王夫之、戴震、龚自珍等一大批以"私"为本位的思想家,其共同特征是大力肯定"私"的合理性和正当性。其中,李贽的理论最为彻底,他指出:"夫私者,人之心也。人必有私,而后其心乃见;若无私,则无心矣"③,淡化了"私"伦理价值,突出其功能定位,视之为一种自然禀赋,是人性特征的决定性因素之一。近代,受西方影响,私的价值和意义进一步被强调,很多人"把'私'视之为人的先天本性,而不是后天的作为,而且认为这种先天本性,并不局限于某一特殊的人种,而是人类整体的普遍性"④,并剔除其道德意味。当然,对"私"的合理性强调并没能从根本上挑战崇"公"的绝对支配地位,崇公抑私思想仍然占据着主导地位。

---

① 韩非子校注组:《韩非子校注》,江苏人民出版社1982年版,第44页。
② 张夺等:《传统公私观念的内在悖论及其对中国社会的影响》,《社科纵横》2013年第8期,第107—111页。
③ 李贽:《藏书》,中华书局1959年版。
④ 王中江:《中国哲学中的"公私之辨"》,《中州学刊》1995年第6期。第64—69页。

我国对"私"的认识的真正突破是在改革开放以后。邓小平将计划和市场从社会制度基本属性区分开来,第一次剔除了"公"和"私"的意识形态属性,凸现了其本来的自然属性。随着社会领域"去国家化"进程的加快,以及市场经济触发的社会领域的不断分化,越来越多的社会生活被纳入私人领域,人们能够更加公正平静地看待"私"的存在。特别是"以人文本"理念的提出,"私"从具体的市场领域走进抽象的权利领域,成为现代人价值诉求的基本出发点。但总体来看,私人领域在我国还远没有发展到成熟状态,更不能将我国现阶段"私"的理念与西方的传统价值混为一谈。事实上,在我国承认"私"的合理性是有着重要的前提的:承认"公"的优先性,承认"公"是"私"实现的前提条件。

(二)西方社会的观念

在西方社会,"私"的政治和法律意义更强烈,而道德意味则要淡薄得多。但西方文明开始时,并不是如此。private 来源于 privare(剥夺),有"被剥夺的"的含义,从修辞学来看,这是一个情感色彩倾向比较明显的词,表达一种负面、消极的情绪和意义。实际上,在古希腊,"私"并不具有政治意义,而是一种法律概念,指的是"被剥夺公开性"。作为"公"的城邦利益被认为具有最高的善,优于私人利益,而"私"是一个"带有贬义"的词,"一切非公共的都被视作带贬义色彩的"①。因为进入文明时代以来,由于真正的私人生活、纯粹的私人空间非常有限,参与公共生活是一种常态、习惯和传统,被看作是人之为人的必要条件。当然,"私"被解释为"隐私"时,则不涉及公共事务,也无关人的条件,不带有道德倾向。

很多学者认为,由于西欧中世纪"不存在独立的公共权利",因而"中世纪是私人权利占绝对统治地位的时代"②。基佐认为其原因在于日耳曼人对独立和个性钟爱消解了可能侵害个人权利的极权和专制势力,维护了个

---

① 沈中等:《隐私权论兼析人格权》,上海人民出版社 2010 年版,第 76—77 页
② [意]圭多·德·拉吉罗:《欧洲自由主义史》,杨军译,吉林人民出版社 2001 年版,第 2 页。

人权利。① 还有学者认为封建法和罗马法对私权观念的形成起到了主导作用②。这些学者认为，虽然自然法被披上了浓厚的神学色彩，但由于法律中加入人权的内容，因而对于促进私权的发展具有重要的意义。然而，目前学者对中世纪个人权利推论，只是对现有的议会政治概念的一种推断，是一种理想化的推论，在逻辑上和事实上都很难成立。如"英国中世纪不存在一个发达的私有制，议会政治的产生亦非以发达的私有制为其重要条件"③。与现代理念较为一致、具有普遍意义上的"私"的观念的兴起应该来自对神的统治的反动，出自对与宗教哲学观念相对独立的对人的欲望、肉体、苦难和欢愉的认可的"私人人性"的兴起。

西方社会对"私"的系统思考滥觞于文艺复兴时代对"个人"特别是"完美的个人"的发现。在文艺复兴之前，"人类只是作为一个种族、民族、党派、家族或社团的一员——只是通过某些一般的范畴，而意识到自己"。但文艺复兴让"人成了精神的个体，并且也这样来认识自己"。由于"对政治漠不关心，一边忙于他自己的正当事业，一边对于文学艺术有极大的兴趣，这样的私人，似乎已经在 14 世纪的这些暴君专制制度下初次完整地形成了"④。资产阶级革命时期，西方社会对"私"的尊崇达到极致，格劳秀斯、斯宾罗莎、霍布斯、洛克等均将趋利避害、自我保存视为人的本性和自然法要求，并竭力维护"私人"的权利和利益。

第二次世界大战后，西方社会以"人权"为中心，对个人之"私"进行了彻底反思，对"私"的维护从财产、言论、出版自由等具体的权利转向了正义、自由、尊严、平等等抽象的价值，如《联合国人权宣言》中，最激动人心的就是对个人生命、自由、尊严和人身安全的大声呵护。自此，西方社会的

---

① [法]基佐等:《法国文明史》(第 1 卷)，商务印书馆 1993 年版，第 195 页。
② 钱福臣:《宪政基因概论——英美宪政生成路径的启示》，《法学研究》2002 年第 5 期，第 120—135 页。
③ 顾銮斋:《由私有制形态看英国中古赋税基本理论》，《华东师范大学学报(哲学社会科学版)》2004 年第 4 期，第 63—68 页。
④ [瑞士]雅各布·布克哈特:《意大利文艺复兴时期的文化》，商务印书馆 1979 年版，第 139—145 页。

"私"的观念已经从一种对个体利益的关注转向对人类共同价值的关注,从一种功利主义倾向转向人本主义倾向,从一种静态的消极的"私"的理念转向积极的、动态的"私"的认知。当然,这种转变也强化了一种负面倾向,"私"从一个法律名词逐渐演化一种意识形态,伸张以人权为核心的"私权"往往成为国际斗争的重要内容和国际倾轧的手段,这种倾向引起了对西方"人权"理论的怀疑,特别是在第三世界引起了广泛的抵触。

三、公私观念的简单比较

公私相背,并举共生。要全面准确认识"私"的理念,还必须了解"公"的内涵。根据韩非子的解释,"背私谓之公"①。许慎认为,"公,平分也。从'八'从'厶'(音司)。'八'犹'背'也"②。和"私"字一样,这种解释也受到学者的怀疑,认为许慎的解释只是符合当时的潮流,并不能解释"公"的本意。徐中舒认为,"公像瓮(甕)形,在古代大家经常要围在甕旁取酒共饮,故公得引申为公私之公"③。范德茂等人也认为"公"是象形字,是表示人脸的正面。④ 虽然韩非子、许慎等人的阐释没有揭示"公"的真正起源,但这种基于政治文化的阐发,总体上是符合我国社会对"公"的普遍认知的。

"公"作为我国传统社会思想的一个根本性的概念,内涵十分丰富,用法十分复杂,陈弱水将其意义归纳为五大类型:一是国家、国君、朝廷或政府及其事务等意涵,这是"公"的最早的含义,此类型意义在春秋晚期已经形成;二是普遍的、全体的等意涵,特指普遍的人间福祉或普遍平等的心态,此类型意义萌芽于战国初期;三是含有道、义、天理等意涵,是类似包括儒家鼓励的一切德行,是人类行为的标准,此类型意义起源于宋明理学;四是主张"公"的境界是由所有个别的"私"得到满足时所达成的,明末清初时盛行;

---

① 韩非子校注组:《韩非子校注》,江苏人民出版社1982年版,第671页。
② 许慎:《说文解字》,中华书局1978年版,第28页。
③ 徐中舒:《徐中舒历史论文选辑》,中华书局1998年版,第1441页。
④ 范德茂等:《关于"厶"字的象意特点及几个证明》,《文史哲》2002年第3期,第109—112页。

第五种基本意涵是"共",包括共同、共有、众人等义,又指政治、宗族、社会生活等公开的场域行动,深具伦理色彩,此种意涵出现较晚。①

英语"public"来源于拉丁语"pūblicus",词根为希腊语的"polis",意为"社会的,公共的,国家的;通用的,人民的,大众的,民众的;平常的,习以为常的,通常的,习惯的"②。总的来看,英语"public"一词含有"人民""公开性"等意义。其中,"人民"是一个和"敌人""奴隶"相对的概念,是在一定空间范围内享有特殊政治权利的一类人,能够公开、自由地参与公共事务;而"公开性",一方面是指只有"公民"才有资格参与的事务,另一方面指为全体"公民"谋利益的事务的。因此,可以说"public"是一种表明身份权利的词,用来形容敌我、主仆关系和权利,具有一定的伦理色彩,具有优先性。但这种优先性在中世纪遭受了冲击,大的封建领主的"私"充当了古代的"公"的角色,"公"的内涵和角色都发生了重大变化。直到近代资产阶级革命之后,当"私"的理念和价值观得以充分发展之后,"公"的价值才得到重新认识,但已经不再如古代一样具有优先性。

"公""私"是人类社会行为的基轴和方向,公私分立是维护社会秩序的基本前提。"所谓'公'和'私',不是去掉了人的、存在于某处的东西,而是一个一个的人所具有的认识的坐标,是行动的文法。"③"公""私"内涵不同,这一对概念至少指涉了实然与应然两种意涵:在实然方面,"公"和"私"指的是两个社会范畴,前者是指国家或政府部门,后者则是指非国家部门,包括家族、社会组织等社会群体及个人;在应然方面,二者均属于理想状态的道德价值领域,前者是利他的,后者则是利己的,前者高尚而后者卑下。④具体来说,"公"的特征包括:"对象的一般性,内容的共通性、透明性(暴露的世界),制度的、人为的世界,政治的权力";"私"的特征包括:"对象的特

---

① 陈弱水:《中国历史上"公"的观念及其现代变形——一个类型的与整体的考察》,载许纪霖等:《现代中国思想的核心观念》,上海人民出版社 2010 年版,第 563—592 页。

② 谢大任:《拉丁语汉语词典》,商务印书馆 1988 年版,第 452 页。

③ [日]佐佐木毅等:《社会科学中的公私问题》,刘荣等译,人民出版社 2009 年版,第 271—274 页。

④ 黄克武:《从追求正道到认同国族——明末至清末中国公私观念的重整》,载许纪霖等:《现代中国思想的核心观念》,上海人民出版社 2010 年版,第 5932 页。

殊性,内容的具体性、隐秘性(被隐藏的世界),自然的、生物的世界,自然的权力。"①前者是建立在一种共识之上,通过继承、交易、交换形成的相互共识(妥协、承认、尊重);后者强调的是自我的实现,通过自立、自律、自尊实现的自我完成(充足、满足、达成)。"公"和"私"基本上是与善和恶、真和伪、正和邪不同的维度上的区分。

　　除上述特征外,"公""私"在不同学科和不同语境下也有不同的含义。根据金泰昌的比较研究,在政治哲学、社会学、经济学等学科中,"公"含义较为一致,但对"私"的认知却各有侧重,内容更具体,正是对"私"的不同认知决定了各个学科的性质和特征。政治学中对"公""私"的认知有所不同,但这只是反映不同思潮如女性主义的影响,与其他学科并没有太多的区别。

表 1-1　不同学科对"公""私"的认知②

	对"公"的认知	对"私"的认知
政治哲学	国家、政治	个人、家族
社会学	国家、政治	社会、结社、亲密关系、家族
经济学	国家、政治	经济、市场
政治学	a.国家、政治 b.国家政治、政治+社会、结社 c.国家+社会+经济 d.国家+社会+经济+个人(男)	a.国家、政治以外的事情 b.个人、家庭+经济 c.个人、家庭 d.个人(女)+家庭

　　刘鑫淼对不同语境下"公""私"意涵作了比较,认为在不同历史发展、不同文化传统、不同民族境况下,"公""私"存在多维意涵,理论旨趣也不同,有作为世界观的"公""私"观念,有作为道德概念的"公""私"观念,有作为空间概念的"公""私"观念,有作为生活场域的"公""私"观念,还有作为群己关系的"公""私"观念。

---

　　①　[日]佐佐木毅等:《社会科学中的公私问题》,刘荣等译,人民出版社 2009 年版,第 145—147 页。
　　②　[[日]佐佐木毅等:《社会科学中的公私问题》,刘荣等译,人民出版社 2009 年版,(前言二)第 1—2 页。

表1-2　不同语境下"公""私"的多维意涵①

	"公"的意涵	"私"的意涵	不同语境下的"公""私"问题旨趣
世界观	公共领域	私人领域	"公"与"私"的问题本质上是人类生存境况的公共性与个体性之间的关系问题
道德概念	公德	私德	"公"与"私"本质上是公(公德)与私(私德)如何寻求相互间的平衡及和谐的问题
空间概念	公共空间、公共场所	私密空间、私人场所	"公"与"私"本质上是关于如何抉择"秩序"的生成方式问题
生活场域	政治领域(公共领域)	家庭领域(私密领域)	"公"与"私"本质上关乎人类社会在遭遇现代性后所呈现出来的社会结构样态和发展趋势
群己关系	大我、家庭、团体、社群、国家、天下	"自我""小我"	"公"与"私"本质上是一种理论分析的方法和框架

第二节　私　域

　　"私域"即私人②领域,是一个规范性概念,是理解政治、经济、社会和文化现象的重要基础,与"私"的内涵和外延并不完全一致的。"私"是对事物归属状况以及在这种状况下行动主体的权限的描述,"域"指的是"包含各种隐而未发的力量和正在活动的力量的空间"③,具有"范畴""界限""边界""底线""规则""限制"等意涵。因此,"私域"实际上是对一个以私的逻辑、规则为导向的行动④范畴的描述,这个行动范畴就是对"私"的主体自由

---

　　① 刘鑫淼:《比较视域中的公私观念及其理论维度》,《广东工业大学学报(社会科学版)》2007年第4期,第7—10页。
　　② 个人和私人都是一种排他性的概念,都是将公共和他人排除在外,但不同的是,个人是对主体数量的界定,而私人是对主体属性的界定,当说某个东西属于某个人的时候,指的是主体不与外人分享所有权;当说某物属于私人物品时,指的某物只在一定范围内分享所有权,也可能是一个人享有。
　　③ [法]皮埃尔·布迪厄:《实践与反思:反思社会学导引》,李猛等译,中央编译出版社1988年版,第139页。
　　④ 本书将"行动"界定为一个与行为有所区别的概念。"行为"是指不追求特定目标的举止活动,而"行动"是一种基于特定价值、计划、规范、目标的举止活动。

的规定,具有特定的价值取向、人与人的依赖关系及其表现形式。私域是赋予人的行动一种初始的权利,对这种初始权利的认同和尊重,是社会有效运转的前提,当所有人的私域得到充分发展和尊重时,良好社会才能实现。公共领域与私人领域的界分既是对现实社会生活的描述,也是对理想社会状态的预设,为社会改进提供基本的分析基础和导向目标。"从公共领域与私人领域这一对范畴来把握政治,乃是对政治原初语境和本真质态最直接、最普遍的方式。"①

一、"私域"的含义

(一)关于"私域"的研究

"私域"是个复杂的概念,很难对其作出普适性的定义。根据密尔的思想,私域是一种"涉己行为"的范围,在此范围内,个人的"独立性在权利上则是绝对的。对于本人自己,对于他自己的身和心,个人乃是最高主权者"②。根据康德的理论,私域可以定义为"意志的自由行使范围",这个范围的一切对象是实践理性的一种"公设","可以称之为实践理性的一条'允许法则',它给了我们一种特殊的权限,一种我们不能够一般的从纯粹的权利概念推演出来的权限。这种权限构成对所有其他人强加一项责任的权利,给他们的不是别的规定,而是规定他们不得使用我们自由选择的某些对象,因为我们早已把它们置于我们的占有之内。理性决意使这个允许法则成为有效的原则,而且此法则作为实践理性而确实生效,这条法则通过这个先验的公设,在实践中扩大了它的运用范围"③。与此类似,哈耶克也将私域界定为自由行动的领域,"一人根据其自己的知识所确定的手段而追求

---

① 刘鑫淼:《比较视域中的公私观念及其理论维度》,《广东工业大学学报(社会科学版)》2007年第4期,第7—10页。

② [英]约翰·密尔:《论自由》,许宝骙译,商务印书馆1998年版,第11页。

③ [德]康德:《法的形而上学原理———权利的科学》,沈叔平译,商务印书馆1991年版,第55—56页。

自己的目标,因此,这种自由行动必须赖以为基础的各种基本依据,是不能由他人依其意志所型构的。这种自由行动预设了一个众所周知的领域的存在。在这一领域中,他人不能对其间的那些情境加以安排,亦不能迫使行动者按他们所规定的选择行事"①。

我国学术界对"私域"的理解主要有以下五种:一是自治空间论②,认为"私域是公民和法人依法可以自主治理的领域"③,"是平等的、独立的、相互之间不存在控制与被控制关系的个体生活和私人关系的自治空间"④。持这种主张的主要是法学家,重点是从主体行为规范的角度强调私法自治。二是交往空间论,将私域定义为"以个体独立人格为基础的私人活动与私人交往空间"⑤,强调私域行动的自觉和自为。当然,这个交往空间也是"个人之间相互竞争的领域"⑥。三是经济空间论,认为私域就是第二部门,"属于经济领域"⑦,这个领域"以私人利益为边界和价值导向,行为主体是私人(如农户)或与私人具有平等法律关系的团体(包括参与单纯经济活动的政府),其间行为方式主要采取契约形式,可以相对自由地追求私人利益"⑧。四是文化空间论,认为精神文化生活是私人性的活动,私域即私人性的精神文化活动的空间,⑨强调私人的心理、情感、习惯、经验等非理性的因素。五是私密空间论,这种观点将私域定义为"个体生活或活动的私密领域"⑩,拥

---

① [英]哈耶克:《自由秩序原理》,邓正来译,生活·读书·新知三联书店 1997 年版,第 16—17 页。

② 这里的空间指的是一种行动的规范和范畴,不是与时间对应的概念。

③ 徐邦友:《论公共服务与公民自由的关系》,《中共宁波市委党校学报》2014 年第 3 期,第 67—73 页。

④ 简佩茹等:《公域与私域的划分及其制度建设指向》,《大江周刊·论坛》2011 年第 8 期,第 16—19 页。

⑤ 李红春:《当代中国私人领域的拓展与大众文化的崛起》,《天津社会科学》2002 年第 3 期,第 108—113 页。

⑥ 王晓升:《"公共领域"概念辨析》,《吉林大学社会科学学报》2011 年第 4 期,第 22—30 页。

⑦ 郑雄飞:《"土地换保障"权益协调机制建设——基于"公域"、"私域"与"第三域"的法社会学探索》,《北京社会科学》2014 年第 3 期,第 12—19 页。

⑧ 郑雄飞:《"域际关系"视角下"土地换保障"权益冲突的原因探析》,《华东师范大学学报(哲学社会化科学版)》2013 年第 6 期,第 99—152 页。

⑨ 朱鲁子:《个性化创作呼唤私域哲学》,《求是学刊》2002 年第 2 期,第 28—32 页。

⑩ 刘鑫淼:《比较视域中的公私观念及其理论维度》,《广东工业大学学报(社会科学版)》2007 年第 4 期,第 7—10 页。

有"私人个人所有,不能公开和共享的价值"①,是一种人对自我之隐私得以存留并具有自主处理的封闭领域,强调的是人的隐私权。此外,还有学者将私域定义为一种"个人事务"或"私人事务":"个人事务以及由个人组成的社会组织和团体内部的事务,属于'私人领域',是公共权力不可介入的自由领地"②。

根据学者们的描述,我们可以认为,私域是指理想状态下既不受公众监视,也不受国家权力干预的那部分生活,这是一个可以拒绝一切外来干扰和窥视的隐蔽的生存场所,也是进入公共领域的物质条件,主要涉及私有财产和私人空间。当然,这个规定是相对私域的本质进行描述,但在统计上这种界定并没有什么意义,我们无法根据这个定义界定某些行动、事务或领域为私事、私域并对其进行比较。

(二)私域的基本内涵

1. 一元论对"私域"的认识

一元论将人的行动领域视为不可分割的统一体,这种观点并不否定人的角色和行动的多样性,但不承认人的不同行动的特殊价值,建立在特殊价值基础上的私域是不存在的。一元论根源于整体主义哲学。这种哲学观点认为存在一个先验世界(本体世界),经验世界(现象世界)只不过是对先验世界的模仿和分有;先验世界是一种"共相",经验世界的各种各样的具体存在只不过是这种共相的派生;先验世界是至善至美的,在逻辑和时间上相对于经验世界具有优位,是变动不居的经验世界的最高指向和依归;一切事情趋向于保持完整、稳定时就是正确完美的,先验世界作为一个整体,有着自己的运行机理,其价值是各种具体事物的意义所在,是理解各种经验存在意义的基础。根据整体主义哲学,人类的各种行动只不过是某种先验共相的摹画,其起源、价值、意义以及对其认知路径具有同一性,不同人的行动

---

① 胡敏中:《论公共价值》,《北京师范大学学报(社会科学版)》2008年第1期,第99—104页。
② 燕继荣:《私域、公域的分野 自由、权威的统一——论自由主义政治理论及其启示》,《探索》1994年第3期,第47—51页。

亦是如此,因此虽然人的社会角色多种多样,但不会形成价值、计划、规范和目标不同的行动领域,即不存在领域分化。当然这种主张只是一种理论上的主张,是一种理想的范式,即便是在斯巴达和苏联式公有制社会中,也无法彻底地消灭私域。整体主义哲学在不同的领域又具体表现为政治整体主义、宗教整体主义和法律整体主义,其共同特征都是否认私域的存在,其中,政治整体主义只承认个人是实现国家利益的手段,没有自己特殊的地位和价值。宗教整体主义只承认神和人的区分,否定一切世俗的公义标准,多元化的价值追求看成是对信仰的背叛和对神的权力的攫取,因此在政教合一的国家,建立在角色分工和价值多元化基础上的私域的发展空间十分有限。法律整体主义主张一元法律结构,"将整个社会视为一个层次来进行调整",主张"公法上的权力渗透到社会一切领域"①。

2. 两分法中"私域"的内涵

两分法是指将人的行动领域分为公和私两个领域,其基础是一种典型的还原论:人的行动领域是可以分解为更为简单的两个组成部分,每个简单的部分都反映其整体性质特征;公域、私域是人的行动领域内在的两个矛盾方向,是其对立统一的属性结构;公域、私域是两个去除不确定的、随机的、偶尔的因素的抽象两极,有利于简化对人的行动领域的认知。公域主体是政府、团体和公民,公域活动的核心任务是维护公共利益;私域排斥政府,私域活动的主要内容是追求以私欲为目的的特殊利益,私域的特征是自我维持并受契约调整。② 两分法根据对象是否具有某种特定属性而将其划分为肯定的概念——即具有某种属性,和否定的概念——即不具有某种属性,因此选择不同的划分标准,私域的内涵是有所不同的。在国家—市民社会③结构中,国家一般被认为是公共权力领域,而市民社会被视为私人领域,"是各个社会成员作为独立的单个人的联合,是以生产活动为基础建立起来的私人需要的体系,它始终标志着在直接从事生产和交换中发展起来的

---

① 董保华等:《社会法原论》,中国政法大学出版社 2001 年版,第 20 页。
② 郑贤君:《宪法的社会学观》,《法律科学》,2002 年第 3 期,第 29—38 页。
③ 这里的"市民社会"内涵与哈贝马斯所用的"市民社会"的内涵不同。

私人交往领域"①。在社会—共同体结构中,私域是指由"机械团结"形成的共同体,是建立在生活的统一性原则基础上的人的结合,是一种"亲密的、秘密的、单纯的共同生活"②。在社会—家庭结构中,私域指的是家庭,是从属性的、女性的"照管、养育和维系的领域"③。

3. 三分法中"私域"的内涵

三分法是两分法的细分。三分法的出现是社会分工和价值多元化的结果,其基本特征是主张在公域、私域之外还存在一个"第三域",一般认为"第三域"既具有公域的某些特征也具有私域的某些特征,因此也被称为"准公共领域"或"准私人领域"。三分法滥觞于汉娜·阿伦特的《人的境遇》,成型于哈贝马斯的《公共领域的结构转型》,两位思想家虽然都认为"第三域"起源于"私域",④但对"第三领域"的态度却不一致,阿伦特认为第三域(社会领域)消解了公共领域,阻碍了现代性的发展;哈贝马斯则认为第三域是实现公共善的基本前提,是民主政治的前提。如果说二分法为社会管理提供了基本的分析范式,奠定了公共管理学和法学的基本分析方向,那么三分法就为政治批判提供了良好的理解模型,为热衷于社会改造和政治改革的人提供了强大的武器。具体来说,虽然不同的学者表述不同,但基本的划分方式都是一脉相承的,即公域—第三域—私域。在阿伦特的理论中,人的行动空间分为公共领域、社会领域、私人领域,私人领域主要指家庭,其最大特征是其"被剥夺性",即完全生活在家庭的受限制空间中。⑤ 哈贝马斯将行动领域分为公共权力领域、公共领域和私人领域,私人领域是"狭义上的市民社会,亦即商品交换和社会劳动领域;家庭以及其中的私生

---

① 周叶中等:《社会与国家二元化关系的宪法学意义》,《宪政与行政法治评论》2004 年创刊号,第 182—205 页。

② [德]斐迪南·滕尼斯:《共同体与社会:纯粹社会学的基本概念》,林荣远译,北京大学出版社 2010 年版,第 43—51 页。

③ [英]尼古拉斯·布宁:《西方哲学英汉对照词典》余纪元译,人民出版社 2001 年版,第 837—838 页。

④ 阿伦特认为社会原先隐蔽在家庭的范畴之内,哈贝马斯一再强调公共领域是私人领域的一部分。

⑤ [美]汉娜·阿伦特:《人的境况》,王寅丽译,上海人民出版社 2009 年版,第 39 页。

活也包括在其中"①。其主要功能是满足"生的欲望和生活必需品的获得"②。在公共管理领域,社会被分为公共权力领域、经济领域和公共领域三大部门,其中,经济即私域,公共领域、经济领域本质上都是私人属性,其中经济领域主体更多元但行动范畴、价值和规则单一,而私人领域主体较为单一但行动方式、价值、规范等更多元。

4. 四分法中"私域"的内涵

持此观点的学者并不多,其代表是托马斯·雅诺斯基。雅诺斯基在哈贝马斯等人研究的基础上,把社会区分为四个领域——私人领域、市场领域、公众领域和国家领域。这种划分突破了国家—社会二元对立格局,目的是要寻找国家与公民之间的调节机制或背景,因此其重要特征是强调领域间的互动关系甚至是重叠关系,而不是突出其对立关系。雅诺斯基认为私人领域和国家领域一样是个复杂的领域,"包括家庭生活、亲友关系及个人财产的处理"③。雅诺斯基也同意将私有财产置于私人领域,但这里的"私有财产"指的是"个人财产"或家庭财产,不包括营利组织的财产,在他看来,私有财产相对于私营组织和企业的地位如何,却是一个比较有争议的问题,尤其是当这些组织对公共利益有重大影响时就更是如此,因此"私营组织的财产放在市场领域,也许比放在私人领域更合适"④。总体来看,阿诺斯基对私域的界定比阿伦特、哈贝马斯的更为明确,但范围更小,排除了很大一部分的商品交换内容。虽然雅诺斯基也赋予私域政治意义,但与阿伦特不一样的是,并不认为私域是一个消极的领域,他指出,虽然在现代社会国家、市场和公众领域都可能对对私人领域有所侵犯,但"主要由家庭和亲友构成的私人领域依然存在,大多数公民可以在其中平静地生活"⑤,肯定

---

① [德]哈贝马斯:《公共领域的结构转型》,曹卫东译,学林出版社1999年版,第35页。
② [德]哈贝马斯:《公共领域的结构转型》,曹卫东译,学林出版社1999年版,第4页。
③ [美]托马斯·雅诺斯基:《公民与文明社会——自由主义政体、传统政体和社会民主政体下的权利与义务框架》,柯雄译,辽宁教育出版社2000年版,第18页。
④ [美]托马斯·雅诺斯基:《公民与文明社会——自由主义政体、传统政体和社会民主政体下的权利与义务框架》,柯雄译,辽宁教育出版社2000年版,第18页。
⑤ [美]托马斯·雅诺斯基:《公民与文明社会——自由主义政体、传统政体和社会民主政体下的权利与义务框架》,柯雄译,辽宁教育出版社2000年版,第18页。

了私域的生活的重要意义。雅诺斯基对领域特征和价值的认识,特别是对领域之间关系的论述,颠覆了一些私域的传统的认知,如把私域认定为绝对的隐私领域、一种被剥夺的领域、一种消极从属的领域、一种被定义的领域等,有利于加强对社会过程的认知。

表 1-3 "私域"的丰富内涵

	划分方式	私域范畴
一元论	政治整体主义	个人是实现国家利益的手段,没有特殊价值
	宗教整体主义	反对私域所主张的价值多元主义
	法律整体主义	主张将社会作为一个层次来进行调整,公法渗透到一切领域
两分法	国家—市民社会结构	国家一般被认为是公共权力领域,而市民社会被视为私人领域
	社会—共同体结构	社会是基于自由与理智的人的群体。共同体则是建立在生活的统一性原则基础上的人的结合,是一种"亲密的、秘密的、单纯的共同生活"
	社会—家庭结构	家庭以外的社会是公共领域,家庭是私人领域
三分法	阿伦特:公共领域、社会领域、私人领域	私人领域主要指家庭
	哈贝马斯:公共权力领域、公共领域和私人领域	私人领域是"狭义上的市民社会,亦即商品交换和社会劳动领域;家庭以及其中的私生活也包括在其中"。其主要功能是满足"生的欲望和生活必需品的获得"
	郑杭生:政治领域、经济领域、公共领域	第二部门即市场或营利组织,也叫私人领域,属于经济领域
四分法	雅诺斯基:私人领域、市场领域、公众领域和国家领域	包括家庭生活、亲友关系及个人财产的处理

二、"私域"的基本属性

"私域"的基本属性是相对于"公域"而言的,目前对其集中系统的研究较少。有学者选取人为控制与"天然状态"、价值取向和利益形态、行为方式、财力来源四个维度对公私域的属性进行比较,[①]也有学者按照天然状

---

① 简佩茹等:《公域与私域的划分及其制度建设指向》,《大江周刊·论坛》2011 年第 8 期,第 16—19 页。

态、价值取向、利益形态、行为方式、涵盖范围和法律形式等维度对其属性进行研究,[①]还有学者从私域主体、价值取向等对其进行定性。虽然角度不一样,但认识却较为统一:私域是一个自由的领域,不受公共权力的干涉;是一个平等的领域,主体间受契约关系约束;是一个隐蔽的领域,具有很强的私密性;是一个受亲缘关系主导的领域,接受权威的调节;是一个追求效率的领域,强调利益的最大化;等等。然而,无论在理论上还是在实践中,都无法视自由、隐蔽、权威、效率等价值或属性为私域所独占,实际上"私域"是一个自由有限、适度公开、既有权威又离不开权力、既追求效率也讲究公平的领域。

(一)私域的存在具有绝对性

所谓私域的绝对性是指,私域是一种行动不需要依靠其他人行为进行规定的行动范畴。论证私域的绝对性往往是通过论证自由和权利的必然性来实现的。根据社会契约论,在自然状态下是不存在公域的,公域是私权让渡的结果,即"一大群人相互订立信约、每个人都对它的行为授权,以便使它能按其认为有利于大家的和平与共同防卫的方式运用全体的力量和手段的一个人格"[②]。承担这个"人格"的主权者或国家的行动范围就是公域。可见,公域是个体依据某种动机、价值、标准约定的结果,因而具有一种构建特性。私域则不然,它根源于人的自然需求,有人类就有私域,即便是在自然状态下,人们也会有基本的需求。因而,私域是一种不可避免的、不证自明、自发形成的领域,其发生和存在具有必然性。这种必然性首先通过自然权利或天赋人权理论得以确认。自然权利或天赋人权理论认为,人生而具有某些自由,这些自由来自于上帝的恩赐或维系生存的本能、意志或欲望,"这种不受绝对的、任意的权力约束的自由"[③]就是私域核心。[④] 其次,这种

① 李晓辉:《公域与私域的划分及其内涵》,《哈尔滨商业大学学报(社会科学版)》2003年第4期,第124—127页。
② [英]霍布斯:《利维坦》,黎思复等译,商务印书馆1985年版,第132页。
③ [英]洛克:《政府论》,叶启芳等译,商务印书馆1996年版,第16页。
④ [英]洛克:《政府论》,叶启芳等译,商务印书馆1996年版,第5页。

必然性被视为理性主义者所主张的自由意志的结果。在理性自由主义者看来，无论自由意志来自绝对律令还是来自绝对理念，都决定了人必然具有某种自由的、绝对的、无可置疑的行动空间，在这种空间里人们拥有同等的原初的、固有的、先验的权利。最后，这种必然性还得到了功利主义的证明。功利主义认为趋乐避苦是人类的本性，个性自由是促进人类全面的、深刻的福祉的首要因素之一，是自然给予人类的两位主人翁——快乐和痛苦——对人类的指示。①

（二）私域拥有最小的空间

对公共领域讨论的重点是其最大的边界在何处，而对私域的研究关注的核心往往是其最小的空间。在道德至上的旗帜下，必然致使公共权力无限度地入侵私域，甚至极可能导向极权主义。为限制公域，自由主义者为其界定了最大范围，认定公域不能无限扩大以至于超越某个极限，只能等于或小于这个极限。这个极限就是自由主义者寻找的公域的最大界限，当公域扩张到最大界限时，公共利益和个人利益达到均衡，即为实现公共利益所需要的最大权力正好与个人为维护自己利益而愿意让渡的最多权利之间实现平衡。相反，为了维护私域，自由主义者为其定义了一个无论如何都不可侵犯的最小空间，不能被任何人、任何组织以程序性和非程序性方式去染指的。洛克、亚当·斯密、霍布斯、柏克、穆勒等都赞同为个人保留一个不受社会控制的私人领域，无论这个领域多小，但只要入侵它，都将是一种专制。学者们对这个最小空间的描述不完全一致，但一般都将其理解为最低限度的自由或最起码的权利。个人的自由应该有最小范围。如笛卡尔将"没有必要在相反的两个东西之间选择这一个或那一个上抱无所谓的态度"称之为"最低限度的自由"。② 密尔将其描述为一种不影响，"当一个人的行为并不影响自己以外的任何人的利益，或者除非他们愿意就不需要影响到他们

---

① ［英］边沁：《道德与立法原理导论》，时殷弘译，商务印书馆 2000 年版，第 57 页。
② ［法］笛卡尔：《第一哲学沉思集——反驳和答辩》，庞景仁译，商务印书馆 1986 年版，第60—61 页。

时(这里所说有关的人都指成年并具有一般理解力的人),那就根本没有蕴蓄任何这类问题之余地。在一切这类情事上,每人应当享有实行行动而承担其后果的法律上的和社会上的完全自由"①。伯林将其称之为,"一个无论如何都不可侵犯的最小范围"②。即"在变动不居的、但永远可以辨认出来的界限以内,不受任何干扰"③。在伯林这里,私人领域还意味着它至少能够为人的起码的能力得以发挥提供必要的条件。哈耶克将最小的私域界定为保证不会受到强制干涉的领域④,是一种"社会中他人强制尽可能地减少到最小限度"⑤的状态。私域的最小空间属性,决定了反抗权是一项重要的天赋权利,当这个最小空间受到损害时,人们有权进行反抗。

(三)应然与实然的不一致性

"人类的努力总是趋向于使世界理想化,使之符合人的目的……致力于发现各种各样的理念,以此建构一个应然王国,然后凭借人的意志力,去矫正和引导现实存在"⑥,因此,人们在讨论客观存在的实然私域的同时也在努力构建一个理想的、完美的、价值的应然私域,并努力用后者去评价、规范前者。公域和私域都是这种理想化的结果,但从理论上讲,公域是后天构建的结果,是通过列举法进行界定的,因而理想状态和实际状态具有较高的一致性。但私域却是通过排除法进行界定的,即排除属于公域的事务剩下的都属于私域,因此,排除的标准不同,私域的大小也不同。这样一来,应然私域变成了实然私域的标准、目标和选择,成为实然私域的价值规范机制,并通过单一化的逻辑表达,使得所有人所拥有的私域同质化了,以至于自然法论者认为"自然使人在身心两方面的能力都十分相等"⑦。由于应然私域

---

① [英]约翰·密尔:《论自由》,许宝骙译,商务印书馆1998年版,第90页。
② [英]伯林:《自由四论》,陈晓林译,联经出版公司1987年版,第232页。
③ [英]伯林:《自由四论》,陈晓林译,联经出版公司1987年版,第236页。
④ [英]哈耶克:《自由宪章》,杨玉生等译,中国社会科学出版社1999年版,第198页。
⑤ [英]哈耶克:《自由宪章》,杨玉生等译,中国社会科学出版社1999年版,第27页。
⑥ 朱志勇:《"应然"的实践阐释——论马克思的实践应然观》,《中国人民大学学报》2004年第5期,第67—72页。
⑦ [英]霍布斯:《利维坦》,黎思复等译,商务印书馆1985年版,第92页。

实际上对人的行动的概率描述,"从存在论角度讲,它不是对象性存在,而是有待于对象化的存在,是观念的存在物;从认识论角度讲,它不是对现存世界的反映,而是在否定基础上的重构;从实践论的角度讲,它不仅是人们行动的'理想的意图',也是支配整个活动的内在规律"[①],是从实然私域出发的否定和超越,因而二者永远无法实现完全一致。在实践中,由于从应然私域出发的行动大多沉迷于应然逻辑体系的建设,会导致理想世界和现实世界之间的矛盾,成为政治和社会冲突的第一个根源。因为根据应然私域的理想标准,人们永远认为自己的私域受到了挤压和减少。但应然私域带给人类的不仅是负面的影响,与实然私域也不是仅有冲突,实际上,应然私域不仅具有价值性,还具有总体性,可以通过实践与人发生联系,为人类塑造更好的私域提供了良好的蓝图,为保护实然私域提供了基本的标准,为人类通向"应然世界"开启了可能性之门。

(四)私域的可克减性

所谓私域的可克减性,是指国家为恢复社会秩序的良性运行可以采取措施限制私域权利。私域的可克减性的原因在于,出于自我意识和自利本能,私域倾向于向外无限扩大,引起社会冲突,如果不加以调整和限制,极易造成社会的不稳定:"如果涉及的权利不受到限制,那么与之冲突的权利就会受到破坏。"[②]对私域的克减实际上是对人权的一种限制,首先,要有严格的前提——紧急状态下,这种紧急状态是指发生了严重威胁到国家、生命的危险事实时,只有严格这一标准,才能保证人权不会经常处于克减之中,人的权利才能在更大程度上得到保障。其次,克减应该有合理的界限。私域实际上是由最小空间和延伸空间组成,最小空间我们可以界定为消极自由领域,延伸领域是指积极自由领域,克减的合理的区间应该是排除最小空间

---

① 朱志勇:《"应然"的实践阐释——论马克思的实践应然观》,《中国人民大学学报》2004 年第 5 期,第 67—72 页。
② [美]罗纳德·德沃金:《认真对待权利》,信春鹰译,中国大百科全书出版社 1998 年版,第 255 页。

剩下的领域,即积极自由领域的权利。最后,最小空间是不可克减领域,即在任何情况下包括紧急状况或战争时期,都是不能限制的权利领域。维护最小空间构建了一个最低的人权保障屏障和处理个人利益和公共利益冲突的必要制度保障,有助于在紧急状态中维护法治原则,有助于防止专制独裁。①"我们必须维持最低限度的个人自由,才不至于'贬抑或否定我们的本性'。我们无法享有绝对的自由,因此必须放弃某些自由,以保障其他自由。但是完全的自我放弃,便是自我挫败。那么,这个最低限度应该是什么呢?如果我们抛弃它,就是违逆了我们的人性本质——这就是最低限度的自由。"②综合上述内容,私域可克减的范畴实际上是被很多学者称为社会领域的空间,这个空间的最大的边界是私域空间最大时(此时公域最小),最小边界是私域收缩为最小空间时(此时公域最大)。

(五)私域行动自由

民主是公域最根本的法则,自由是私域最根本的特征。自由是指"一个人不受制于另一个人或另一些人因专断意志而产生的强制的状态"③,维护私域自由始终是自由主义的最根本目标,几乎所有的自由主义者都主张,"在限定的范围内,应该允许个人遵循自己的而不是别人的价值和偏好,而且,在这些领域内,个人的目标体系应该至高无上而不屈从于他人的指令。就是这种对个人作为其目标的最终决断者的承认,对个人应尽可能以自己的意图支配自己的行动的信念,构成了个人主义立场的实质"④。这里的自由并不是指随心所欲或没有规则,在私域里仍然有正式规则和非正式规则,这里的自由指的是不受公共权力干预,无论公共权力表现为规则、法律还是暴力。私域行动自由的原因在于,人类行动的唯一目的是求得幸福、避免痛

① 王祯军:《从权利限制看不可克减的权利的价值功能》,《南京航空航天大学学报(社会科学版)》2009年第2期,第60—65页。
② [英]伯林:《自由四论》,陈晓林译,联经出版公司1987年版,第235页。
③ [英]哈耶克:《通往奴役之路》,王明毅等译,中国社会科学出版社1997年版,第4页。
④ [英]哈耶克:《通往奴役之路》,王明毅等译,中国社会科学出版社1997年版,第62页。

苦,"在任何情况下,个人总是'从自己出发的'"①,而"对于一个人的福祉,他本人是关切最深的人;除在一些私人联系很强的事情上,任何人对他人的福祉所怀有的关切,和他自己所怀有的关切比较起来,都是微薄而肤浅的"②,为了实现这一理想,自由主义者主张,"在自由的统治下,一切未被一般性法律所明确限制的行动,均属于个人的自由领域"③。在实践中,这种主张得到了极大的呼应,无论是《世界人权宣言》《公民权利和政治权利国际公约》等国际公约以及各国宪法均直接或间接规定了私域自由,私域自治、个人生活的私人空间不受非法干预已经成为现代法治、文明社会的基本标志。罗尔斯很坚定、清晰地表达了这一思想,"每个人都拥有一种基于正义的不可侵犯性,这种不可侵犯性即便以社会整体利益之名也不能逾越。因此,正义否认为了一些人分享更大的利益而剥夺另一些人的自由是正当的,不承认许多人享受的较大利益能绰绰有余地补偿加于少数人的牺牲。所以,在一个正义的社会里,平等的公民自由是确定不移的,由正义所保障的权利决不受制于政治的交易或社会利益的权衡"④。但这种自由并不是绝对的自由,"我们无法享有绝对的自由,因此必须放弃某些自由,以保障其他自由"⑤。

(六)私域更注重情感体验

私域既是一种话语领域、行动领域,也是一种情感领域和心理空间,具有精神上的意义。在私域里,存在一种"以私人性的精神文化生活为对象"的私域哲学,这种哲学关注的是内在体验的思考,不强调整齐划一的公共体验,⑥更加"注意和关心的琐碎的、细节的、私人性的、神秘性的、非理性的、

---

①　《马克思恩格斯全集(第3卷)》,人民出版社1960年版,第514页。

②　[英]约翰·密尔:《论自由》,许宝骙译,商务印书馆1998年版,第91页。

③　[英]哈耶克:《自由秩序原理》,邓正来译,生活·读书·新知三联书店1997年版,第273页。

④　[美]罗尔斯:《正义论》,何怀宏等译,中国社会科学出版社1988年版,第1—2页。

⑤　[英]伯林:《自由四论》,陈晓林译,联经出版公司1987年版,第235页。

⑥　王南湜:《哲学的分化:公域哲学与私域哲学》,《江海学刊》2000年第1期,第81—84页。

个人的感性欲望和情感体验等"①。私域哲学注重情感体验的原因在于建立在私密(私密性并不是私域的特性,但私人生活的确更强调隐私)生活基础上形成的私域价值或私域意识,这种"私域价值是属于私人个人所有,不能公开和共享的价值,具有隐蔽性和私密性,如家庭生活和个人隐私就属于私人领域,属于私域价值,私域价值是独特的,外人是不能分享的,它只能满足特定个人私域群体的需要,只能服务于特定的个人或私域群体,所以,私域价值还具有排外性,存在于狭小的私人领域"②。私域的独特的情感体验,有利于个人对属于自己的资讯的形成、储存和利用,有利于个体人格的自我完善,有利于"将社会或公众生活与私人的生活或私密性关系作一界分,从而划分出专属于个人的'亲密关系'给予保障,避免他人、社会或国家入侵"③。此外,"私域意识表明的是一种道德体制中最安全的意识,即一旦采用这套态度对己对人,作为个人就绝对不会受到道德上的谴责、良心上的自责"④。同时,私域意识的稳定性和规范性,还有利于保持社会发展单元的稳定,确保社会的稳定。当然,私域并不排斥理性、规则,相反,理性和规则构成了私域行动的重要前提。

三、私域的范围

所谓私域的范围,是指私域行动和利益所能达到的范围或边界,包括合法和不合法的范围。只有确定了私域的范围才能对人的行为的合法性进行判断,并对社会秩序进行确定和控制。本书所称的私域并不是房屋、院落等边界清晰固定的实体空间,而是一种涵盖多种属性并与具体空间相区别的范畴,但这个范畴的大小或者说边界同样具有一定的规定性,关于私域大小

---

① 朱鲁子:《个性化创作呼唤私域哲学》,《求是学刊》2002 年第 2 期,第 29—32 页。
② 胡敏中:《论公共价值》,《北京师范大学学报(社会科学版)》2008 年第 1 期,第 99—104 页。
③ 曾丽洁:《当代中西隐私权的研究及其启示》,《湖北大学学报(哲学社会科学版)》2007 年第 4 期,第 35—39 页。
④ 吴海刚:《韩国民主化:私域意识的转变》,《战略与管理》2000 年第 4 期,第 52—55 页。

的规定性或者说边界止于何处的理解因人而异，并没有一个统一的观点。

（一）人身权决定论

人身权是指"民事主体依法享有的与其人身不可分离而无直接财产内容的民事权利"[1]。人身权说认为，私域是人身权及其延伸的结果。首先，人身权与人身不可分离，是一种绝对权、专属权，具有优先性、根本性，与人身同时产生同时消亡；人身权具有无意识性，即存在与否与当事人及其他人的意志无关；人身权还具有专属性，即民事主体的人身权专属于本人。人身权是一种受尊重的权利，一种人身不可侵犯的权利，这种权利"承认并且不侵害人所固有的'尊严'，以及身体和精神，人的存在和应然的存在"[2]。人身权的这种根本性和优先性决定了私域的必然性。其次，人身权被视为人权的最核心和最基础的部分，无需借助权利主体的积极行动就能实现，因而，被称为第一人权。这种最核心、最基础的人权，类似一种消极的自由，是一切社会、一切人都应该而且可以享有的最小空间的私域，应该得到最优先的地位，应该得到最优先的保护。最后，私域的延伸空间实际上是人身权延伸的结果。人身权虽然是一种非财产权，但却是财产权得以成立的根本所在，洛克就把财产权视为人身权的延伸，认为由于身体权的绝对属性决定了经过劳动加工的自然物的所有权，只要某人使某物脱离自然所安排给它的一般状态，就排斥了其他人的共同权利。[3] 黑格尔也认为："人格权本质上就是物权。"[4]可以说，人身权的延伸权利，决定了私域的延伸领域，人身权决定了私域的范围。

（二）财产权决定论

财产权决定论认为，"财产权划定了公民私人自治的领域。在这一领

---

① 彭万林：《民法学》，中国政法大学出版社 1998 年版，第 193 页。

② ［德］卡尔·拉伦茨：《德国民法通论》，王晓晔等译，法律出版社 2003 年版，第 282 页。

③ ［英］洛克：《政府论》（下），叶启芳等译，商务印书馆 1996 年版，第 19 页。

④ ［德］黑格尔：《法哲学原理》，范扬等译，商务印书馆 1979 年版，第 48 页。

域内,公民享有自由,而政府不得恣意进入"①。有学者进一步把财产界定为"个人所有物",认为"私人领域的边界由个人的所有物所划定"②。财产权被视为私人领域的边界的原因在于,私有财产权本质上是个人主义的,被视为一项基本的个人权利,"是个人免受国家强权的侵犯的坚实基础……也是保证个人对抗他人,以及个人据以生存发展的基础性权利"③。几乎所有的自由主义者都强调财产权在阻止公共权力侵入私人领域方面的作用,认为只有确保财产权,公民的人权才有发育的可能。其中,哈耶克将财产权与私域进行了创造性的衔接。哈耶克认为,"对私有(private)财产权或分别(several)财产权的承认,是阻止或防止强制的基本条件,尽管这绝非是唯一的条件。除非我们能够确知我们排他地控制着一些物质财富,否则我们甚难实施一项连贯一致的行动计划;而且在我们并不控制这些财富的时候,我们若要与其他人合作,我们也有必要知道谁拥有这些财富。对财产权的承认,显而易见,是界定那个能够保护我们免受强制的私域的首要措施"④。将财产权置于一种至高无上的地位,是与资产阶级利益的需要相一致的。在资产阶级革命时期,出于维护资产阶级私有财产神圣不可侵犯的政治需要,使得财产权的地位无限膨胀,以至于所有政治、法律和社会调整的人身关系都被解释为一定的财产关系。正因为如此,在自由主义者看来,私域就是经济领域。

(三)隐私权决定论

隐私是一种与人无干、当事人不愿意公开且政府、机构及个人无权干涉的个人信息。寻找隐私空间、自我隐藏是人类的共性之一。隐私权是指个

---

① 李龙等:《宪法财产权与民法财产权的分工与协同》,《法商研究》2003 年第 6 期,第40—47 页。

② 朱连增:《"私人领域"与"积极自由"》,《西藏民族学院学报(哲学社会科学版)》2011 年第3 期,第100—108 页。

③ 杨金丹:《从财产权到隐私权:一个历史流变的考察》,《法制与社会》2010 年第 5 期,第20—21 页。

④ [英]哈耶克:《自由秩序原理》,邓正来译,生活·读书·新知三联书店1997 年版,第173 页。

人所拥有的公开或隐藏自己隐私的一种人格权。隐私权"预设在国家和社会的管理领域之外,还有一个一般性的、不允许国家或其他私人介入的私域存在;隐私权的确立就是给予人们这种'私域'的自治权限。隐私权本质上是保护纯属个人的与公共利益无关的事情,这就意味着任何人对自己隐私权的使用,不得违反法律的强制性规定,不得违背社会的公序良俗,不得损害第三人的利益"①。很多学者把隐私权作为私域划分的标准:"私人领域与公共领域的区分相当于应该显现出来的东西与应该隐藏起来的东西之间的区分。"②隐私权是个人能保留并享有其独处而不受外界侵扰的权利。隐私权决定论实际上是将私域定义为"隐私空间",兼具物理性和文化性的特点。从其物理性来看,隐私空间指的是私人的生活场所,即被社会一般常识所认可的私人生活空间,其中住宅被认为是最典型的私域。但这种隐私空间并不局限于某个人的生存空间,也不局限于某人的所有空间,既可以存在于私人住所,也可以存在于公共场合,其衡量的标准在于是否足以使当事人产生隐私的合理期待。从其文化性来看,隐私空间也可以指一种生活状态,指的是个人对独处状态的心理感受,与具体的物理空间相分离,成为一种抽象的社会心理感受。隐私权作为一项民事权利,其重要目标是将私人生活的领域与外面的社会隔离,形成一个个独立的互不相关的权利空间,免受外界的干扰。隐私权可以看成是财产权的孪生兄弟,一开始就隐藏在财产权的观念之中,对隐私权的保护正好迎合了私领域对抗公领域的要求,在很大程度上完成了对私人领域保护的任务,因而隐私权"也被捧为一种超级权利和保护私域的最后王牌"③。

(四)家庭决定论

将家庭等同于私域是传统私域观念的最明显特征,但此处的"家庭"并

---

① 曾丽洁:《当代中西隐私权的研究及其启示》,《湖北大学学报(哲学社会科学版)》2007年第4期,第35—39页。

② [德]阿伦特:《公共领域和私人领域》,载《文化与公共性》,生活·读书·新知三联书店1998年版,第100—101页。

③ 杨金丹:《从财产权到隐私权:一个历史流变的考察》,《法制与社会》2010年第5期,第20—21页。

不仅仅是现代社会的核心家庭，而是指"一个变化不定的现实，跨着数种相互关联的形式：一种形式是囊括同一血统或同一祖先的人，另一种是囊括生活在同一屋檐下并且分享生产者或消费者同等利益的人"①。所谓私域就是以血缘关系为核心的亲属群体，这个群体涵盖了家庭和家族以及依附于此的交往范围。在主张家庭等同于私域的学者看来，家庭作为一种亲密关系的共同体，不仅是私人日常生活的重要领域，而且是将私人生活与公共生活隔离开来的、区别其他社会成员的一个特别的身份标签——一种共同身份，根据这个身份标签，基于血缘关系的一些人就可以"建立一个亲密关系的领域，并且无形地将个体与社会组织相分隔，使个人的私人生活与社会公共活动相分开"②。其特点是"对外界、对'公众世界'的相对隐蔽性、排他性、专属性和私人性"③。以血缘关系边界为界，将社会划分为以家庭为单位的综合了利益、权力和文化的空间，从而防止公共权力与其他公民的恶意侵扰，保证了家族与社会发展的可持续性。当然，这种亲属群体也可以放大为一种地域概念，在这种地域中，"人与人之间的亲密关系更甚，人际交往的频度更高，社会网络密度更集中"，进而会形成一种混合了血缘关系、从属关系、利益关系、亲近感情的"自己人单位"，这种"自己人单位"的边界超过了家族的边界，这时私域又被视为一种依托某个地域而"边界模糊的地域性概念"。④这里的家庭有时候也指可见的住宅，因为"住宅是个人的独自领域的最显著的判断"⑤，"住宅受保护是划定个人私域的底线"⑥。

---

① ［法］安德烈·比尔基埃：《家庭史》（第3卷），袁树仁等译，生活·读书·新知三联书店1998年版，第40页。
② 曾培芳、王冀：《议"家庭"概念的重构——兼论家庭法学体系的完善》，《南京社会科学》2008年第11期，第86—91页。
③ 黄列：《中国的家庭生活权及其保障》，载刘海年：《〈经济、社会和文化权利国际公约〉研究：中国挪威经社文权利国际公约研讨会论文集》，中国法制出版社2000年版，第178—193页。
④ 赵晓峰：《公域、私域与公私秩序：中国农村基层半正式治理实践的阐释性研究》，《中国研究》2013年秋季卷（总第18期），第79—109页。
⑤ 张明楷：《法益初论》，中国政法大学出版社2000年版，第455页。
⑥ 庞凌等：《安全·自由·自主——住宅不受侵犯的价值蕴含》，《法律科学》2005年第6期，第3—8页。

（五）法律决定论

本质上，法律是权利实现的方式，并不是权利本身，因而其本身并不能决定私域空间大小，决定私域空间的是法律所维护的对象决定的。但就如同栅栏圈定了牧场边界一样，法律让私域变成了一种可以度量的空间，让划分私域边界变成了可以操作的工作。法律规定的私域主要包括人权和政治权利、经济社会权利、文化权利三种权利，其对私域边界规定的方式主要有两种：保护利益和限制自由。一方面，法律通过对人生存和发展必备的权利即人身权、财产权、言论出版、追求幸福等基本权利进行规定，保护了人的生存的基本条件，从而确定了私域的基本范畴；另一方面，法律也坚持划定自由的最大界限，防止私人利益侵害公共利益或其他私人利益。在法学家看来，法律是国家意志的体现，通过法律规定的私域的界限具有明显的优点：标准具有一般性、稳定性、具体性，可为人遵守，也可以进行风险预测与行为追溯。[1] 僭越了法定权利的界限就应该受到法律的惩罚。由于法定的私域边界具有强大的道德上的公示力和公信力，且由国家强制力作为最后的实施保障机制，具有明确性、公开性、一致性和国家强制力的保证等优点，使得禁止公共权力或其他个人对私域的入侵成为可能，也使得限制个人自由成为必要。[2]

四、私域与公域的关系

"'公'和'私'的划分，是为了有秩序地维持人们经营共同的生活空间，所必不可少的基本方法的分类（规则、基准、尺度、惯例等等）。一方面，是以对于他者（与之共存）的观照为基轴的生活空间和其中所需要的行动方法；另一方面，是以对于自我（的确立）的观照为中心的生活空间和其中所

---

① 张文显：《二十世纪西方法哲学思潮研究》，法律出版社1996年版，第63—64页。
② 刘雪斌：《法定权利的伦理学分析》，《法制与社会发展》2005年第2期，第71—78页。

必须的行动方法。所谓'公'和'私'不是实体,而是方向。"①私域与公域的关系是现代社会一切重大问题的浓缩和焦点,具有很强的根源性和指向性意义,"所表现出的一致与分歧、和谐与紧张、整合与冲突,成为现代社会的问题性、风险性和危机性的根源"②。公域与私域关系表现形式多种多样,争论的重点也多种多样,但争论的根源在于对以下几个问题的不同认知。

(一)根本性问题:公域与私域孰先孰后

根本性问题是指从发生学的角度来看,孰是源,孰是流,即在时间维度上,私域和公域哪一个更具优先性。对于这一问题的理解主要有五种观点:

第一种观点认为,私域先于公域出现。持此论者一般都是自由主义者。一般都认为,人的自然状态就是私域最大化的状态,而公域只不过是私域权利让渡的结果,其目标是为了更好地保护私域利益。虽然如涂尔干等人都主张公域一旦形成便具有独立性,拥有了自己的结构、规则和价值,但并不能改变公域起源于私域的事实。

第二种观点认为,公域先于私域出现。历史唯物主义者一般都认可此观点。这种观点承认个人肉体的独立性,但同时认为,在很长时间内,个人是依附于氏族、家族、宗族、国家和社会的,没有人格与个性独立,个体还是集体价值的反映。只是到了近代,由于生产力的快速发展,才使得个人能够脱离社会成为独立且独特的一极,才产生了可以与公域平等对话的私域。一些唯心主义者也持此观点,如黑格尔就赋予国家优先于个人的地位,具有道德上的先在性和完美性,而个人的全部精神意识只不过是国家意志的实现而已。

第三种观点虽然主张公域优先,但与第二种观点不完全一致,这是一种文化方面的界定。这种观点认为,作为自然的人与机械团结的社会相比,具

---

① [日]佐佐木毅等:《社会科学中的公私问题》,刘荣等译,人民出版社 2009 年版,第 271—274 页。

② 郑杭生等:《个人与社会的关系——从前现代到现代的社会学考察》,《江苏社会科学》2003 年第 1 期,第 1—9 页。

有优先性;但作为社会的人与有机团结的社会相比,不具有优先性,人的社会性是由社会决定的。即:人是社会的人,"在其现实性上,它是一切社会关系的总和"。人的自然性并不是其决定性因素,相反社会性是人性的根本属性,是"人性"真正意义的来源。因此,公域是私域的真正的来源。

第四种观点认为,公域行动和私域行动均是理念世界或绝对意志的产物,是同源同时的,不存在谁先谁后的问题,古希腊哲学家主张公共领域和家庭之间的区分就是基于此种想法。

第五种主张是"功能主义说"。这种观点否认个人与社会的独立属性和独立存在,从而否定了二者存在的先后关系,甚至否定二者之间存在任何关系,没有人与社会这两个实体,历史只是某种互动产生的功能的结果。[①]

对根本性问题的探讨实际上衍生出一个更为重要的问题,即私域的行为是否可以通过还原成公域行动进行解决,或公域行动是否可以通过分解成私域行为而予以理解。

(二)优先性问题:哪一个在价值上更具有优先性

优先性问题是对私域和公域进行价值判断后产生的问题,即哪一个领域对人类的发展具有优先意义。主张私域优先的多为自由主义者,认为私域才具有真实性,在价值上更具有优先性。如密尔就主张,"国家的价值,从长远看来,归根结底还在组成它全体的个人价值"[②]。贝卡里亚更是直截了当地说:"一切合理的社会都把保卫私人安全作为首要宗旨。"[③]主张公域优先的多为共和主义者和绝对主义者,他们强调整体性和必然性,主张整体优于个别、社会优于个人,"个别也以普遍来表现,并表现在普遍中"[④]。在黑格尔等人看来,国家和社会是真实、绝对、至善、优先的,公民是为国家而存在的。关于公域和私域的优先性争论的实质是自由和秩序哪一个更重要

---

① 康健:《关于个人与社会的关系问题的六种直观》,《理论前沿》2000年第21期,第6—8页。

② [英]约翰·密尔:《论自由》,程崇华译,商务印书馆1959年版,第125页。

③ [意]贝卡里亚:《论犯罪与刑罚》,黄风译,中国大百科出版社1993年版,第69页。

④ [德]文德尔班:《哲学史教程》(上卷),罗达仁译,商务印书馆1987年版,第464页。

的问题。私域讲自由,自由强调的是边界;公域讲民主,民主强调的是规则。强调的重点不一样,因而公域和私域的优先性问题也就是自由与秩序的问题。私域优先论认为,追求自由是人类的本性,是人的一项基本社会需求,"人是自由的,它为自己而不是为了别的什么而存在"①。人类的历史就是从必然王国走向自由王国的发展史,个体利益的实现必然以自由价值的存在为前提。公域优先论认为,秩序是人类的一种心理需求,也是一种政治需要。如果说自由暗示着人类对变化的向往,那么秩序就代表着对稳定的追求。秩序代表着所有事物或部分得到了最合适的安排,"秩序就是有差异的各部分得到最恰当的安排,每一部分都安置在最合适的地方"②。这种安排,一方面反映了人类的需求得到了最好的满足,另一方面体现了一种稳定的规则,使得人类对于未来有了一种稳定的预期,"'秩序'一词总是意味着某种关系的稳定性、结构的一致性、行为的规则性以及事件的可预测性"③。这种预期降低了人类社会发展的风险。事实上,自由与秩序两者相互依存、相互渗透,自由与秩序的和谐统一是人类理想生活模式的真谛所在。作为理性的存在,人不能仅依靠自由和秩序二者之一的价值而生存。"一个合理的、运行良好的法治社会必须在自由与秩序之间形成一种张力,从而使社会生活既具有稳定的秩序,又具有足够的自由空间。"④

(三)反变性问题:私域与公域是否具有反变关系

反变性原是逻辑学术语,指概念的内涵与外延之间的此消彼长的关系。私域和公域之间是否具有反变性,也要根据实际情况而定。在二分法的框架下,私域和公域之间可以认为存在着反变关系,即当私域的边界越大,公

---

① 杨适等:《中西人论及其比较》,东方出版社 1992 年版,第 10 页。
② 西方法律思想史编写组编:《西方法律思想史资料选编》,北京大学出版社 1983 年版,第9 页。
③ [英]彼得·斯坦等:《西方社会的法律价值》,王献平译,中国人民公安大学出版社 1990 年版,第 45 页。
④ 李宏:《自由与秩序的辩证关系以及法治的价值取向》,《法制现代化研究》2007 年第 10 期,第 336—352 页。

域的空间越小;相反,私域的边界越小,公域的空间越大。理论上,当私域的边界无限延展时,公域的空间趋向于无,社会就会呈无政府状态或自然状态;当私域的边界无限缩小时,公域的空间就会无限扩大,社会就会处于专制状态。现代公共管理学认为,坚持私域的最小空间和保持一定的公共权力活动空间都是非常必要的。私域的边界有最小的限度,同时公域的边界也有最小的限度。因此,私域与公域之间的反变关系并不是无限的,而是在最小私域和最小公域之间实现的。这个反变关系得以存在的领域被部分学者称为第三域或社会域,认为这个领域具有私域和公域的共同特性,法学界主张在公法和私法两分法之外再建立社会法就是基于此种认识。对于私域和公域反变关系的认识要防止两种倾向:一种倾向是将公域的扩大看成是对私域的侵蚀和覆盖。一方面,虽然理论上,一切人享受相同的应然私域,是平等的,在一定时间内具有稳定性,但不同历史时期,人们对于这个应然私域的认知是不同的;另一方面,实然私域边界并非是固定的,不同环境下,私域边界有序变化是很正常的,这符合事物是变化的这一基本属性,只要这种变化不超过最小边界即是合理的。另一种倾向是将政府扩大公共服务范围等于公域的扩大,进而视之为对私域的侵犯,认为"在政府这种无孔不入的渗透、扩张和覆盖中,公民可以自由自主的私域日渐萎缩且碎片化,成了一个个权利孤岛,极易被政府的服务性或强制性公权所攻陷,公民正日益变得透明而孤弱"①。实际上公共服务可以是一种具体的实体性存在,并不等于公域,在一个合理的公域空间内,公共服务并不一定是最优配置的,因此,在欠发达国家,政府提供的公共服务增多只是政府职能完善的表现,并不一定突破了公域的边界,造成对私域的侵犯。相反,合适的公共服务是保证私域权利的前提。正因为公域和私域的反变关系并不是无限的,因此,担忧私域空间无限扩大而公共空间趋向于零的无政府主义是没有必要的,因为私域永远无法实现最大化。

---

① 徐邦友:《论公共服务与公民自由的关系》,《中共宁波市委党校学报》2014年第3期,第67—73页。

(四)可转化性:私域和公域事务是否可以相互转化

绝大多数学者都承认私域和公域事务是可以转化的,认为就某个具体事情而言,此时是公域的,彼时可能变为私域的,相反的情况也是存在的。关于私域和公域可以转化的原因的认识有三种:第一种是制度经济学观点,这种观点认为当交易费用较小,即能够以较低成本实现排他性的时候,公共物品可以转化为私人物品;相反,当交易费用过高,即无法解决外部性的时候,私人物品就可能变成公共物品。第二种观点认为,私域和公域均反映了个人的利益,"因而,现代社会的公与私可以互为因果,以公为表征的社会政治秩序是以个人合法权益之私为根基的,同时公共的规制与道德又为私的合法性设定了边界,在本质上,公与私是相通的"①。第三种观点认为,公私只不过是同一事物的两种属性而已,"公私具有双重关系结构。无论哪个阶段,它都是一方面是'私'而另一方面是'公'"②。私的存在和价值只有在公域中才具有意义,"内在的私人秘密领域的生存和价值得到公认时才在'公'和'共'中有'私'的意义。如果做不动这一点,就不能保证privacy(个人的自由)"③。私域和公域转化的方式有两种,一种是公共事务私人化,另一种是私人事务公共化,前者如农民集资修路,后者如艾滋病问题。公共领域与和私人领域的相互转化在很多时候都有积极的意义,公共事务私人化在很多时候反映了个人能力和活动空间的扩大,是人的自由发展的象征,如宗教改革使得信仰成为个人的事情,解放了人类的精神;同样,私人事务公共化在很多时候能够解决个人力之不足的问题,如艾滋病本属于个人问题,但变成政府公共卫生管理的一部分后确实减轻了社会的风险。在网络化时代,私人问题公共化更加便捷。但并不是所有的转化都会带来积极的后果,如层出不穷的"艳照门"事件,就引起了公共领域

---

① 逯鹰:《传统公私观念与现代公民观的歧义与差距》,《天津社会科学》2003 年第 6 期,第 140—142 页。

② [日]佐佐木毅等:《公与私的思想史》,刘文柱译,人民出版社 2009 年版,第 52 页。

③ [日]佐佐木毅等:《公与私的思想史》,刘文柱译,人民出版社 2009 年版,第 100 页。

和私人领域的双重危机,"它戏剧性地模糊了公共领域和私人领域的界限,改写了公共性和私人性的含义,其后果既是对私人领域的侵害,也是对公共领域的毒化"①。

表 1-4　私域与公域的比较

	公　域	私　域
主体构成	抽象性,无明确的数量	具体性,有明确的数量
价值取向	以义为先、善、是、理	以利为先、恶、非、欲
领域边界	法律规定	法无规定
行为准则	讲究他律	讲究自律
存在基础	公共物品、公共权力、公共秩序、公共机构	私人利益、私人权利、私人道德
活动主体	政府、社会团体、市场主体、个体	个体、社会组织、市场主体
活动特征	公开的、公平的、规范的、权责对等	私密的、不一定有统一标准、权责不一定对等
活动规范	公法、公德	私法、私德
关注重点	民主、权力界限、权力分配	自由、私利保护
沟通标准	价值不对等	价值对等
实现方式	公域的利益是绝对的,所有的人都应该享有同样的权利和服务,不存在应然和实然的区别	分为应有权利和实有权利,并不是私利都能实现

第三节　私域危机

危机常态化是人们对风险社会的基本认知。随着生产力的极大解放和人性的充分释放,人类社会也催生出了更加复杂、更加系统、更加广阔的交流网络,各社会主体之间的关系较之以前更加紧密,相互依赖的程度也越来越高。这种紧密依赖的关系,一方面增加了人类的力量,另一方面也使得人

---

① 陶东风:《"艳照门"公共领域和私人领域的双重危机》,《采·写·编》2008 年第 4 期,第 41 页。

类生活变得更加脆弱，私域危机的诱发因素增多、频率加快、影响加剧，成为生活的常态。澄清私域危机的一些基本问题，对于危机研究和应对具有重要的基础性作用。

一、私域危机的基本内涵

私域危机是与公共危机相对应的概念，是人的行动领域分化后的必然产物，与公共危机一起构成了危机分析的两个基本领域。但作为一个整体，学术界对私域危机的研究还较少，现有的研究重点集中在企业危机、个人情感危机等具体类型上，还没能构建一个整体的、观念的、能够与公共危机研究相媲美的私域危机认知体系，对私域危机的近似描述都是在定义公共危机或社会问题时被顺带提及的，具体有以下几种界定：

1. 个人困扰

C. 赖特·米尔斯在《社会学的想象力》中将人类社会的问题分为"个人困扰"和"公众议题"，其中"个人困扰"我们视之为一种"私域危机"。他认为，与公共议题不同，"困扰是桩私人事务：他感到自己珍视的价值受到了威胁"[1]。个人困扰产生的原因在于个人的性格、个人与其他人的关系以及个人有限的生活圈子。由于个人困扰不是来自制度安排的瑕疵，也不是来自于一种社会转型导致的对立，且仅限于个体的局部环境和内需世界，因而解决的问题有赖于其自己的能力及其生活的环境。与"个人困扰"相近的概念"个人危机"也可以视为"私域危机"的近似描述："个人危机事件是对个人的形象、信誉、公信力等方面造成负面影响的突发性事件。"[2]也有人将"个人困扰"称之为"个体的危机事件"，如离婚、失业等。[3] 总体来看，个体困扰被描述成一种个人价值受到威胁的状态，但没有反映危机的紧迫性和

---

① ［美］C. 赖特·米尔斯：《社会学的想象力》，陈强等译，生活·读书·新知三联书店2001年版，第6—7页。

② 郑巧：《主持人的个人危机管理》，《赤峰学院学报（汉文哲学社会科学版）》2011年第3期，第172—173页。

③ 王骚：《政府应急管理》，天津大学出版社2013年版，第275—276页。

威胁性。

2. 一般危机

张小明将危机分为公共危机和一般危机,其中"一般危机"可视为"私域危机"。"一般危机"主要是指企业(私人部门)层面上的危机,这种危机的影响一般只局限于该组织内部,对外界的影响以及对整体社会价值观的威胁都不大;而且通常情况下依据该组织就可以处理一般危机,无须政府部门的干预以及全社会的参与。"[①]他还认为一般危机与公共危机的范围并不是截然分开的,而是可以相互转化的,在某些条件下一般危机可以不断升级扩大演化为公共危机。姚尚建等也持有类似的观点,认为"危机影响的广度与程度也决定了危机的性质。倘若按照危机的波及面,我们可将危机分为一般危机与公共危机"[②]。这种认识指出了私域危机和公共危机之间的关系,但将私域危机仅仅限于企业或私人组织的层面或者说仅限于正式的私人组织,而将个人或那些非正式组织的危机排除在外。

3. 企业危机

还有部分学者将危机分为公共危机与企业危机两大类,企业危机便成为私域危机,如董传仪认为,"按危机产生的类型可以将危机分为政府危机和企业危机两大类,每一类又可根据诱因分成若干小的类别"[③]。陈世瑞也将危机分为公共危机和企业危机两大类:后者发生在私营组织内部,前者也叫政府危机,发生在公共组织中。[④] 也有学者"根据危机影响的对象或者范围,我们可以把危机分为个人危机、家庭危机、企业危机和公共危机"[⑤]。

4. 不具有外部性的危机

樊纲第一个明确提出"私域危机"概念并第一个将私域危机与公共危机并用。他对私域危机直接描述较少,但从其对"公共危机"定义可以很方

---

① 张小明:《从 SARS 事件看公共部门危机管理机制设计》,《北京科技大学学报(社会科学版)》2003 年第 3 期,第 19—23、35 页。
② 姚尚建等:《地方政府公共危机管理》,古吴轩出版社 2007 年版,第 3 页。
③ 董传仪:《危机管理学》,中国传媒大学出版社 2007 年版,第 10—11 页。
④ 陈世瑞:《公共危机管理中的沟通研究》,上海人民出版社 2011 年版,第 37 页。
⑤ 黄顺康:《公共危机管理与危机法制研究》,中国检察出版社 2006 年版,第 8 页。

便的推导出这样的结论:私域危机是一种不具有"外部性"的危机,"我们所谈论的危机,只要它涉及的人群较大,都是一种公共生活或社会活动的危机,而不是一个人、一个家庭或一个企业的'私人危机'。但是,从经济学的角度上,我们可以进一步对公共性的危机事件进行定义——只要一个事件具有"外部性",只要我们无法对这一事件中的成本与收益的承担者进行明确的限定,这一事件就具有公共事件的意义,如果是危机,就是一种公共危机"①。反之,不具有外部性的危机,即未对其他人及环境产生影响的危机,就是私域危机,这些危机不需要通过公共力量,仅仅依靠私人力量便可以应对。

上述研究从不同角度对私域危机进行了描述,具有开拓性的意义。本书为了与事故、灾难、灾害、冲突以及突发事件概念等加以区别,并力争使得概念更有概括性,尝试着将私域危机定义为:个人或组织因其自主行动而造成的自身目标或生存受到威胁的状态。

(一)个人②

"个人"可以是一个人,也可以是非正式组织起来的一群人,除了具有人类的共同属性外,还拥有一种价值和身份上的独特性,与其他人或组织相对立,具有不可替代性。个人是一种"理性人",即追求利益最大化且能够达到其目标的人:一是具有预见力、注意力、觉察能力、控制能力,能够理解行动的目标、约束条件、实现方式和结果;二是其行动的动机是基于一定的可获得信息的逻辑推理,而不是冲动、成见或癖好等;③三是有一定的价值追求,其中最重要的是自由、责任、平等价值④。总之,个人指的是具有正常

---

① 樊纲:《危机应对的经济学原理》,《北京社会科学》2003 年第 3 期,第 3—6 页。

② "个人"不等于"个体"。"个人"相对于"其他人"而言的,而"个体"相对于"整体"而言,既可以指个人、某个非人的其他物或某个结构的一部分。

③ [美]E.博登海默:《法理学—法哲学及其方法》,邓正来等译,华夏出版社 1987 年版,第 436 页。

④ [美]迈克尔·D.贝勒斯:《法律的原则————一个规范的分析》,张文显等译,中国大百科全书出版社 1996 年版,第 8—11 页。

精神状态、普通知识和经验及处事能力的人①,是拥有责任能力的人。

（二）组织

组织是指那些目标具体、以追求本组织利益为导向的群体。组织既可能是正式的,也可能是非正式的;既包括家庭、家族、村社等初级群体,也可能是企业或其他社会组织等高级群体,但无论是哪种组织,其存在目标都不是为了实现公共利益。这类组织基本上都是只有在关系到自身利害关系的时候才会有政治体现,很难体现出很强的政治性的。因而,这里的组织不包括政府(包括广义上的政府,包括军队、立法、司法等机构),为实现政府目标而存在的组织如医院、学校(既包括公立学校、医院也包括私立学校和医院)以及其他以实现公共利益为目标的组织如政党等也被排除在外。②

（三）自主行动

所谓自主行动,是指个人或社会组织根据自身的意志、权力实现自身的目标或宗旨的过程。其内涵包括以下内容:行动的动力是个人或社会组织的自身的利益,而不是来自政府或组织外、群体外的任何压力;行动主体明知自己的行为可能会发生某种具体的危害结果但仍坚持加以实施;行动主体的行为可能是合法的也可能是非法的,既可能是理性的也可能是非理性的;行为主体并不希望自己所预见的危险的发生,存在一种侥幸心理。自主行动和自身利益一起界定了私域危机的属性。

（四）目标

所谓目标,是指人们奋力争取达到的所希望的状态,具有可预测性、激励性等特点。目标是个人或组织的行为动机和方向,根源于人的需要,是人们理性选择的结果,要实现目标必须付出一定的努力。这里的"目标"指通

---

① 夏登峻:《英汉法律词典》,法律出版社 1995 年版,第 693 页。
② 因为无论是公私立学校、医院还是政党,虽然均有其自身利益,但是其内部行为也会影响到公共利益,组织行为具有极强的外部性,受到社会的广泛关注甚至干预。

过斗争和忍受艰难困苦才能取得的东西,可以是各种经济利益;也可以是个人或组织的生命以及形象、信誉、公信力等;还可以是情感上的,如希望、满足、信心等。但无论是哪种性质的目标,都仅限于一个较小的范围,具有一定的特殊性,和公共利益或公共价值无关,正常情况下不能成为公共议题。

(五)威胁

威胁的意义是"使……面临危险",是对一种紧急状态的描述。但这种状态并不是行动本身,而是"行动+结果"。因此,私域危机也可以简单地表述为"自主行动+危险状态","自主行动"决定了"危险状态"的性质,而"危险状态"是个人或组织的奋斗目标、现有生存状态乃至生存的可能性受到威胁,描述的是自主行动的直接后果。

私域危机并不是一个常见词,更不是一个常用词。在日常生活中,经常用事故、灾难、风险、冲突、突发事件等概念描述私域危机,但事实上这些概念与私域危机的内涵并不相同。私域危机实际上是对私域"事件+结果"的定位,事故、灾难、风险、冲突、突发事件等是对事件本身的描述,更重要的是灾难、突发事件、重大事件等词汇往往较多地被用来替代公共危机[①]。除此之外,这些概念强调的重点也各不相同。此外,私域危机与司法案件也有本质上的不同,司法案件均有主体和客体、害人者和受害者,均属于社会问题范畴,但私域危机中的受害者和害人者是同一的。

表 1-5　相关概念比较

	定　义	强调重点
私域危机	个人或社会组织因其自主行动而造成的目标或生存受到威胁的状态	强调主体责任和受威胁的现状
事故	意外的损失或灾祸	强调外在环境的不可预测性,不强调主体责任
灾难	自然的或人为的严重损害	强调后果的严重性

---

① 强恩芳:《危机、公共危机和公共危机管理》,《行政论坛》2008 年第 1 期,第 26—31 页。

续表

	定　义	强调重点
风险	危险;遭受损失、伤害、不利或毁灭的可能性	强调危害发生的几率,但并不一定会发生
冲突	对立的、互不相容的力量或性质(如观念、利益、意志)的互相干扰	强调当事主体双方的对立
突发事件	突然发生,造成或者可能造成严重社会危害,需要采取应急处置措施予以应对的自然灾害、事故灾难、公共卫生事件和社会安全事件	强调事件出乎意料且进程极快
司法案件	必须由司法机关立案处理的案件,包括民事案件和刑事案件	强调处理者的权威性以及主体和客体的分离

二、私域危机的基本特征

危机具有紧急性、不确定性、危害性等特征,私域危机属于危机的具体分类,既具有危机的一般特征,也具有与公共危机不同的特性。

(一)危机发生的非结构性

结构主义认为,公共危机是社会结构或经济结构变迁的结果,如经济危机、宗教冲突等公共危机,具有周期性、规模性、社会性等特征,通俗地说就是,一切问题都是社会造成的、一切责任都在社会。而私域危机是当事人自由行动引起的危机,是个人未能遵从理性指导、冷静对待感觉和情感的结果,其产生与经济结构转变、法律体系变迁、政治制度改革、文化价值蜕变等社会结构变化并没有直接的联系或联系并不紧密,与其所处的外部环境也无关,因而是非结构性的、超越社会制度的,具有内生、属私的特征。当然,私域危机并不都是由个人自己造成的,如一个因企业破产而失业的人虽然身陷危机,但其不一定要为企业破产负责。

(二)危机影响的有限性

与公共危机相比,私域危机的影响不具备社会性或群体性,其影响要远小于公共危机和恶性犯罪对社会造成的负面影响。但在一定的条件下,私域危机也可能转化成公共危机的火种:一方面,对私域危机不闻不问或处理失败可能会造成社会对政府潜在的不满。如2014年12月8日广西梧州一名女子因感情问题跳河,该市城东派出所和正在街面的巡警大队虽然立即前往西江大桥处置,但由于营救失败,不少网民质疑"警方救援缓慢,处置不当",质疑地方政府的能力和态度。另一方面,有些人可能会借机造势,故意把私域危机转变成公共议题和社会焦点,甚至有政治目的的人也可能会利用这种机会制造政治议题。如一个人染上艾滋病是一种私域危机,但如果其在明知或不知道自己已经染病的情况下继续和别人发生关系,就是一起司法案件或公共危机,因为事件中产生了犯罪人和受害者。

(三)危机传播的类型扩散性

公共危机多为地理扩散型危机,容易在不同区域甚至不同国家蔓延,且容易引起连锁反应。但私域危机则多为类别扩散型危机,这类危机仅依托特定的群体扩散,影响范围和危害程度均较小,不仅具有一定的可控性,而且具有可预防性。如户外遇险在户外运动爱好者中发生率较高,吸毒者、同性恋中艾滋病患者比例较高,但由于人数较少且目标较为明确,因而有可能做好相应的预防工作。私域危机之所以容易在特定类型的人群或环境中扩散,是与人类行为的可模仿性以及人类相同的本性有关,包括好奇心、同情心、冒险精神等,如随着探险运动在全世界的推广,由此引发的一些危机在世界各国都不断出现。此外,私域危机虽然具有类型扩散性,但只是扩散,一般不会引起连锁反应,即不会引起其他类型的危机。

(四)危机发展的可预测性

由于环境的不确定性、人类的有限理性、制度的不完整、技术的局限等因素,人们往往无法研判公共危机发生的时间、地点和导火索,甚至无法准确研判其发展趋势、危害程度及最终结果。但私域危机则不然,由于危机中的利益主体较少,涉及环境较为单一,社会影响力较小,可能产生的后果较为明显,能够及时、容易地获得较为充分、准确的信息,对其发展的过程和结果具有较强的可预测性和可控性。如对一个企图自杀的人进行救援,是很容易掌握一切信息的,对后果的预测也非常简单——营救成功或失败。然而,可预测性仅仅是对私域危机本身而言,对于救援过程中或救援结束后的情况还具有高度的不确定性,如"野黄山"事件中,警察在救援过程中失足牺牲以及学生获救后的不妥当行为引发的批评,都是始料未及的。

(五)危机当事人的无助性

在公共危机中,人类的群体精神往往会被激发,容易形成一种相互扶持的情绪。私域危机则不同,当事人往往会独立承受各种压力,包括生存危机、社会的质疑以及冷嘲热讽等,无法肯定能够得到什么样的帮助和面对什么样的态度。这种无助性不仅是物质上的,更是精神上的,既来自于自己的经验判断,也来自于对未来生活状态以及社会态度的不确定性的焦虑。由于对危机的后果更为了解,且知道自己不一定得到帮助,因而更加焦虑。

(六)危机主体的同一性

公共危机往往涉及两个或两个以上的利益主体,这些主体之间的利益要么是一致的,不存在强烈的冲突,如面对自然灾害、公共卫生危机时,涉及的所有人都会携手共同应对,消除危机产生的不良影响;要么是对抗的,如战争、恐怖主义、社会冲突等危机。私域危机则不同,其中的利益主体仅为一个人、一个群体或一个组织,其中引发危机的是这群人,受危机影响的也是这群人,二者是同一的。如破产公司中,使公司破产的人和因破产而受影响的人都是同一群人。

三、私域危机的类型分析

对私域危机进行类型学分析,有利于把握私域危机的深层次诱因及其演进过程,从而对其进行有效管理。与公共危机一样,私域危机的诱因也十分复杂,对其分类也较为复杂。

(一)根据危机发展速度:突发型危机和缓释型危机

所谓突发型危机是指人们预期之外、能量急剧释放的危机,具有突然发生,发展迅速,决策压力大等特征。突发型危机也是一种自主行动导致的私域危机,危机发生之前当事人或社会组织对自身行为后果是有预期的,但这个预期要么高估了自己控制风险的能力,要么低估了面临风险的程度,如很多"驴友"遇险事件均属此类。此外,在某些情况下,虽然当事人或组织能够预测到自己行为的后果,但有意放任甚至追求这种结果的发生,由于这种行为超出了当事人或组织之外的人们的预期,也是突发型的私域危机,如自杀。

所谓缓释型危机是指能量缓慢释放的危机,危机对当事人或组织的生存和目标破坏是缓慢的、潜在的,决策的时间较为宽裕,决策过程更加规范。目前,很多学者都将"突发性"和"紧迫性"视为危机的第一属性、基本特征,将危机等同于"突发事件"。但是,如果将"突发"理解为出乎意料之外,而将"紧迫"理解为处理时间非常有限的话,有些私域危机并不明显或不完全具备这类特征。这类危机的发生或发现有可能是偶然的、突发的,但从发生、发现到能量的完全释放则是一个较长的过程,如一个人发现自己身患重病到死亡、一个企业从经营业绩急剧下降到破产,都会延续一段时间。

表1-6 突发型危机与缓释型危机

	突发型危机	缓释型危机
危机原因	自主行为	自主行为
发展过程	速度快	速度慢
应对决策	时间有限、非程序化决策	时间宽松、程序化决策
危机结果	可以预测	可以预测

私域危机发展速度虽然有快慢,但速度并不是决定当事人或组织生存

状况的唯一原因。据此,可以根据私域危机发生的两种速度和两种后果得出一个 2×2 表格,将私域危机细分为四类。其中致命突发型危机是指发生突然、应对时间有限且危及行为主体生命或生存的危机,如自杀、遇险等;非致命突发型危机是指发生突然但不会危机主体生存的危机,如迷路、丢失财物、不涉及其他人的交通事故等;致命缓释型危机是指危机发展较为缓慢但肯定会危及主体的生命或生存,如癌症、艾滋病、企业破产、组织解体等情况;非致命缓释型危机是指危机发展缓慢,也不会致命,甚至能够有效终止的危机,如失业、残疾、信誉危机、心理危机等。

（二）根据危机影响后果:生存危机、财务危机、信誉危机和心理危机

生存危机是指可能会影响当事人或组织生存的私域危机,主要表现包括生命死亡、企业破产、组织解体等风险。一般而言,对生存危机进行有效干预是可以使当事人或组织化险为夷的,但有些情况例外,如自杀、艾滋病等当事人有意追求的结果和不可终止的危机,政府、组织、家庭干预并不一定起作用。如 2016 年山东济南一男子跳河后不仅拒绝救援,而且将一名参与施救的警察推下河中并再次跳河自杀。[1]

财务危机是指当事人或组织因无力偿还债务而面临的困境,这种困境是一种威胁当事人或组织生存质量和终极目标的不稳定状态。当事人或组织会因危机而进入贫困状态甚至承担民事责任、企业破产等财务危机的极端表现,但也可能表现为当事人或企业资产贬值、流动性减少等。财务危机与生存危机有明显的区别,但财务危机是导致生存危机的重要因素,如日本,除疾病以外,最主要的自杀诱因是失业、破产、债务等与财务危机有关的因素。相对而言,财务危机最容易进行干预和救援,当然,这种干预和救援的结果可能会改变当事人财务状况或组织的治理结构。

信誉危机指因个人或组织的行为不当而产生的负面影响和评价,降低

---

① 樊思思:《90 后男子在济南跳河身亡　拒绝救援将施救民警推下水》,2016 年 1 月 19 日,见 http://sd.dzwww.com/sdxwjxs/cfzx/201601/t20160119_13716554.htm。

了社会对其的信任和威信,主要表现为个人或组织的形象危机、品牌危机、诚信危机。信誉危机虽然是一种无形损失危机,但对个人和组织的影响却十分重大,不仅个人和组织的信誉很难再恢复,很多时候会引发生存危机。此外,信誉危机的起因并不一定是真实的,如法律纠纷、劳资纠纷等影响企业形象的问题与企业的真实情况并不一定相符,但由于应对不当,一样会影响企业的信誉。前者如三聚氰胺等问题对国内奶粉业的影响,后者如错误信息对三株口服液的致命打击。

心理危机是指个体突然遭受重大变故或重大挫折时,自己无法回避又无力解决时所出现的思维和行为紊乱,产生严重的心理和行为障碍。心理危机是一种心理失衡状态,是典型的私域危机,具有个体无助性、问题潜在性和症状复杂性等特征。心理危机是一种无形损失危机,并不直接对人或组织造成可见的伤害,但由于当事人陷于严重的焦虑、抑郁、狂躁等负面情绪,并产生认知、情绪、行为的改变,因而也可能会引起更严重的危机,如自杀或伤人等灾难性的后果。如 2011 年日本海啸后,58 岁的福岛居民渡边浜子在短暂返回家中查看情况后,出现食欲减退、抑郁等症状,最终在自家院内自焚身亡。[①] 2014 年韩国"岁月号"沉船事件后,不仅出现了死者亲属频频自杀的问题,[②]而且产生了自杀和企图自杀的人数快速上升现象,同时到医院精神科就诊的人数也明显增多。当然,心理危机并不是都是由于突发事件引起的,在个体成长过程中的每一个转折时期都会面临这种挑战,如升学、毕业、结婚等,产后抑郁就是一种常见的心理危机。

表 1-7　生存危机、财务危机、信誉危机和心理危机

	产生原因	基本特征	表现形式
生存危机	产生原因多种多样	直接导致死亡;外力干预不一定能终止	生命死亡;企业破产;组织解体

---

① 刘秀玲等:《日法院认定东电应为福岛居民自杀负责》,2014 年 8 月 27 日,见 http://news.xinhuanet.com/world/2014-08/27/c_1112249914.htm。

② 王刚:《韩"岁月号"遗属频频自杀令韩国人更为心痛》,2014 年 5 月 12 日,见 http://world.huanqiu.com/exclusive/2014-05/4992240.html。

	产生原因	基本特征	表现形式
财务危机	外部经济危机;内部财务管理失败;不正当竞争等	危机爆发前有征兆;周期较长;有形损失;有效干预可以终止	陷入贫困;企业破产等;资产贬值;流动性减少
信誉危机	个人或组织的行为不当;不正当竞争;其他问题	无形损失;信誉难以恢复;社会传播影响危机传播和解决	形象危机;品牌危机;诚信危机
心理危机	重大变故;重大挫折;成长转折时期	无形损失;无助性;潜在性;复杂性	思维紊乱;行为障碍

(三)根据危机发生诱因:故意危机和非故意危机

故意危机是当事人或组织明知道自己的行为一定会发生某种危害自身的结果,但仍然追求或放任这种结果发生,如各种形式的自杀和吸毒等。故意危机的特征包括两个方面,一方面,当事人或组织对危害的形式、程度等具有明确的认识;另一方面,当事人或组织对危害发生并不主动采取措施以使其终止,甚至会主动创造条件促成其不良的后果。

非故意危机并不是说私域危机的诱因不是人的主观行为造成的,而是说当事人或组织知道自己行为的危害,但对危害是否发生以及发生的方式、影响等都没有具体的认识,或者认为自己所做的准备或各种组织能够应对这种危机。非故意危机又可以分为概括故意、择一故意和未必故意三种,其中,概括故意危机是当事人知道自己的行为会危害自身,但对危害的具体领域并不清楚,对危害的程度也不清楚,如三鹿奶粉事件;择一故意危机是指虽然不确知自己的行为到底会引发哪种具体的危害,但可以预见到其中一种结果必然会发生,如吸毒者虽然不知道吸毒最终是会引发生存危机、财务危机还是心理危机,但如果不及时戒毒,其中一种或多种结果必然会发生;未必故意危机是指当事人或组织预见自己的行为可能会引发某种危害自身的后果,但认为这种结果不一定发生,并按照这种假设加以实行,致使该结果发生,如屡见不鲜的"驴友"遇险事件。

表1-8　故意危机与非故意危机

	故意危机	非故意危机		
		概括故意危机	择一故意危机	未必故意危机
共性	行为主体认识到自己的行为会造成对自身的危害	行为主体认识到自己的行为会造成对自身的危害	行为主体认识到自己的行为会造成对自身的危害	行为主体认识到自己的行为会造成对自身的危害
个性	行为主体追求或放任危害发生	行为主体不清楚危机发生的领域和程度	行为主体知道肯定会发生某种危机	行为主体认为危机不一定会发生或自己的准备足以避免危机
示例	自杀	制假	吸毒	探险

（四）根据主体行为性质：合规型危机和违规型危机

合规型危机是指行为主体虽然明知其行为会对自身造成危害，但由于符合私域行为规范，他人或公共权力机关无法进行干预的私域危机。规范包括正式的法律法规，也包括社会道德、常识性的或职业性的行为规范等。如一个患了肺病的病人坚持抽烟，一个喜欢冲浪的人喜欢在暴风雨的天气里在海里冲浪，一个身体有问题的人坚持攀登珠穆朗玛峰，等等。

违规型危机是指由违规违法行为引发的私域危机。如某个人因酒驾撞树而重伤，游客违反景区管理规定使自己身处危境，企业因不正当竞争导致被处罚而引起的形象危机，等等。应该指出的是，违规行为并不都是当事人有意为之，有时候是当事人并没有意识到自己已经触犯了法律或规定。同时，此处规范并不是指所有的法律法规，而是专指那些为了保护公民自身健康安全而制定的各种提醒，如政府会禁止游客或公民进入某些危险区域，企业也会明确要求消费者在使用其商品时不得有某些错误的操作或使用方式。这些规定使得行为主体的违规行为成为一种私域危机而不是一种司法案件。

（五）根据危机损失属性：有形损失危机和无形损失危机

有形损失是指人员伤亡或财产损失。特点是可见、具体、能评估、难挽回,且发生的过程与危机相伴相生。由于是可见的,因而往往容易受到关注。而无形损失主要是指个人或组织的价值、形象和声誉受损,具有隐蔽性、持续性,容易被忽视。无形损失一般不会危及当事人的生命,但如果不能得到及时干预,也会造成有形损失。

四、私域危机的发生机理

私域危机发生的直接原因在于正常的、理性人的错误决策,而这种错误决策的根源又在于决策主体认知偏差:对环境认知的偏差和对自我认知的偏差。导致这种偏差产生有其具体的、深层次的诱因。这些诱因有些是显性的,有些是隐性的;有时是单独起作用,有时又是诸多因素共同起作用。综合来看,目前对私域危机诱因的认识共有四种角度:生理角度,认为私域危机的发生主要和行为者的性别、健康以及成长阶段有关;心理角度,认为私域危机根源于行为者内在的消极的心理因素,使行为者更容易接受外界不良因素的影响,加快私域危机的爆发;社会角度,认为行为者的行为是受社会因素影响的,私域危机是社会结构变迁、社会冲突等社会因素导致行为者行为变化的结果;环境角度,认为行为者的行为受活动环境、地域、季节、气候甚至时间变化的社会环境和自然环境影响。具体包括以下几种:

(一)认知能力不足

认知能力是指人类理解和处理外界信息并据此决定所采取的适当行动的心理能力,具体包括注意、知觉、学习、记忆、语言、运动技能、空间感知和逻辑推理等能力。认知能力是人们成功完成各种活动的最重要的心理条件,决定了人们是否能够准确提取、存储、加工外界信息,能否对事物的构成、性能以及发展规律等进行准确把握。大量的研究和实践证明,人的认知能力是有限的,是不可能全知全能的:一是人的认知能力是有限的,当人们进行决策时,不可能对所有的信息进行获取和加工,找出决策者需要的所有的备选方案;二是即便决策者能够找出所有备选方案,也不能保证其能够完全了解所有方案的结果并对其进行量化比较,选出最优方案;①三是不同的决策者的认知能力是不同的,对信息的感知、获取、加工、处理和利用的标准和方式是不一样的,对各种方案的评估结果也是不一致的。产生认知能力不足和认知差异的原因包括生理和心理两方面:一方面,生理因素是个体认知能力发展的物质基础,认知能力与人的神经能量发展有关,与人脑的大小、结构和神经功能有关,影响人的神经发展的可能有铁元素缺乏等病理性的因素,②也可能与人的生命周期有关。这使得私域危机带上了年龄、性别、神经类型等方面的色彩,如青少年自控能力差,做事容易冲动;身体残疾者可能会导致偏执、孤僻等性格,引发私域危机。另一方面,认知是一种心理过程,与被认知的事物之间、应遵从的判断规则难免会存在的一种无法拟合的差距。③

(二)信息不充分

生理和心理因素是主观因素,信息则是进行决策的依据。在理想的状态下,决策者应该拥有充分的信息,但在现实世界中,充分信息下的决策是很难实现的,更多的时候,决策者在决策时面临的是不充分信息。信息不对称、不充分是私域危机的重要原因,如游泳者由于不知道河水深度而溺水,游客没看到警示牌而掉下悬崖,等等。造成信息不对称、不充分的原因很多:一是信息遮蔽。信息遮蔽指的是决策者与被认知对象之间被屏蔽,决策者无法及时获得被认知对象的信息。信息被屏蔽,有客观因素,如通信技术落后、语言不通等;也有主观因素,如有人有意隐瞒被认知对象的信息或仅仅传递部分信息,甚至有人会故意以一种非常小众化的、专业的语言和表述方式传达信息,造成决策者无法全面理解信息并进行准确研判。二是信息缓释。认知对象的信息并不都是一次性释放的,决策者获取信息的活动也

---

① [美]赫伯特·西蒙:《管理行为》,徐立等译,北京经济学院出版社1988年版,第77—82页。

② 王冰等:《铁缺乏对认知能力的影响》,《国外医学卫生学分册》2008年第4期,第221—226页。

③ 郑雨明:《决策判断中认知偏差及其干预策略》,《统计与决策》2007年第10期,第48—51页。

并不是一次完成的,决策是一个连续的信息获取过程,如果仅依靠一时的信息决策就可能会引发私域危机。2011 年四姑娘山"驴友"事件,就是因为"驴友"原定的路线因为遭到山洪,被大水封道,不能继续走,只好改走另外一条路线,但是第二条路线又遇到泥石流被阻断,没法继续走,引发了危机。三是信息成本。高昂的信息搜寻成本往往会阻止人们收集更多的信息、准备更多的备选方案,如迷路的人可能会拒绝一个收费高昂的向导引领其进行探险,而向导可视为一个巨大的信息源。四是信息错误。其一,被认知对象传出的信息本身就是错误的、虚假的;其二,信息在传递过程中出现失真。

(三)个体价值观的影响

个体价值观是个体对世界的感知、理解和价值评估,这是建立在自身需要的基础上的一种特殊的观念系统,是人们心目中用于衡量事物轻重、权衡得失的天平和尺子,影响着人们对自己行为方式、行为手段和行为目标的选择。[1] 个体对认知对象的评价过程是一种排序的过程,与自己价值观相近的事物总是处于更加重要的地位,是一种优先选择的方案,相反,与个人价值观相左的事物,则更容易受到排斥。在决策过程中,价值观甚至会成为影响决策的决定性因素,不仅会影响选择过程,而且会决定选择结果。首先,价值观会以多种方式影响决策者对信息的选择和接收,并进而影响对备选方案的评价和实践;其次,价值观会使决策者产生一种"锚定心理",在作决策时,价值观会成为决策者的决策框架和标准,这个框架和标准会使得与自己价值观一致的信息更加突出和难忘,导致决策者忽略其他信息,进而影响信息获取,甚至歪曲认识,即便他的信念或指导思想是偏颇的。[2] 最后,价值观也会表现为一种意志品质。这种意志品质对人的行为起着调节、控制作用。部分私域危机与不良意志品质有着密切关系,如自制力差,抵挡不住

---

① 何贵兵等:《保护性价值观及其对决策行为的影响》,《应用心理学》2005 年第 1 期,第 60—66 页。

② 周菲:《决策认知偏差的认知心理学分析》,《北京行政学院学报》2008 年第 5 期,第 75—79 页。

毒品的诱惑;意志不够坚定,容易消沉。受价值观的影响,意志薄弱的人的不科学的心智图式、决策框架容易经过强化而形成一种稳定的动力模型,拥有这种动力模型的人可能会更容易发生私域危机。如自杀者往往具有较高的冲动性、极端的思维、认知僵化、问题解决不良、自传式记忆等消极的思维方式。个人价值观虽然属性是个体的、独立的,但其形成往往会有深刻的社会制度和文化背景,特别是一些制度性的安排,如在很多传统文化中,寡妇殉葬都是一种制度或被视为理所当然的;又如个人的风险意识和整个社会的安全教育是直接相关的,一个风险教育不足的社会里,个人在自然灾害中遭受损失的可能性更大;又如一个鼓励冒险的社会,鼓励舍生取义的社会,可能会有更多不熟水性的人下水救人。

(四)情境因素影响

情境理论认为,特定的情境能够对个体的心理活动及具体行为造成重要的影响。"情境"指的是在某些特定的时间和空间中可以观察到的所有要素,包括人物、事件、时空、机会、条件、环境等要素。情境包括氛围情境和行为情境,前者是一种环境氛围,以弥漫性渗透的方式影响当事人的行为和心理;后者是指一种具体的操作性的情境,即一些具体的条件、事件、人物等具体的、能直接引起实实在在行动的要素,常常是一些事件的具体推动力,对行为的影响也就更具有方向感和力度感。① 特定的情境能够产生一种"诱导效应",这种效应通过增加不对称信息把决策者置于信息不充分的情境下,使其背离最初的选择,这与私域危机的最终形成、发展及其转化有着极为密切的关系:特殊情境可能为当事人提供机会重新对行动进行成本—收益分析,但由于特殊情境提供的是一种信息不充分的环境,使得当事人无法更好地进行理性思考,其选择的行动方案更可能不是最优的,引发私域危机。如金门大桥成为自杀圣地,一方面是因为其自身风光容易让人产生幻觉,另一方面美国媒体长期将其描绘为"死亡圣殿",让人产生死在金门桥下很美、很

---

① 谢彦君:《旅游体验研究——一种现象学的视角》,南开大学出版社 2005 年版,第 29—60 页。

浪漫的错觉。日本富士山下的青木原林海因为一部叫《浪潮中宝塔》的电影中的女主角在此了断生命,成为一个"自杀圣地";富士康跳楼事件也与特定的情境有关,在媒体的渲染下,富士康被定性为"血汗工厂",极大地放大了企业压抑人性的一面,同时将员工描写成永无出头之日的"奴隶",在强大负面情境下,一些心理承受能力不强的员工不自觉地强化自身生活不如意的一面、认为自己的生活是没有出头之日的,最终走上死亡之路。

(五)亚文化影响

亚文化(subculture)又被译为"次文化""副文化",既可以指拥有共同行为方式的一群人,也可以指一种被部分人接受的生活方式。亚文化是处在从属结构位置的群体中发展出的与主导地位意义系统相对立的一套意义系统、表达方式或生活方式。① 不同于主流文化的价值观和行为模式,亚文化具有极强的倾向性,对人的认知图式、价值观念、情境感知、行为习惯等都具有极大的影响,甚至会直接对抗社会主流文化,在特定的条件下也会引发私域危机。亚文化触发私域危机的机理主要包括以下几个方面:一是亚文化中的规范和制约,可能会直接阻止个体社会化进程,诱导人们质疑甚至抵制主流文化,甚至产生逆反心理,诱发激烈的异常行为。二是亚文化对一些不合情理的行为提供合理性解释,为其提供理论平台和行动标准,特别是在社会转型期,亚文化能够使人们与社会主流文化相悖的行为在亚文化的场所内合理化、合法化,减轻、淡化主流文化价值观念、行为模式在当事人心理上的恐慌和压力,甚至还能够消除其对自己不负责任行为的负罪感。三是根据马斯洛的需求理论,亚文化满足了人们安全、归属、社交、尊重等心理需求,加速特定文化倾向的人集聚抱团,加快彼此的感染,推动成员行为趋同,这一方面可能会扩大私域危机的规模,另一方面会强化亚文化的内涵特征。四是亚文化本身以及群体内成员的行为为其他人提供了一种行为标准和参

---

① Blake, Michael, *Comparative youth culture: the sociology of youth cultures and youth subcultures in America, Britain, and Canada*, London, Boston: Routledge & K.Paul, 1985, p.8;转引自孟登迎:《"亚文化"概念形成史浅析》,《外国文学》2008 年第 6 期,第 93—102 页。

照体系,会推动某种有危害的行为迅速扩散,促使私域危机扩散。但亚文化的承载主体可能是一个正式组织起来的群体,也可能是一种非正式的组织群体。如"驴友"文化中对拥抱自然、挑战自我等价值的强调,使得很多"驴友"在开展户外活动时往往会倾向于选择一些有很大挑战性和刺激性的项目,这些实践经过浪漫化处理后在群体内渲染、扩散,反过来又强化了这种冒险文化,如果不能正确地对待这种亚文化的实质,很容易造成灾难性的后果,如把四姑娘山徒步经历当成"驴友"的必修课等,导致了一些惨剧。

第四节　政府私域救援

私人领域也是一个充满风险的领域,且随着现代化进程的加速推进,私域危机日益呈现出形式多元化、规模扩大化、影响辐射化、频率高发化等特征,其中,很多危机的应对已经超出私人能力范围,必须借助政府的力量予以化解或缓解。虽然私域危机因其"私"的属性,一直未被纳入政府公共危机管理的范畴,但实践中私域救援一直是政府应急管理的重要内容,政府从未排斥对私域危机的管理和干预。无论是为了进一步丰富政府危机管理的内容,更好地理解政府应急管理的各种实践,还是为了更好地解决政府私域救援面临的各种问题,更加有效有序地推进实践,都有必要对政府私域救援的内涵、内容、特征以及功用进行梳理和界定。

一、政府私域救援的内涵和内容

(一)基本内涵

政府私域救援是指政府通过采取有效手段防范、终止、缓解、化解私域危机、减少损失的一种行为,是社会安全网的重要组成部分。政府私域救援的主体是政府应急管理部门或其他职能部门,但也不排斥其他社会组织、企

业、个人及媒体等参与。救援的目的是避免人们的健康、生命、财产或环境
遭受直接危害,尤其是要减少人员伤亡。救援的方式包括:防范,既包括预
防危机发生,也包括预防一个危机引发更多的危机;终止,是指终止正在发
生的危机,阻止其扩大范围,但危机已经造成了损失;缓解,是指延缓危机发
生进程,推迟最坏情况的到来;化解,是指解决即将发生或已经发生的危机,
但危机还没有造成实质伤害。政府私域救援不仅要"有效",即应对方案具
有可操作性、准确性;还要"经济",即成本的可控性。

(二)基本内容

罗伯特·希斯将危机管理的内容归结为五个方面的内容,核心内容是
做好预防、制定预案、及时处置、统筹协调、恢复重建等,[①]后来的学者提出
的观点大多没有超出这一范畴。总体上,罗伯特·希斯的归纳也适用于政
府私域救援。由于私域危机救援是一种过程管理,私域危机发展的每一阶
段有不同的任务,这些任务构成了政府私域危机救援的全部内容。

表 1-9　危机管理的主要内容

预　防	1. 清查风险点　2. 排除隐患　3. 监控风险点　4. 行为纠偏
准　备	1. 危机评估　2. 制度准备　3. 人员准备　4. 物资准备　5. 预案准备
响　应	1. 启动预案　2. 实施救援　3. 信息沟通　4. 保持社会沟通
恢　复	1. 启动恢复计划　2. 事件调查　3. 损失评估　4. 追责问责

(三)内在属性

政府私域救援是政府应急救援的内容之一,也是社会安全网络的重要
组成部分,但不应该被纳入公共管理的范畴。其一,政府私域救援不应该被
视为一种常规的、规范的政府行为,而是一种例外,这种例外不应该是决定
政府职能的主要因素,也不应该成为决定个人权利和责任范畴的标准,其最
大的功能在于提醒人们政府职能容易被无限扩大。其二,政府职能虽然具

---

① ［澳］罗伯特·希斯:《危机管理》,王成等译,中信出版社 2001 年版,第 21 页。

有历史性、动态性、多样性等特征①,在特殊条件下会有所损益,但始终是有一定边界的,且边界具有相对稳定性。政府私域救援是有条件的,即当人们的生命受到威胁,当威胁解除后,政府即会停止自己的行动。其三,政府私域救援实质是一种公共资源的定向分配,得益的是非常明确的少数人,与直接的公共利益无关,与公益性、公共性等标准是背道而驰的。其四,一件事情是公共的还是私人的,与实施的主体是公共的还是私人的无关,而与其根本目标有关,虽然政府私域救援由政府主导但由于危机的属性是私人的,因而不应该被视为公共管理内容,只是手段变化了而已,这只是私域事务公开化、公共化而已。其五,私域危机包括政府进行救援的私域危机基本上均可以通过个人自己或市场的力量进行救援,只是在救援市场发育不充分或在时间紧急情况下,需要发挥政府的资源统筹功能才能在有限的时间内予以解决。其六,实际操作层面很难操作。一方面,如果私域危机救援被纳入公共管理范畴,政府就必须对所有的危机进行救援,实际上由于私域危机的隐蔽性特征,很多危机是无法发现的,如何界定政府责任;另一方面,如果政府私域救援失败,即造成人员伤亡,无法确定是否应该追究政府责任,从而无法将其纳入政府的职能。之所以如此,根本原因在于政府既具有公法属性也拥有私法特征,能够以民法主体的身份接受法律和市场的调节。也正因为如此,政府私域救援结束后,政府是否让受助者承担相应的成本都不会损坏政府的公共性,涉及的仅仅是法律或社会传统是否能接受以因此特殊目的使用公共资源的问题。

二、政府私域救援的过程与制度

(一)救援过程

实践中,私域危机救援的体制机制是建立在对危机发生发展过程的分

---

① 黄健荣:《公共管理学》,社会科学出版社 2008 年版,第 157—158 页。

析基础上的,不同的划分标准和阶段划分决定了不同的危机救援机制。目前学者根据危机演进过程建立的危机救援机制主要有三阶段模型、四阶段模型、五阶段模型、六阶段模型,每种模型又有不同的界定。一般情况下,对于危机响应阶段、危机后恢复阶段的划分较为一致,产生分歧的主要是危机发生前的阶段划分。每个阶段的任务是不同的,落实了相应的任务就完成了救援的整个过程。我国不同的法律法规对突发事件的应对过程的划分是不一样的,《中华人民共和国突发事件应对法》实际上接受的是"PPRR"模型,将突发事件应对的过程分为预防与应急准备、监测与预警、应急处置与救援、事后恢复与重建等四个阶段,而《国家突发公共事件总体应急预案》将应急管理的运行机制分为预测与预警、应急处置、恢复与重建三个阶段。

表1-10　危机管理阶段模型①

模型	主要代表	基　本　主　张
三阶段模型	Birch&Guth	危机前(Pre-crisis)、危机(Crisis)与危机后(Post-crisis)
	刘　霞	危机前、危机中和危机后
四阶段模型	Robert Heath	4R模型:危机取消(reducion)、危机预备(readiness)、危机反应(response)、危机恢复(recovery)
	W.Timothy Coombs	PPPL模型:预防阶段(prevention)、准备阶段(preparation)、绩效阶段(performance)、学习阶段(learn)
	NSC	MPRR模型:危机前缓和阶段(mitigation)、危机前预防阶段(preparation)、危机爆发期反应阶段(response)、危机结束期恢复阶段(recovery)
	Steven Fink	F模型:潜伏期(Prodromal)、爆发期(Acute)、善后期(Chronic)、解决期(Resolution)
	PPRR模型	危机前预防阶段(prevention)、危机前准备阶段(perparation)、危机爆发期反应阶段(response)、危机结束期恢复阶段(recovery)

① 根据《公共危机治理》和《公共部门危机管理》整理而成(刘霞等:《公共危机治理》,上海交通大学出版社2010年版,第87页;张小明:《公共部门危机管理》,中国人民大学出版社2006年版,第41—45页)。

续表

模型	主要代表	基 本 主 张
五阶段模型	Ian Mitroff	M 模型:信号侦测阶段、探测和预防阶段、控制损害阶段、恢复阶段、学习阶段
	薛 澜	危机预警预管理准备、识别危机、隔离危机、管理危机以及善后处理并从危机中获益
六阶段模型	Norman R.Augustine	危机的避免(Avoiding)、危机管理的准备(Preparing)、危机的确认(Recognizing)、危机的控制(Containing)、危机的解决(Resolving)、从危机中获利(Profiting)

(二)组织结构

政府私域救援的组织结构指的是各参与主体及政府各部门之间的职责划分及其相互关系,一般由决策、执行、沟通、保障等机构组成,各机构按照分工履行各自职责并相互配合,共同应对危机。在目前的条件下,世界各地还没有针对政府私域救援的专门组织体系,实际上由于二者在操作过程上的高度相似性,也没有必要建立专门的机构。构建具有弹性的、能够应对各种规模的危机管理组织体系,就足以有效应对私域危机。

我国《国家突发公共事件总体应急预案》对于突发公共事件的应急管理组织体系作出了明确规定,也符合罗伯特·希斯提出的危机管理壳式结构,即 CMSS(Crisis Management Shell Structure),从信息生产和流通的角度出发,将危机管理组织分为决策、咨询、操作、信息四个部分,四个部分通过危机管理信息沟通平台联系起来。[1] 这一结构体现了政府管理统筹、协调、综合的特点,其中,最大的特点是组织规模可大可小,能够满足各种规模的危机管理需要,扁平化组织结构可以有效提高沟通和管理效率,[2]这个结构可适应各种公共危机、私域危机救援活动。

这一组织体系共包括四个方面的组织:领导机构,各级政府是应急管理的最高行政领导机构,负责决策和应急指挥;办事机构,各级政府设立应急

[1] [美]罗伯特·希斯:《危机管理》,王成等译,中信出版社 2001 年版,第204—206 页。
[2] 黎昌珍:《基于 CMSS 模式之"综合救灾理念"的灾难应急保险研究》,《牡丹江大学学报》2012 年第 9 期,第3—8 页。

管理办公室,是应急管理工作的运转枢纽;工作机构,即各职能部门,既要单独负责相关类别危机的应急管理,又参与重大公共危机应对的相关责任;专家组,主要为危机应对提供智力支撑。除此之外,针对特殊危机还会设置一些特殊的机构设置。我国应急管理机构设置具有明显的特征:上下同构,即上级政府与下级政府的应急机构架构是一样的;分工合作,各级政府不仅设置了负责综合协调应急管理事务的应急办,而且针对不同领域的危机管理需要设置了专门协调议事机构并成立相应的工作机构,协调应急管理相关事宜;政府各部门负责相关领域危机管理工作。

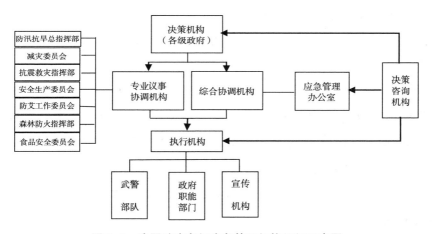

图 1-1　我国政府危机应急管理机构组织示意图

(三)运行机制

所谓运行机制指的应急管理组织的功能定位、职责划分、相互作用方式和行为规范。不同的学者对应急管理运行机制的理解并不相同,如张成福等将其具体划分为危机管理的全过程机制、责任共担的参与机制、分级响应机制、协议互助机制、对口支援机制、信息疏导机制、教育培训机制、城市应急联动机制 8 个机制[1],刘霞等人认为危机治理体系的运行机制由防范机

---

[1]　张成福等:《公共危机管理:理论与实务》,中国人民大学出版社 2009 年版,第 44—52 页。

制、保障机制、整合机制、创新机制 4 个方面构成①,等等。一般都认为,应急管理运行机制应包括事前、事中、事后三个阶段的工作规范,具体还可以细化为更多的具体机制,如预警机制、指挥机制、应急联动机制、公共沟通机制、分级响应机制、动员机制、惩奖机制、评估机制等。

根据"国家建立统一领导、综合协调、分类管理、分级负责、属地管理"原则,2003 年以来,我国逐步建立了具有中国特色的"一案三制"应急管理机制,这一机制既包括宏观管理架构,又包括微观操作规范,适合各层次应急管理的需要。其中,"一案"指的是应急预案,根据责任主体的不同,我国的应急预案体系包括国家总体应急预案、专项应急预案、地方应急预案、企事业单位应急预案等不同层次,目前已颁布或准备颁布的有《国家突发公共事件总体应急预案》、21 件专项应急预案、57 件部门应急预案,此外,31 个省级政府也制定了本省(市、区)总体应急预案。"三制"包括应急管理体制、机制、法制,其中,应急管理体制,指的是应急管理机构的组织形式;应急管理机制,包括预测与预警、应急处置、恢复与重建、信息发布、应急保障、监督管理等机制;应急管理法制,是指以《中华人民共和国突发事件应对法》为核心的法律法规系统,目前,我国有突发事件应对的法律法规 104 件。

"一案三制"是我国应急管理总体操作框架和工作体系,目的是实现权力配置的集中化、科学化、有序化和资源配置的优化。② 其中,体制是基础,机制是关键,法制是保障,预案是前提,共同构成了应急管理体系不可分割的核心要素。③ 但"一案三制"还是一个在发展过程中的运行机制,尚未规范化、程序化和体系化,还需要进一步完善。

---

① 刘霞等:《公共危机治理》,上海交通大学出版社 2010 年版,第 112—147 页。
② 高小平:《"一案三制"对政府应急管理决策和组织理论的重大创新》,《湖南社会科学》2010 年第 5 期,第 64—68 页。
③ 刘霞:《我国应急管理"一案三制"建设:挑战与重构》,《政治学研究》2011 年第 1 期,第 94—100 页。

表 1-11　"一案三制"的属性特征、功能定位及相互关系①

	核　心	主要内容	所要解决的问题	特　征	定　位	形　态
体　制	权　力	组织结构	划分权限职责	结构性	基　础	显　性
机　制	运　作	工作流程	运作效率	功能性	关　键	隐　性
法　制	程　序	法律制度	行动规范	规范性	保　障	显　性
预　案	操　作	实践操作	操作程序	针对性	前　提	显　性

三、政府私域救援的特征

（一）非公共性

非公共性并不是说政府不应该对陷于困境的人进行救援或帮助，而是说政府私域救援的目标不是为社会提供公共产品和公共服务，也不是为了恢复社会的安全、秩序和稳定。政府私域救援是政府履行私人或组织的职能，以弥补私人能力之不足，化解或缓解生命危险，恢复当事人正常生活的一种行为，本质上还是一种私人获利行为。只不过，政府对其救援的对象是进行了筛选的，并不是所有的私域危机政府都会进行干预或救援，只有对极少危及生命安全的危机才会进行救援。

（二）针对性

公共危机应急管理的对象是一种类存在，并不明确，只能从属性上予以确定，如洪水受害者、地震受灾群众等，一般不会具体到某个人。当事人受危机影响的程度虽然并不相同，但政府一般只进行标准化、普遍化的救援，不会提供个性化的帮助，个性化的问题一般都由受害人自己解决。相反，政府私域救援的对象非常明确，需要救助多少人，甚至每个人的情况也基本了

---

① 钟开斌:《"一案三制":中国应急管理体系建设的基本框架》,《南京社会科学》2009 年第 11 期,第 77—83 页。

解,更重要的是,政府所解决的是当事人的个性化的问题,这些问题基本上不涉及公共利益。

(三)确定性

公共危机管理面临的最大问题是信息的不对称,即存在信息不正确、不完全、不及时等,危机爆发前难以预测,危机爆发后的规模、强度、走势等难以把握,对于是否引发次生灾害或引发更大的危机也无法控制。相反,政府私域救援中,政府对危机信息的把握要充分得多,原因在于:从危机本身来看,由于当事人数量少,很容易掌握救援对象情况;由于危机规模小,也较容易掌握危机进程;此外,危机趋势也非常明确,即会造成当事人死伤。从环境的角度看,私域危机面临的环境比公共危机面临的环境要容易控制,因而能够有效防止引发次生灾害或其他危机。

(四)权力非损益性

在公共危机应急管理中,政府需要强有力的、相对集中的权力,以便其能够在极端的时间内做出决策,提升决策效率,因此,一方面,可能会有意扩大政府权力;另一方面,政府出于维护公共利益和处置危机的需要,政府可以对公民的基本权利进行克减,等危机过后再行恢复。但政府私域救援则不同,由于私域危机一般规模较小,在正常情况下,仅需要履行政府的正常职能就可以了,既不需要临时扩大政府的权力,也不需对公民的权利进行克减,但这仅仅是指一般情况而言。

(五)紧急性

公共危机一般都具有发展周期,要延续较长的时间,具有长期性和复杂性,公共危机应对也需要较长的时间。相反,私域危机发展过程的周期性、阶段性的特征并不是十分明显,危机的发生过程也不复杂,而且由于事关人命,处理时间十分有限,需要速战速决,否则会导致人员伤亡。

政府私域救援不仅与公共危机应急管理有区别,而且与危机的私力救援——以市场主体、社会组织或家族、社会团体乃至自然人为主体的——危机救援也有明显的区别。一是主体不同,私力救援的主体是自然人或法人,而政府私域救援的主体是政府;二是可用资源及来源不同,政府救援可调动的资源和人力要远多于自然人或法人;三是救援活动公开程度不同,以政府为救援主体时,资源是公共的,因而救援活动必须是公开的、透明的,并接受监督管理;四是私力救援的主体与客体利益是一致的,甚至二者是一体的,但政府进行私域救援则并不是为了自身的利益。但两类危机救援行动还是有共通之处,很多技术、方法和手段也是互通的,包括风险评估、预案制定、预警发布、危机公关,等等。"公共管理与私人管理在所有重要的层面上都不相同,而在所有不重要的层面上都是相似的。"①这一论断同样适用于所有危机管理之间的比较。

四、政府私域救援的基本原则

(一)以人为本原则

坚持以人为本、生命第一的原则,将人的生命放在第一位,不惜一切代价最大程度地保护人的生命安全。救援过程中,政府应全力以赴做好生命救援工作而不是关注财产保护和环境改善,确保当事人以及处置危机的工作人员的生命安全。坚持以人为本,不仅可以减少或化解当事人的心理危机,而且可以为政府赢得更多的支持。

(二)强制性原则

政府私域救援首先要坚持自愿性原则,既要尊重被救助方的请求救助的权利,也要尊重其拒绝救助的权利。但一旦政府得知有人陷入危险境地,就必须遵循强制性原则。政府私域救援与市场化的救援方式不同。市场化救援可以遵循自决原则,即当事人及其家属的主体地位和决定权,如可以拒

---

① 张成福等:《公共危机管理理论与实务》,中国人民大学出版社 2012 年版,第 21 页。

绝救援,可以要求用什么救援,因为这属于私法调节,根据市场契约关系。但政府私域救援应适用强制原则,政府可以根据事件的紧急程度,决定采取何种救援方式,即便当事人拒绝,如制止自杀、强制戒毒、隔离等行为,且可以要求补偿,对于违背规定的,可以要求罚款。强制原则是根据简单的价值的判断——如生命权,保护生命等。

(三)迅速有效原则

私域危机的突发性特征,要求政府救援对危机信息必须具有高度的敏锐性,接到危机信息后,能够在第一时间内启动救援,并确保各项举措务实有效,坚决杜绝反应迟钝、优柔寡断、贻误战机。要真正做到迅速有效,必须做到预案完善、准备充分,"第一时间"响应,"允许越级"反应,限定时间救援,还要及时核查确保所有措施有力有效。

(四)最大限度原则

所谓最大限度是指救援的范围以及政府的权力应该有个最大限度。一般情况下,私力救济具有低效性、分散性、技术等能力低、安全性差、盲目性大等局限。当私权主体能力不足以应对私域危机并发出请求或国家认为有必要时,政府才会对私域危机进行干预和应对。但这种救援并不是无限度的,一方面要尊重当事人的自决权,即尊重当事人的意愿;另一方面,在应对私域危机时,政府也要对"公民自由设定权利义务的自由"以及"法律对私法主体适法行为的尊重和肯定"给予尊重和肯定,坚持私法自治原则。

(五)专业化原则

专业性是处理私域危机的生命线。与公共危机不同,每个私域危机的当事人都有其特殊性,要针对个性问题提出个性解决办法,而不是提炼共性问题提出一般应对措施,不同类型的危机救援经验不能随便借用,而应以科学知识和专业技术为武器,提高公共危机应对的科技支撑力度,只有这样才能在最短的时间内将事件的危害降低到最低限度。

（六）经济性原则

一方面,要适度反应,即要使反应的规模和形式与危机规模及影响相适应,采取适度的反应方式;另一方面,要控制危机处置成本。如果反应过度,就会造成资源的巨大浪费,私域危机应对的效率也就无从谈起。因此,在救援过程中,要进行成本核算,推动公共资源的最优配置。成本核算就是要尽量地节约公共资源,减少不必要的浪费,使公共资源的配置达到最优的状态。

（七）法制化原则

行政权存在着一定的扩张性、任意性、侵犯性的内在潜质,因此在政府干预私域危机的过程中,必须按照宪法、行政法等公法对行政权依法(程序)加以控制与限制,如对其职权与职责,权限与分工加以限制性规定。

第二章 政府私域救援的理论基础

不同的学者和机构对政府职能的认识不完全一致①,但基本上都同意政府的职责就是提供公共产品和公共服务,这些产品和服务在效用上具有不可分割性、在消费上具有非竞争性、在受益上具有非排他性等公共性特征。② 而私域危机一般被视为是个人或组织自身行为触发的问题,应该由个人或组织依靠自己的力量予以解决,应对私域危机的责任不应该推给政府,换言之,政府职能不包括私域危机救援。如果政府私域救援不属于政府当然职能、不属于公共服务范畴,那其正当性何在?

---

① 亚当·斯密在《国富论》中提出了统治者的三种职责:保护社会、尽可能保护社会上各个人、建设并维持某些公共事业及某些公共设施;欧文·E.休斯引用安德森的观点,认为政府的"一般角色"应包括发展经济、提供服务、维护秩序、促进竞争、环境保护、社会保障和维护经济稳定七个方面([澳]欧文·E.休斯:《公共管理导论》,张成福译,中国人民大学出版社 2012 年版,第 104—106 页);世界银行认为政府的基本职能是:确定法律基础、创造宽松的政策环境(包括宏观经济的稳定)、投资于民和基础设施、保护承受力差的阶层、保护自然环境(世界银行:《变革世界中的政府——1997 年世界发展报告》,蔡秋生译,中国财政经济出版社 1997 年版,第 41 页)。我国学术界对此也有相应的研究,如王乐夫将政府责任分为道德、行政、政治、法律责任 4 大类(王乐夫等:《公共管理基础理论及体系》,中国社会科学出版社 2008 年版,第 139—142 页);黄健荣认为现代政府基本职能包括政治、经济、社会和文化 4 项职能,具体包括确定制度框架、调控宏观经济、提供公共物品和服务、协调群体冲突、治理外部效应、调节和再分配社会收入;张成福等认为公共管理者具有 5 种角色,陈振明认为有八大角色(张成福等:《公共管理学》,中国人民大学出版社 2001 年版,第 38 页);等等。在实务领域,温家宝总理 2003 年提出政府主要有经济调节、市场监管、公共管理、社会服务四项职能。

② 高培勇等:《公共部门经济学》,中国人民大学出版社 2002 年版,第 15 页。

第一节 经济学理论基础

经济学关注的核心是稀缺性分配问题,通过分析效用的生产和分配问题,评估资源的分配效率。私域救援也属于稀缺性分配,对政府私域救援进行投入—产出效率分析,能够更好地认识其必要性。

一、基于外部性理论的认识

(一)外部性和正外部性

经济学界关于外部性并没有统一的界定,概念比较模糊。[①] 一般认为,外部性是指这样一种状况,即经济活动中私人边际成本、边际效益和社会边际成本、边际效益之间存在不一致性,这种不一致性会导致市场失灵,使资源无法实现最佳配置。外部性分正外部性和负外部性,前者意味着边际社会收益大于边际私人收益,即市场主体未能完全享有其行为的全部效益;后者则意味着边际私人成本小于边际社会成本,即市场主体未承担其收益的全部成本。正外部性和负外部性对社会生产或资源配置的影响是不同的,在正外部性的影响下,由于产品和服务的价格未能反映社会边际效益,从而会引起产品和服务供给的不足;在负外部性的影响下,由于产品的价格不能充分反映社会边际成本,因此会导致产品和服务的增加。要矫正经济活动的外部性,应该通过政府干预使得外部性内部化。

(二)私域救援的外部性分析

与公共危机相比,私域危机一般规模较小,涉及的人员较少:一是容易界定受益者,私域危机救援的效用是可以分割的;二是救援规模一般也较

[①] 胡石清等:《外部性的本质与分类》,《当代财经》2011 年第 10 期,第 5—14 页。

小,私营机构都可以开展此项业务;三是私域救援活动获益具有明显的排他性,其他人不能从救援中获得直接的好处。总体来看,私域危机救援的私人产品特征非常明显。但实践中,私域危机救援特别是针对危及生命活动的救援活动的市场化水平并不高,专业从事私域救援业务、以营利为目的的私营机构很少,主要依靠政府部门或政府部门委托的专业组织、志愿组织实施的。如四川省户外登山协会的工作范围就包括建立健全四川省山地救援体系、代行体育行政部门的公共救援职能。以营利为目的的市场主体之所以未能发展与私域救援业务的正外部性有关。虽然私域救援的成本测算并不难,但受益人的收益却不容易估算:一是生命价值无法进行货币化衡量,且不同的人有不同的标准。二是各方对救援成本的测算标准并不相同,救援者与被救者往往对救援工作的成本难以达成一致。三是受益人获救前和获救后对救援工作的价值评估不同,当事人获救后倾向于低估救援工作的价值。如2012年银川市组织40多名公安干警、武警官兵将遇险的4名"驴友"从苏峪口冰沟救出,当有人问这4名"驴友"是否应向救援人员表示感谢时,竟然有人认为这都不是事。① 四是私域救援成本并不与受益者成正比,很多时候成本非常高但受益者非常少,在极少数人承担高额成本的背景下,受益者容易产生抵触情绪,如2016年"3·17"苍山遇险受困人员救援工作在4天内共投入620多人参与救援,每天仅盒饭的钱就超过1万,②加上其他的成本,人均负担的成本就非常高。在这种情况下,虽然整个社会的边际效益增加了,但救援机构却很难获得足够的收益,缺乏参与私域救援的热情,即市场失灵,需要政府通过直接提供服务或完善制度予以矫正。

---

① 申东:《银川一月发生两起探险被困事件 官方民间施救获冷淡回应 获救"驴友"为何毫无感恩之心》,2012年2月16日,见 http://www.legaldaily.com.cn/report_supervise/content/2012-02/16/content_33 54584.htm? no de=31928。

② 陈蕾:《游客苍山迷路救援事件引发争论:"任性"驴友获救后该不该担责》,2016年3月23日,见 http://toutiao.com/a6265046938313179393/。

（三）政府私域救援的溢出效应

一般情况下，外部性是用来描述私企的经营活动状况的，但实际上，政府行动也存在外部性，或者说，政府就是追求其行为的外部性最大化的。政府外部性是与市场外部性相区别、并能影响市场外部性的另一种东西，是公共产品和公共服务产生出的"溢出"效应圈，[①]具有正、负外部性的同时性、受体的大众性和多样性和个体性受损者与外部性的实施者之间的不可谈判性等特征[②]。与市场外部性相比，政府外部性的最大不同是，"政府对社会施加的正的影响是其追求的目标函数，是政府的职责所在"[③]，政府不但不应拒绝其行为的正外部性，相反，在综合衡量边际社会成本和边际社会收益的前提下，只要自身的行为能够增加边际社会收益，就应该有意识地利用这种外部性为其宏观调控创造条件。私域危机救援能够有效扩大政府的外部性、实现边际社会收益增加：一方面，作为一种额外的投入，政府对私域危机的救援影响了生产函数，导致更高的社会总产出；另一方面，政府私域救援还通过影响市场主体，降低市场主体的边际成本，间接扩大社会总产出。[④]政府私域救援的边际社会收益主要表现在以下几个方面：一是间接收益。政府私域救援不仅会产生直接收益，而且会产生间接收益，即存在"溢出"效应，如被救者是某个企业的职员，因为其被救而使得企业避免了再次招聘和培训员工的成本以及聘请新员工而带来的风险。二是远期影响。政府私域救援主要被关注的近期影响是其负面影响：政府财政支出扩大，损害了全体公民的利益。但远期影响却并不一定是负面的，如私域危机不能得到有效的干预，就会造成人员伤亡，进而造成一些家庭破裂，并可能会引发其他社会问题，这些问题当时并不一定爆发，有些甚至需要隔代才能表现出来，

① ［美］A.艾伦·斯密德：《财产、权利和公共选择——对法和经济学的进一步思考》，黄祖辉等译，上海三联书店1999年版。
② 孙鳌等：《政府外部性的政治经济学》，《学术论坛》2006年第3期，第84—89页。
③ 陈平等：《政府行为外部性的界定和分类探讨》，《广东外语外贸大学学报》2007年第6期，第92—94、105页。
④ 李真等：《外溢性、公共产品与经济增长——基于空间面板模型的实证检验和效应分解》，《统计与信息论坛》2012年第10期，第57—67页。

但解决这些问题需要社会付出更多的代价。相反,通过避免人员伤亡而维持被救者家庭稳定,就能避免因家庭不健全而产生的隐患。[①] 三是非物质收益。政府私域救援虽然只有投入没有物质利益产出,但可以大大改善政府形象、提高社会对政府的信任,对于维护政府统治,实现政府目标、公共利益具有更大意义。

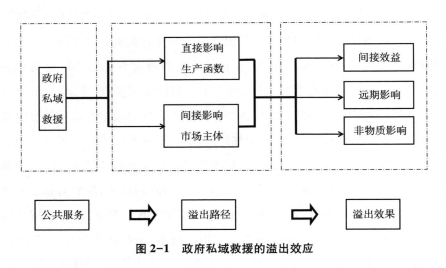

图 2-1 　政府私域救援的溢出效应

二、基于自然垄断理论的认识

垄断是不完全竞争的极端表现,指的是"单一的卖者完全控制某一行业"[②],没有近似替代品。垄断可能是通过市场竞争(包括非正当的竞争)形成的,可能是技术性的垄断,可能是一种制度性的安排(如盐铁、烟草专卖),也有可能是由于天赋的原因或行业的规模效应非常突出,需要通过垄断才能实现效益最优。最后一种情况被称为自然垄断,即"在一定条件下生产一种产品或服务,当市场上只有一个供应商比有多个供应商更有效率

---

① 张东峰等:《政府行为内部性与外部性分析的理论范式》,《财经问题研究》2008 年第 3 期,第 8—15 页。

② [美]保罗·萨缪尔森等:《经济学》,萧琛译,人民邮电出版社 2007 年版,第 144 页。

时,就称这种情况为自然垄断"①。政府对私域危机进行干预和救援具有天然的、明显的优势。当然,政府提供服务既可以是直接提供服务,也可以委托或指定特定机构履行相应的职责。

(一)规模经济特征

规模经济是指独家垄断经营的总成本小于多家经营的成本之和的经济现象。一般情况下,单位产品或服务的生产成本与生产规模成反比,生产规模越大,单位成本越低。② 理论上,自然垄断企业的最大特点是平均成本递减,边际成本小于平均成本;实践中,如果由某一家企业垄断生产某种产品,也可以有效控制社会总成本。由于技术条件和内在特征,私域救援也存在规模经济效应,必须在一定的规模上才能实现其效益,因而必须由政府提供或垄断企业提供。原因在于私域危机偶发性和迫切性的特征决定了私域危机救援不是一种日常的、经常性、规律性的服务,需求发生的周期、规模和层次等均无法预测,且一般情况下,每次需求之间要间隔相当长的时期而且每次对人员物资的需求都不一致,一般营利性市场主体无法提供。据统计,大理苍山景区 2007 年至 2015 年间搜救次数就达 102 次,被救人数 314 人、投入救援人数达 10063 人、搜救天数 271 天,平均每年 13 次救援,每次花费时间 3 天以上,每次救人 3 人以上、每次投入人数近 100 人,但实际上每次用时、用人都非常不均衡,如 2010 年,每次投入人数超过 480 人,每次救援时间超过 5 天,每次救人却仅有 2 人;2015 年,平均每次投入 25 人左右,每次救援时间不超过 5 天,每次救人不到 2 人。这给私营企业管理带来了巨大挑战,无法对人员、物资等进行有计划的管理,企业既无法对前景进行预期,也无法对成本进行控制。相反,政府能够根据实际需要进行调节,提供有效的服务,经过提供长期的服务,能够有效降低成本。同时,危机的偶发性和紧急性也决定了私域救援的市场十分狭小,在救援机构服务半径内的市场

---

① 李明志等:《产业组织理论》,清华大学出版社 2014 年版,第 230 页。
② 赵建国:《政府经济学》,东北财经大学出版社 2014 年版,第 67 页。

更小,难以容下更多的市场主体,实现完全的市场竞争。因而,在一定的区域内,私域危机救援的服务自然具有垄断性,在救援行为具有规模经济性和成本不连续性的情况下,政府进行投资是必须的。

表 2-1　大理苍山县 2007—2015 年 7 月搜救情况统计

年　度	搜救次数	被救人数	投入人数	搜救天数
2007 年	5	18	160	15
2008 年	16	39	1020	46
2009 年	16	57	1200	52
2010 年	10	21	4820	55
2011 年	3	29	280	12
2012 年	20	51	1760	45
2013 年	13	31	488	20
2014 年	11	27	138	13
2015 年	8	41	197	13
合　计	102	314	10063	271

(二)资本刚性沉淀特征

所谓资本刚性沉淀指的是进入某个产业需要在设备和基础设施方面进行数额巨大的投资,固定资本一旦形成,折旧需要很长时间,且在短时间内这些固定资本很难转作其他用途。[①] 巨大的刚性沉淀成本,一方面构成了行业的进入壁垒和退出壁垒,另一方面强化了固定资产的专用性,极大地提高了行业投资风险,企业一旦失败就要承担巨额损失。在这种情况下,独家垄断不仅是最有效率的,而且是唯一稳固的产业组织形式。[②] 与电力、电信、铁路、能源、自来水等传统的自然垄断行业相比,与防灾减灾救灾等业务相比,私域救援所需要的资产投入规模要小得多,行业壁垒也要低得多,但由于其具有专业性、不确定性等因素影响,其资本刚性沉淀的特征也十分明

[①] 于良春:《自然垄断与政府规制——基本理论与政策分析》,经济科学出版社 2003 年版,第4 页。

[②] 李怀:《自然垄断理论研究》,东北财经大学出版社 2003 年版,第 26 页。

显:一是私域救援需要大量的投入。目前,我国各类私域救援特别是野外救援活动主要依靠的是人力投入,一般公开报道的也多以搜救人员多少衡量搜救规模,但在实际工作中,大型设备和专业人员越来越多地出现在搜救工作中,如海上搜救的船只、指挥车、挖掘机、通讯车、救护车、云梯、直升机等大型设备以及单兵作战系统,都需要大规模的投入,救援的范围越大,需要的设备越多,这无疑会提高进入门槛。二是虽然所有危机都具有不确定性,但专门的救援机构中,所有从事应急救援行业的设备和人员都必须时刻处于待命状态,因而这些设备和人员无法用作他途,兑现投资效益。三是私域救援的市场半径非常小,在一个较小的市场空间内很难维持多家竞争的局面,加上资本刚性沉淀特性,使得很少企业会有兴趣加大投入取代行业垄断地位的企业。政府由于其强大的资源动员和配置能力,可以临时调集相关物资和人员,按照使用时间付费,可以极大地降低社会总体成本,避免沉淀资本风险。

(三)网络效益特征

网络效应也被称为网络经济性,即部分特殊行业需要特定的网络才能将产品和服务传递给消费者,且网络节点数量越多,网络价值越高,边际投资收益越大。网络效应本质是特定消费行为的"互存性"引发的正反馈,使用商品的人越多,商品就越有价值。有学者将网络效应分为网络外部性和内部协调性。前者的含义是:"如果每个消费者的效用都随购买相同或兼容品牌的消费者总数的增加而提高,就称消费者偏好呈现网络外部性。"[1]在网络外部性影响下,使用相同或兼容产品的消费者人数越多,其消费者所购产品越能够发挥其效用,反之则限制了其效用的发挥。网络的内部协调性是指"对网络中的任何连线和结点的干预都有可能影响到网络的其他元素,传输网络某一结点上的投资所获得的利益,在很大程度上取决于产品或服务及其他结点上提供服务的能力"[2]。即相同或兼容产品使用范围和密

---

[1]　[以]奥兹·谢伊:《网络产业经济学》,张磊等译,上海财经大学出版社2002年版,第12页。
[2]　李青:《自然垄断行业管制改革比较研究》,经济管理出版社2010年版,第17页。

度增加时,会产生网络效应和范围经济,即因某种特定经济活动增强而带动特定区域内相关经济活动的扩张。由于更大规模的网络能够为某种特定产品或兼容产品用户提供更多的价值,即具有更大的外部性,因而发展此类产品或服务的最优方式是不断扩大网络,推动垄断经营。私域救援的网络效应并不明显,但救援机构的网络化对于提升救援的效率、提高投资的边际效应具有重要意义。一方面,从事私域救援企业的工作网络覆盖面越广、节点越多,被救人员就越容易获得及时救助,提升救援的效率,降低企业成本;另一方面,根据范围经济理论,私域救援工作的网络覆盖范围和密度增加时,能够扩大救援力量输送范围、调剂力量配置,从而能够根据救援工作的需要及时优化整个救援系统的资源配置。为了充分实现网络效应,就有必要推动垄断经营或直接由政府提供服务。美国的实践也证明相关机构垄断经营是非常有必要的,如美国的航空医疗服务非常发达,但较大的公司只有5个,如AM公司就拥有50架专用的直升机和固定翼飞机,分布在全国24个基地,构建了自己的服务网络,对于提升救援效果非常有效。

(四)公益性特点

私域救援也具有明显的公益性特点,不能像市场中的竞争性企业那样完全以追求利润为目标,而应该以提供一种公益服务为目标。[①] 与公共安全、公共卫生、公共教育等事业一样,都具有独家垄断的市场结构,必须由政府或政府委托的企业垄断区域市场,正如约翰·穆勒指出的,"凡是对公众具有真正重要意义的事业,如果大规模经营才有利可图,以致几乎不允许自由竞争,那么维持几套昂贵的设施来向社会提供这种服务,就是对公共资源的一种不经济的分配"。[②] 一般而言,随着生产规模不断扩大,单位商品边际成本不断降低。当趋向于只有一个垄断性供应者时,则竞争的优越性将无从体现。作为一种服务,随着私域危机救援次数的增多,单次服务边际成

---

① 赵建国:《政府经济学》,东北财经大学出版社2014年版,第69页。
② [英]约翰·穆勒:《政治经济学原理及其在社会哲学上的若干应用》(上卷),赵荣潜译,商务印书馆2009年版,第169页。

本也会逐步下降,垄断经营的优势会逐步显现出来。尽管现在被视为完全自然垄断的行业或部门已经很少了,但自然垄断的存在仍为某种形式的政府干预甚至国有化提供了理论依据。当然,政府提供私域危机救援具有经济性并不意味着应该由政府直接提供相关服务,以政府购买服务或非营利机构组织实施的方式实现也是一种较好的实现路径。如欧洲最大的平民空中救助联盟——德国空中救援(DRF)就是一种非营利组织,服务范围包括了德国、奥地利和意大利,拥有超过 300 架直升机和 42 个 HEMS(直升机紧急呼叫服务)基地,但其资金中的 25% 来自捐献。又如瑞士航空救援服务队(Rega)致力于为瑞士全境提供空中医疗救护,其三分之二的经费来自于红十字会的会费。[①]

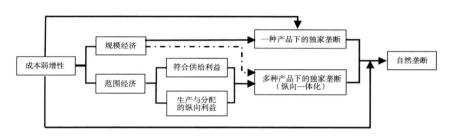

图 2-2　私域救援市场的自然垄断机理

三、基于成本—收益分析认识

　　成本—收益分析法是市场主体进行决策采用的最基本的方法,即通过比较投入和收益而决定是否从事某个行业。成本—收益分析基于人的自利性假设,认为从事经济活动的主体总是力图用最小的成本获取最大的收益,相反,如果收益不能抵消投入成本,市场主体就不愿意从事相关的经济活动了。如果某个完全竞争市场中所有的企业都难以获得利润,就会造成供给萎缩,难以满足市场需求。此时,就需要政府予以干预或者直接提供相关产

―――――――――――

　　① 《直升机救援该不该收费?》,《中国新闻周刊》2012 年 1 月 16 日,见 http://news.163. com/12/0106/11/7N362TE600012Q9L.html。

品和服务。基于成本—收益分析,营利性机构从事私域救援的风险较大,而政府私域救援能够有效解决因市场主体发展不足带来的风险问题。

(一)成本—收益不对等

成本—收益的不对等是目前市场主体不愿意从事私域救援的重要原因之一。一方面,资本刚性沉淀提高了从事私域救援的机会成本。另一方面,从事私域救援的实际成本较高,但目前我国还没有此类的收费标准,无法实现利益目标。私域救援专业性强、危险性高、劳动强度大,应属于高风险、高盈利的行业,但实际上目前从事私域救援工作绝大多数是不收费,即使收费也仅仅是收取成本费用,盈利无从谈起。以浙江台州郭文标的实践为例。2000 年后,郭文标开始做专业的海上救援工作,拥有 4 艘款式各异的救援船只,一年单柴油费就要 50 多万元,加上其他费用各项救援开支超过 100 万元,由于救援工作不收钱,所有投入均靠家庭收入和政府少量的补贴。[①]但即使他的工作是营利性的,他的收益也不抵成本。从 1981 年到 2010 年,郭文标已经救了 329 名落水人员,按照平均每名被救人员支付 10 万元计算,年收入将达到 3290 万元,但实际上每年仅有 100 多万元,仅仅够支付成本。[②] 因而,在实践中,绝大多数由政府部门牵头负责救援工作。

(二)收益十分不稳定

稳定的收益来自于稳定的市场需求,但私域危机救援的需求却并不具有稳定性,即私域危机的发生概率并不具有统计上的稳定性,一方面,由于需求的不稳定性、不可预测性,企业的收益无法保证;另一方面,维持企业运转的成本居高不下,很难以稳定的收益弥补企业投入。以大理苍山景区的实践为例。2007—2015 年 7 月间,平均每个月搜救任务不到 1 次,2007 年搜救任务最少,每两个月不到 1 次;2012 年搜救任务最多,每个月也不到 2

---

① 陈栋:《一年自掏腰包上百万　民间救援能走多远》,2010 年 8 月 14 日,见 http://news.qq.com/a/20100814/000208.htm。

② 这种估算并不科学,只是为了说明问题。

次。但每次搜救任务中投入的人员约 100 人（仅包括直接参与一线搜救的人员），每次搜救持续时间约 3 天,2010 年平均每次搜救时间超过 5 天。如果这些搜救由一个企业负责,这个企业的职工规模必须超过 100 人（包括非搜救人员）,按照 2015 年全国月平均工资 4500 元左右①计算,该企业每月支付的人员工资就达 45 万元,这还不算交通工具、救援设备、燃油、电力、培训等其他投入。按照每次搜救人员 3 人计算,平均每人支付搜救费用 10 万元②,每次收入仅 30 万元,连人员工资都无法抵消。如果这些搜救由多个企业负责,每个企业的运营成本基本不变,但每个企业的搜集任务数量将会大大减少,收益就更少,企业更难生存。

（三）市场无法扩大

私域救援与其他产品或服务十分不同。对于其他产品或服务而言,政府会千方百计鼓励、引导、支持企业创造需求、开拓市场,扩大其经济和社会效应。但私域救援则完全不同,政府及企业总是想方设法避免危机发生:加强教育,提高公民的危机防范意识,从根本上减少危机的发生;加强高风险区域的危险防范,降低危机发生的可能性;禁止某些可能会发生危机的活动,避免出现私域危机,等等。政府行为的悖论——在鼓励企业开展私域救援的同时又积极避免和阻止私域危机发生,无疑会降低私域危机发生的概率,在此背景下,私域救援的市场非常有限,甚至是逐步萎缩的,营利性机构从事私域危机救援的经营风险会大大增加。

四、基于交易费用理论的认识

交易费用也叫交易成本,一般是指为促成交易而发生的费用。交易费用是影响产品和服务供给主体选择的重要因素,对于供给方而言,如果交易

---

① 国家统计局对一套表联网直报平台 16 个行业门类的 93 万多家企业法人单位调查显示,2015 年全部一套表平台被调查单位就业人员年平均工资为 53615 元。
② 目前没有收费标准,这里仅仅是以就业人员年平均工资的两倍为标准假设。

费用过高,就会极大地增加经营成本,增加了投资风险,就有可能会退出市场竞争;对于需求方而言,如果交易费用过高,就有可能放弃某种需求。就处于私域危机中的人们而言,如果交易成本过高,可能会导致人们不能及时得到救援或放弃救援。政府主导私域危机救援,能够极大地提高沟通的效率,减少交易费用和其他风险。

(一)信息搜寻成本

信息搜寻费用包括两个方面,从供给方来说,需要搜寻产品和服务需求者的信息,生产能够满足市场需要的产品和服务,并尽量将供给信息传达给需求者;从需求方来说,需要搜集产品供给者的所有信息,并通过比对产品和服务的质量、价格从而做出决策。搜集这些信息的成本会对需求和供给双方的决策产生重要影响。当一个人身处险境而想寻求帮助时,必须在极短的时间里搜寻愿意给他帮助的救援机构,这种搜寻的过程会产生相应的成本。这个成本不是物质成本,而是一种时间上的成本,对于需要被救的人而言,获取信息的时间越长风险越大,如果遇险的人无法在第一时间获得搜救机构的信息,可能会丧失生还机会。相反,在面对危机时,当事人找政府所费时间最短,使信息搜寻成本最低。对于危机救援机构而言搜集信息的成本也非常高,面对受众非常多,信息搜集成本边际递减;但危机救援机构服务对象则极其小众、极其有限,辨别消费者及服务宣传的成本非常高,且不存在成本边际递减。然而,如果不进行宣传,一方面企业无法开拓市场,另一方面消费者又无法获得企业的信息,无法形成市场竞争。

(二)谈判成本

谈判成本即供需双方就合作进行谈判和协商所付出的费用。正常的情况下,谈判成本包括信息搜集费用、顾问费用、内部管理费用、法律咨询费用等,此外,还包括时间成本。谈判的成本与合约的复杂程度以及市场竞争的激烈程度有关,特别在信息不对称的情况下,谈判的成本还会大幅度增加。私域救援中搜救机构与被搜救者之间存在严重的信息不对称,双方对于救援服务的价格很难达成一致:一方面,由于危机的不可预测性,企业无法预料需要投入的成本;另一方面,在危及生命的情况下,当事人在价格博弈过程中处于弱势,可能会接受企业提出的一切要求,从而损害自己的合法利益。

(三)履约成本

履约成本包括监督成本和避免消费者退出契约所发生的费用等一系列成本,其中,监督成本是指监督供给方按照约定价格、期限和标准提供产品和服务而产生的费用。[①] 对于求救者而言,这种监督非常必要,如果合约得不到有效的实施,救援机构可能会面临严峻的惩罚,而当事人自己却可能面临灭顶之灾,无法补救。对于救援机构而言,避免求救者退出则更为重要,这里的"退出"不仅仅是指求救者拒绝救援,而且包括救援结束后求救者拒绝按合同付款的风险。由于危机救援的价值不确定,如果没有权威机构作为支持,服务收费十分困难。无论是确认救援成本还是确定救援工作的价值,双方都要进行二次协商,且很难达成一致,对于企业而言,需要付出巨大的成本,甚至面对违约的风险。因此,从交易费用的角度来看,在相关制度不健全、相关沟通渠道不畅通的情况下,营利性机构不愿意进入危机救援市场,遇险的人也不愿意向营利性机构求助。

五、基于信息不对称理论的认识

信息不对称也称信息不完全,是指交易双方所掌握的信息在数量和质量上存在差异,即一方拥有另一方不拥有的信息。信息不对称是一种普遍的、长期存在的社会现象。在经济活动中,信息不对称一直被视为市场失灵的表现之一,如果双方获得的信息不一致,则市场无法达到最佳。在面对私域危机时,由于救援者和被救者之间的信息不对称,特别是救援者拥有绝对

---

① 王磊:《公共产品供给主体选择——基于交易费用经济学的理论分析框架及在中国的应用》,《财贸经济》2007 年第 8 期,第 54—61 页。

的信息优势,为追求利润最大化,救援者可能会采取机会主义的态度,用不诚实甚至非法的手段来损害被救援者的权益,长此以往,求救者会逐渐丧失对救援者的信任,导致私域救援服务的市场供给不足,即市场失灵。

(一)逆向选择

逆向选择也称不利选择,本意是指产品和服务生产者利用自己了解自己产品和信息的优势故意隐藏其中对自己不利的信息,甚至有意向消费者提供虚假信息。由于消费者对生产者信息的依赖性,虚假产品和服务信息的接受会导致其他生产者仿效,最终会造成产品平均质量下降,优质产品被排斥出市场。在私域危机救援中,被救者对救援者的信息依赖更为突出,有可能的是,救援者会可能会因被救者的紧急处境而更容易隐藏自身更多的信息,既可能使被救者处于更不利的地位,也可能对市场产生一种错误引导,让更多的人接纳错误的标准和措施;另一方面,被救者也有可能会隐藏自身面临的风险,努力以较低的代价获得优质的服务。由于市场自身无法矫正这些问题,久而久之会导致劣币驱逐良币,甚至导致双方信任崩溃,使得私域危机救援的市场可能无法存在。

(二)道德风险

道德风险也称道德公害或道德危机,指的是指信息优势方在实现自身利益最大化的同时损害信息劣势方利益的行为。由于不对称信息和不完全的合同使负有责任的经济行为者不能承担全部损失或利益,因而他们不承担他们行动的全部后果,这引起各方的利益冲突,破坏了市场均衡或者导致市场均衡的低效率,导致市场低效益[①]。在私域救援中,道德风险主要包括三个方面:一是救援者利用信息不对称,使被救者在信息不足的情况接受救援服务;二是救援者利用信息优势单方面制定格式合同,并利用专业术语或烦琐规定,令被救者难以理解其权利和义务;三是救援者利用自己的有利地

---

① 闻德锋:《论信息不对称的经济法规制》,《河南师范大学学报(哲学社会科学版)》2004年第4期,第59—63页。

位以及被救者在短时间内无选择余地而无法关心合同内容的心理,在合同中规避自己的责任,或只强调消费者的义务,而模糊其权利,从而破坏市场的均衡。

(三)信号失灵

信号失灵是指反映产品或服务属性的符号不能正确反映其本身的信息。劣质产品和服务的生产者不希望消费者发现产品之间的差别,可能会故意制造混乱,使消费者获得虚假消息,扰乱消费者的选择,混淆不同质量产品之间的差异,导致信号失灵。在完全竞争的市场中,从事危机救援的企业也会产生质量上的分化,也会出现信号失灵,给消费者传递错误的信息,使消费者置于更严重的信息不对称地位,不仅侵害消费者的知情权,误导消费者的判断,[①]而且有可能会造成更加严重的后果。

第二节　政治学理论基础

国家与公民的关系是政治学的基本问题之一,国家始终被视为公民利益的保障之一。在现代政治学看来,人们之所以愿意接受某种权威的支配和约束,是要求这种权威能够履行保护自己的责任,及时获得国家有效帮助以使自己度过困厄应是一种可以证成的权利。政府私域救援是特殊条件下国家与公民关系的体现,是国家履行其保护公民的职责和义务的一种实践,反映了国家的基本职责和治理理念。

一、基于马克思主义国家学说的认识

我国是一个人民民主专政国家,政府私域救援是无产阶级国家治理的

---

① 董成惠:《从信息不对称看消费者知情权》,《海南大学学报(人文社会科学版)》2006 年第 1 期,第 42—47 页。

具体实践之一,反映了国家的阶级特征和基本宗旨,体现了马克思主义国家学说的核心价值观。

(一)国家属性决定论

国家属性即国体,指的是"国家的阶级性质和阶级内容,也就是指社会各阶级在国家中的地位,亦即国家政权掌握在哪个阶级手中,哪个阶级居于统治地位,联合哪些阶级去统治哪些阶级。国体体现着国家的阶级本质和内涵"①。我国是社会主义国家,人民民主专政是无产阶级专政的中国实践,体现了社会主义国家政权的性质和内容,而且实现了国家权力的具体化。人民民主专政在继承无产阶级专政核心主张的同时,更加强调国家的一切权力属于人民,坚持通过对极少数人实行专政而保护绝大多数人的利益,体现了社会主义民主的广泛性和真实性,实现了民主与专政的辩证统一。私域危机是一种危害人民群众根本利益的状态,可能会削弱国家维护广大人民群众的最广泛利益的努力。政府私域救援,符合社会主义国家的本质属性要求,反映了"发展为了人民、发展依靠人民、发展成果由人民共享"的国家发展理念,符合"实现好、维护好、发展好最广大人民的根本利益"的工作出发点和落脚点要求。

(二)国家宗旨决定论

国家宗旨指的国家的价值观念。全心全意为人民服务宗旨要求党和政府"必须坚持把人民的根本利益作为出发点和归宿……使人民群众不断获得切实的经济、政治、文化利益"②,做到权为民所用、情为民所系、利为民所谋③。但全心全意为人民服务应落实在行动上,要将维护广大人民群众的根本利益与关心群众具体利益统一起来,尤其要关注解决人民群众的现实

---

① 李铁映:《国体和政体问题》,《政治学研究》2004年第2期,第1—6页。
② 《江泽民文选》(第三卷),人民出版社2006年版,第279页。
③ 胡锦涛:《高举中国特色社会主义伟大旗帜 为夺取全面建设小康社会新胜利而奋斗——在中国共产党第十七次全国代表大会上的报告》,人民出版社2007年版。

的、具体的困难。① 只有统筹好整体和局部的关系,通过解决好一个个局部的、具体的、实际的困难,维护好群众局部的权利,给人民以看得见的利益,才能使国家宗旨落到实处。私域危机是人民群众实实在在面对的特殊困难之一,政府无法也不应视而不见。政府私域救援是全心全意为人民服务宗旨的具体体现,是关心解决人民群众具体困难的具体举措之一。如果对私域危机视而不见,就会引起人民群众对党和国家宗旨的怀疑,会被视为对人民的脱离、对人民的背叛,全心全意就变成三心二意、半心半意、假心假意甚至无心无意。

(三)历史阶段决定论

马克思主义认为,国家的职能是历史性的、阶段性的。进入社会主义社会后,我国社会的主要矛盾发生了根本转变,人民群众对物质与精神的迫切需求成为国家必须认真面对的挑战,国家更应该有管理社会的职能,且不能以国家的镇压职能代替管理职能。② 当前,我国正处于社会主义初级阶段,这一阶段决定了国家必须把服务人民群众作为重要的任务来抓。从社会主义初级阶段的主要矛盾来看,在社会生产还没有高度发达、个人还未能得到全面发展的背景下,国家有义务对个人的需求提供帮助,对个人的不当行为进行干预,以使个人需求与社会现实之间的矛盾不至于激化。从个人的角度来看,人的全面发展也是一个历史过程,是受多方面因素制约的,不是短期内能够实现的。人的不完全发展和生产力发展有直接关系,造成私域危机的人的心智问题实际上是社会生产力发展不充分的结果,这种结果需要国家的干预,以纠正这种结果带来的各种风险。在社会主义初级阶段,社会生产力的发展是不充分的,一方面,社会无法为人的全面发展提供良好的环境;另一方面,人们也不会自觉地为创造一个有利于人的全面发展的环境而努力,在此情况下要求人们成为一种完满的人是不公平的,是违背历史和社

---

① 宗寒:《全心全意为人民服务的宗旨与社会主义核心价值观》,《学习论坛》2013年第4期,第5—7页。

② 邹永贤:《马克思主义国家学说概论》,厦门大学出版社1990年版,第68—70页。

会发展规律的。私域危机应被视为前共产主义时期的普遍现象,在社会主义初级阶段人的境界得到了极大的提高,但仍然受这一规律制约,因而,不能单纯地将私域危机归为个人的原因,相反,这是社会发展规律性的结果,符合社会从低向高发展的规律,只有等到生产力充分发展了,这一现象才能根除。因此,政府私域救援并不是某种法律、伦理或习惯的要求,也不完全是政治的需要,而是顺应历史发展规律的内在需求。

(四)人民内部矛盾论

人民内部矛盾是根本利益相同的人民之间的矛盾,具有非对抗性特征。围绕政府私域危机救援展开的一切争论的根源在于公共利益与个体利益的矛盾,但这种矛盾本质上是非对抗的,是人民内部的矛盾。私域危机本质上也属于人民内部矛盾的范畴,是随着社会生产力发展水平进一步提高、人的价值观不断多元化而出现的一种特殊的、紧急的社会现象,是多层次、多领域、多类型的社会问题的一种。私域危机引发的冲突包括了宏观目标与微观目标、长远利益与眼前利益、集体利益与个人利益的冲突三个层次,其焦点是成本承担问题,最根本的是物质和经济的利益,但这种矛盾并不是根本性的、政治性的问题,不会引发大规模的社会冲突。解决私域危机并没有统一的模式,而是要根据不同性质的矛盾用不同的办法。政府私域救援是处理人民内部矛盾问题的重要方法之一,是落实"统筹兼顾、适当安排"方针具体做法之一,能够妥善处理群众的眼前利益和长远利益的关系、兼顾了不同阶层和不同方面群众的利益、维护了群众的多种利益,[①]在实现满足绝大多数人的共同利益的基础上,适应了利益、价值、行为多元化的趋势,保障了个性化的利益需求。进一步说,政府私域救援是化解社会矛盾,保障社会和谐,正确把握最广大人民的根本利益、现阶段群众的共同利益和不同群体的特殊利益的关系的重要举措之一。政府私域救援为充分释放社会创造能量提供了有力的政治保障,有利于人民群众获得更多的安全感,从而引导和促

---

① 丁俊萍等:《中国化的马克思主义概论》,武汉大学出版社 2003 年版,第 341—143 页。

使广大社会成员充分发挥主观能动性,充分发挥建设中国特色社会主义的积极性、主动性和创造性,以自己的智慧和胆识开创新业。政府私域救援属于上层建筑的行为,为维护人民群众创造社会财富的主体地位、充分释放社会创造能量提供了政治保障,①反映了国家的属性,落实了全心全意为人民服务的宗旨。

二、基于西方政治理论的认识

关于现代国家职能的研究,西方政治学说的成果更多,提出的意见建议更具有操作性。无论是哪种政治理论,其核心问题都是围绕国家与公民之间的关系展开,并认为二者的关系决定了国家的属性和国家的职能,讨论的重点始终是国家是否应该干预私域生活、能够在多大程度上介入私域生活,其中,自由主义始终强调私人生活的至高无上的地位,社会主义则强调集体利益的优先性,保守主义总体上也主张私人利益的根本性,但在公私关系上则并没有特别的、倾向性的主张。除此之外,还有一种现实主义的主张,认为在风险社会,将隐私公开就成为一种保险。② 各种主张对政府私域救援的合理性都有较强的解释力。

(一)自由主义

自由主义是西方政治生活中长期居主导地位、传播最广、影响最大的政治思潮。传统的自由主义,强调个人理性能力和天赋权利,尊崇个人主义和多元主义,主张个人自由的优先性和基础性,反对政府对个人自由的干预。但即便最原始的自由主义也并不完全排斥国家或社会选择对个人选择的影响,特别是格林提出"积极自由"后,国家被描述为一种道德的化身,拥有向善的力量。国家的利益与个人利益具有高度一致性,根据道德的要求,个人应该服从国家权力,而国家也应该将个人权利的完善作为自己的宗旨,摒弃

---

① 黄亮宜:《马克思主义国家理论与当代中国》,河南人民出版社 2011 年版,第 70—72 页。
② [日]佐佐木毅等:《欧美的公与私》,林美茂等译,人民出版社 2009 年版,第 186 页。

传统的"最好的政府是管理最少的政府"等消极的国家观念的原则,扩大国家干预经济和社会生活的作用,为个人自由发展创造条件,维护和扩大公民权利,使个人得到更充分的发展,使自由得到更切实的保障,同时,要注重积极解决各种社会问题,以求减少人民对国家的不满。① 私域危机是过度使用个人自由而引发的紧急状态,根据传统自由主义的理论,私人领域责任自担,政府不应该进行干预。然而,根据新自由主义的观点,社会是个有机的整体,个人权利依靠国家的认可和维护,个人权利的完善有赖于社会的发展与进步。作为高居于一切个人之上的国家,作为一个伦理产物的有机体,应该把个人自由与公共利益、个人自由与社会统一起来,扩大国家的积极作用,主动对私域行为进行引导,并对私域危机进行干预,真正完善个人自由。

(二)保守主义

保守主义本质上是对自由主义的一种被动回应,并没有明确的政治主张,也不能被称之为一种意识形态。但保守主义有明确的思想方式和行动原则,如追求社会的平稳连续性、尊重传统和权威、强调责任和自由等。② 保守主义认为人的本性总有不完善性,造成了人的知识的局限性,这种局限性决定了人的行为不完善性和非理性。③ 在保守主义看来,人的行为的多样性和不完美性是必然的。与此同时,保守主义认为人类是独立的存在而非是孤立的存在,独立存在于共同体中的个体既受普遍意志④的支配,又受自然因果性关系规定或支配的私人意志的影响,后者会使个体面临着违背普遍意志的危险。为此需要建立一种建立在普遍意志基础上的权威,以更好地维护普遍意志。国家本质上是一个道德共同体,应该负有基于人类自由意志的伦理价值使命,应该"更好地维护和捍卫每个个体的自由与安全"⑤,而不应该是一个价值中立的机构。根据保守主义的理论,私域危机

---

① 邵鹏:《西方政治思想》,西方知识产权出版社 2008 年版,第 15—18 页。
② 邵鹏:《西方政治思想》,西方知识产权出版社 2008 年版,第 51—52 页。
③ 刘军宁:《保守主义》,天津人民出版社 2007 年版,第 17—18 页。
④ 这个普遍意志是最高的道德律,即善高于权利,为恶不是人的权利。
⑤ 黄裕生:《论保守主义的原则及其理论难题》,《学术前沿》2014 年 15 期,第 6—31 页。

可以被视为人性不完善的必然结果,虽然独立的个体受到普遍意志的制约,但受自然因果规律和私人意志的影响,个体的行为与普遍意志的要求并不完全是一致的。政府私域救援是伦理共同体履行其契约义务的重要内容,正是由于伦理共同体的保障,独立的个体才能够真正独自按照自己的普遍意志去决断自己的生活与行动,才能确保普遍意志在每个人身上实现,才能使国家成为真正建立在相互理解、相互承认、相互尊重、相互友爱、相互信任这些基本的相互性原则上的伦理共同体。

(三)社会民主主义

社会民主主义也称民主社会主义,以"人"为出发点和归宿,即"以抽象的人为中心,以自由、公正、团结为基本价值观,追求一种伦理道德的完善"[①]。作为一种改良的社会思潮,社会民主主义非常强调团结互助的价值观,即"一种普遍性的人类友爱,表现为社会成员同舟共济、团结友爱"[②]。团结互助的价值观要求每个人都希望别人得到自由;要求整个社会为陷于困境的个人承担责任,反对完全由个人承担基本的生活风险;互助要求不应以国境为限;互助要求我们同我们之后的世代实行互助。在社会利益分化加剧、具体利益的差异性增大的前提下,提倡团结互助精神,达到最大限度地消除不和谐因素,最大限度地增加和谐因素,具有重要的积极意义。[③] 社会民主主义高度重视个人的自由,但承认由于各人的天赋不一样,个人自由的充分发展会导致个体之间发展的极端不平衡,不仅会带来社会关系的冷漠,而且会导致道德上的"社会达尔文主义",破坏社会公正。因此,和保守主义一样,社会民主主义也十分强调国家在维护社会道德方面的重要意义,将国家视为一种超阶级的存在、一种绝对的道德存在。私域危机是个人自由的副产品,但这并不意味着个人应该独立面对这个困境,因为只要团结互

---

① 余文烈:《当代国外社会主义流派》,安徽人民出版社 2000 年版,第 131 页。
② 张惟英:《社会民主主义的基本价值观》,《团结》2002 年第 3 期,第 46 页。
③ 徐志达:《社会民主主义的时代精神观评析:改良的资本主义》,《南昌航空大学学报(社会科学版)》2010 年第 3 期,第 48—52 页。

助才能实现一种普遍性的人类友爱,实现社会成员的同舟共济、团结友爱,避免因个人主义而导致的市场的"弱肉强食"特性。政府私域救援就是团结互助精神的体现,体现了友爱共济的伦理要求,对培育健全的、对社会有利的公民社会等具有重要意义。

(四)社群主义

社群主义也被称为社区主义或共同体主义,是在批判新自由主义中形成的一种政治思潮。社群主义是基于人类是天生的合群的社会动物这样一种假设,认为个人必须依靠某个拥有共同价值、规范和目标的共同体才能生存。[①] 所谓的共同体就是社群,是一个具有共同价值目标、相互之间具有认同感和归属感的人的有机整体,被视为具有最高的价值。任何个人的美德意识和善恶观念的形成绝不可能是一个完全自发的过程,在这一过程当中除了个人自我的体会与感悟之外,更为重要的是各种社会力量对其进行的引导和纠正,只有如此我们才能够在这一互动过程当中逐渐明白善恶价值。国家被社群主义视为至高至善的社群,是人类合群性的这一本质属性的产物,在公民的美德和善行的形成过程中具有无可替代的作用,不仅不应是价值中立的,而且应该主动在道德问题上负起责任。国家不仅应该消极地保护个人的自由和利益,还主张国家应该积极主动地进行作为,为其公民提供更多的公共利益。根据社群主义的观点,人的美德并不是天生和自发产生的,而是在社群的引导下形成的,通过国家教育而获得的,如果把人的理性、能力、性格等都纳入善的范畴,可以得出这样的推论:人的不完善既有个人的因素也有社群的责任。无论是将私域危机视为公民面临的物质及生命的危机,还是视其为道德和价值方面的困境,最终都是一种人的不完善的结果,这种不完善并不能仅仅归责于个人,作为负有道德教化的共同体——国家也负有不可推卸的责任。因此,政府私域救援本质上是国家对自己道德教化不足的一种补救,是一种纠错机制,是国家本质属性的要求。此外,根

---

① 许耀桐:《西方政治学史》,外语教学与研究出版社 2009 年版,第 330 页。

据社群主义的观点,政府私域救援是遏制个人主义过分发展带来的消极影响、纠正人与人之间关系冷淡、感情淡漠的重要手段,也是处理当代社会中所有重大的社会道德问题和法律问题,缓解各种新型的社会矛盾,促进社会和谐有序的发展的内在要求。

(五)政治合法性理论

作为现代政治分析的一个关键术语,指的是统治者和被统治者对某种价值的一致性认同和自觉服从,关注的是"社会政治秩序何以持久"[①]的问题。政治合法性意味着某种政治秩序存在着被认可的价值,国家统治只有得到广大的社会民众的认同和满意才具有正当性,否则就难以保证大众对其服从,造成统治的危机即合法性危机。由于完美的政府只是一种理想存在,现实中的政府无法提供完美无缺的政策,也无法让每一位社会成员都能获得其想要的支持。如此,相对剥夺感就会产生,就会伤害政治合法性。政府私域救援是调整社会相对剥夺感的重要手段,也是政府证明其合法性的重要途径之一:一是可以证明政府对生命至上这一人类基本价值的认同和维护。引导人们对共同的社会价值观念的认同,使人们相信现有国家才是实现权力与权利的价值统一的保障,从而使国家获得人民的公意的支持,使得合法性得到美德、正义等规范性价值的证明。二是可以展示意识形态的正确性、科学性。通过具体实在的社会服务活动展现意识形态的精神力量。三是可以赢得社会成员对政治体系善意的情感维系。合法性意味着情感的认同和依靠,带有很强烈的感情色彩,政府私域救援能够极大地增强其统治的道义性基础,增强政府的魅力,赢得大众的追随、支持和忠诚。四是更好地夯实政府统治的有效性基础。有效性即"善治",有效的政府私域救援能够充分展示政治统治的效率、业绩,强化民众对政府执政理念、能力、目标等的认同。

---

① 毛寿龙:《政治社会学》,中国社会科学出版社 2001 年版,第 60 页。

三、基于公共管理学理论的认识

政府私域危机救援与新公共管理理论的基本观点是相左的。新公共管理是新自由主义思想在公共管理领域的演变,认为政府的本质应该是价值中立的,其核心价值追求是效率,甚至应该采取私营机构的标准对其绩效进行衡量。根据这一理论,政府私域救援不仅经济和社会效应都非常有限,而且会造成公共资源滥用,影响公共利益。但无论如何,效率不是政府的全部价值,甚至不是最重要的价值,相反政府应该重视人而非仅仅是效率,应该更尊崇奉献精神而非企业家精神。

(一)服务型政府

服务型政府是与管制型政府相对的一个概念,指的是以服务社会和公民为宗旨的政府模式。服务型政府承认社会需求的多样性,主张政府的职能是服务个人的目标而不是相反,并认为传统的以提供标准化、普遍化的服务为目标的政府行为不再合适,相反,政府应该提高服务的针对性,一方面要坚持一切从人民群众的根本利益和现实需求出发,另一方面由于每一个人都是不同的个体,各自对政府与市场的需求的程度和范围不同,从政府和市场获得服务的能力在程度和范围上也是不同的。[①] 我国正处于社会转型的关键时期,随着利益格局的调整,人的价值观也越来越多元化,人们之间的行为差距、能力差距也越来越不一致。与此同时,由于公共资源的分配越来越不均衡,在一定程度上加强了人的价值观的不一致性。因此,要求每个人的行为整齐划一既是不可能的,也是不科学的,更是不应该的。政府私域救援就是政府通过资源的定向分配,纠正公共资源分配不公以及因价值观不同而造成的生存境遇问题及突发状况的重要手段,通过重新分配社会价值,协调个体与群体之间利益冲突,通过恢复私域秩序从而稳定公共秩序。

---

① 袁国敏:《中国民生保障评估与对策研究》,中国经济出版社 2014 年版,第 226 页。

（二）责任政府

责任政府指的是政府必须积极主动地为实现人民的利益,并对其治理行为后果负责。责任政府是建立在人民主权论和委托—代理理论基础上的行政实践,要求政府必须回应社会和民众的基本要求,通过公共权力的运用实现权益的共享并按照公平正义的原则调节人们之间的权益分配。由此,可视政府私域救援分别通过实施补偿原则和差别原则来维护社会正义。一方面,政府私域救援承认市场也不可能让所有的人获得力量,需要政府通过宏观调节甚至微观的针对性的帮助以帮助少数市场竞争中的不利者,这种帮助被视为因市场竞争而丧失的公民利益和权利的补偿,让公民"各得其所",实现分配公平。另一方面,责任政府承认人与人的竞争过程中的起点不平等,市场机制不能克服甚至会放纵这种不平等,无差别的公共服务看似公平但实际上加剧了这种不平等,社会正义并不能通过平均分配公共资源而实现,相反,应该根据每个个体境遇给予不同的帮助,通过差别化的服务纠正起点不公与市场失灵等问题。比较而言,补偿原则关注的是解决市场失灵的问题,力争通过微调解决社会公平问题;差别原则倾向于如何更大地发挥政府调节的功能,努力通过提升公共资源配置效率来促进公平正义。总体来看,以差别原则作为收入再分配原则比补偿原则走得更远。因此,政府私域救援是建设一个负责任政府的重要内容,是克服个人偏好和情感驱动带来的社会挑战的重要举措,最根本的目的是要实现社会公平。

第三节　法学理论基础

根据私法自治原则,在私域之内私法主体拥有绝对自由,他人不得干涉,但私法主体也必须为自己行使自由权利的结果负责。私法主体需要负责的既包括好的结果,也包括坏的影响,即超出预期的负面的结果。根据这一原则,政府应该尊重私法主体的自由选择,任何善意或恶意的干预行为都可能会损害私法自治原则。但在私域危机背景下,上述原则并不适用。虽然私域行为是私法主体自由表达的结果,由此引致的危机也不可归咎于国家或社会,但国家是仍然有必然的救援责任,同时,处于私域危机中的人也拥有要求政府组织力量对其进行救援的权利。

一、基于生命权的理解

生命是社会的终极价值,也是各种权利的基础和最终载体。对生命的关爱和尊重,是社会进步和文明的重要表现,也是现代社会的共同价值理念。生命权是人权最核心的内容和基础,也是人之所以为人的法律前提。作为最重要的一项人权,生命权决定了私域危机的当事人,有权利向政府提出救援的请求,即便责任在其本人。

(一)生命权的基本内涵及特征

简而言之,生命权就是人活着的权利,具体是指"自然人以维持其生命延续为内容,以生命利益为客体的权利,也就是每个人的生命都平等地受法律保护,不容任何组织或个人非法剥夺的权利"[①]。生命权是一种与生俱来的权利,体现人类的尊严和价值,权利的主客体均是自然人自身,具有至高无上性、平等性、优先性、不可克减性、不可衡量性等特征。此外,生命权还是一种道德意义上的权利,不考虑当事人所处的具体的制度环境和物质条件,仅以人性为依据。生命权具体可以分为生命存续权、生命维护权和有限的生命利益支配权三项具体权利,其中,生命存续权指的是自然人有权享有生命、保持生命的延续,是自然人维护生命权的法理基础;生命维护权指的是依法规避或抵御威胁生命存续的情况的权利,包括消极的维护权以及积极的防卫权,即在生命安全受到威胁时,当事人有权依法排除各种危害,确保自己生命存续;而有限的生命利益支配权是指人的生命并不是由自己决

---

① 丁宁:《关于生命权入宪的法律思考》,《东南大学学报(哲学社会科学版)》2006 年第 8 期(增刊),第 118—120 页。

定的,即便当事人的自由意志或其他人的理性判断均不能剥夺,生命利益支配是受国家严格的法律所决定的。原因在于,生命是自由和尊严的唯一载体,如果允许权力或自由意志对这一载体任意处置,不仅会引起自由和尊严的消亡,而且会摧毁人类发展的原始动力,对整个社会造成根本性的伤害。

(二)私域危机中的生命权

私域危机仅仅是人的生存境遇中的一种特殊状态,这种危急情境并不会影响生命权的绝对性,即任何境遇不影响一个人要求活下去的权利。首先,私域危机的各种情境不能改变生命权的至高无上性和普遍的道德属性,相反,危机情境下生命的弥足珍贵的特性表现得更为突出,也更能够彰显法律的人本价值,为各种危机管理和应急救援活动提供了直接的价值依据。其次,私法自治和成本—收益分析法的前提是能够实现人的自由和发展。私域危机中,自由和发展的前提和载体——生命——受到威胁,私法自治和成本分析标准便不再具有合法效力,否则法律便偏离了保护自由、促进发展的宗旨。再次,生命权的道德属性,决定了生命权不可克减的原则不仅适用于正常的社会生活而且适用于特殊的社会情境,不仅适用于普通公众而且适用于危机当事人——触发危机的人,即便逾越了生活常轨的人也同样享有生命权。更重要的是,要将私域危机与其他的类型的突发事件区分开,私域危机是使当事人自身深陷困境的一种特殊危机,不直接危及其他人的生命财产,因而不能以刑事犯罪视之。最后,生命权包括积极的生命维护权,既强调政府以及其他人积极救助的责任和义务,也包括当事人合法地采取各类措施以使自己生命得以存续的权利。陷入私域危机中的人仍然拥有积极的生命维护权,要求政府提供救援是合理合法的,即便是面对自杀,也不能成为国家和社会忽视生命或削减生命价值的理由。

(三)维护私域危机中生命权的重要意义

强调私域危机中当事人的生命权,不仅在于生命权具有至高无上性,而且在于救援本身就具有重要的意义。首先,有助于提高整个社会对生命的重视程度。生命是人的最根本最核心的利益,也是一切权利的本源和归宿。人的生命权得不到维护或维护生命权的权利被剥夺,其他一切权利就无法得到保障。其次,有助于完善以生命为核心的法律体系,避免因法律关于维护生命权的规定的缺乏而造成不必要的混乱、损失和遗憾,甚至对生命的漠视。最后,有利于构建以维护生命为核心、充满人性的社会文化,进一步改变不尊重生命权的思想观念和文化传统,使有尊严的生命权和脆弱的生命在法治社会里得到维护。

二、基于救济权的理解

权利不仅仅是一种制度存在,而且是一种实践过程,且实践总是一个反复的过程。生命权实际是观念、规范和保护机制三者的统一,其实践过程实际上是保护机制推动行为和制度不断与观念对标的过程。可以说,没有保护或救济,生命权就是不完善、不完美的,也是无法实现的。救济权因而成为私域危机中当事人的权利来源之一。

(一)救济权对于生命的重要意义

救济权本意是在认为自身权利受损的情况下,当事人要求对不当行为人的行为进行矫正、进行资源再分配的权利。救济权由原权派生,在正常情况下指的是一种诉讼权利,这种权利一般是事前和事后均可以实施。但在私域危机情境中,由于其损害的结果会导致生命丧失,虽然事后仍然存在权利救济的行为,然而由于当事人的生命已经丧失,意义大打折扣。因此,私域危机中的救济权,多指的是事先或事中"保护请求权",即当生命受到威胁时自然人有权向国家提出保护或救援,得到必要的生命权救济。这种权利救济与救援或保护在行为上是同一的,但在理论上,生命权、救济权是观念前提,而救援行动则是具体行动,是观念的实现。如果没有救济权,在面对私域危机时,政府可以以任何借口拒绝保护公民的生命,人的生命权就形同虚设。相反,正是由于救济权,从而使得危机中的生命权获得了一种制度性保障。

（二）私域危机中权利救济的效益

权利救济的效益既包括物质方面的也包括非物质方面的,既具有整体法律的价值也具有某些突出价值的特征。私域危机中的权利救济,不仅能够给个人带来效益,而且能够促进国家和社会效益。就个人而言,权利救济一方面可以避免个人生命的丧失,捍卫了人性尊严;另一方面维护了个体的自由,使得个人能够合法地实践自由意志。就国家而言,对私域危机中的生命权的维护,显示了国家或政府在社会成员日常活动中的至高权威,以较低的成本展现国家的价值思路,维护国家的秩序,保障社会正常运行。就社会而言,权利救济意味着社会制度将社会经济剩余和精神剩余导入合乎社会需要的渠道,减少社会剩余的浪费,确保人们毫无顾虑地致力于更有益于社会的目标,巩固社会进步基础,增进社会价值。

三、基于国家责任的理解

人虽拥有自由行动的权利,但这种权利仅仅是一种理想的存在,没有国家对风险的防范和救援,这种权利就无法真正地实现。作为人类社会中最有力的权力组织,国家拥有最广泛的资源和义务,有责任将公民所面对的风险降到最小,最大限度地帮助公民实现自身的自由,保障公民的生命权。从实践来看,世界各国一般都将对身处危难中的救助视为纯粹的政府行为,是国家意志实践的当然内容。

（一）政府责任的理论基础

契约论认为政府存在的目的是为了保护社会成员的生命和财产安全,对社会成员的生命权负有保障责任。这种责任具体又分为保护和促进两种,保护责任是消极的、不作为的责任,即不随意剥夺社会成员的生命或阻止防范其他人随意地伤害社会成员的生命;促进责任是积极的、主动作为的责任,即政府应该采用一切必要的手段保护社会成员的生命。在新的社会条件下,政府的积极责任越来越受到重视,无论在道义上还是在法律上,国家都不能冷漠面对社会成员的生命威胁,逃避对生命权保障的义务和责任,相反,应该采取积极的措施,保障社会成员的生命权。强调政府积极责任原因在于私力的有限性,而政府拥有动用一切必要手段保护公民生命权的能力。政府履行保护生命的积极职责主要包括以下几个方面的举措:树立生命高于一切的行政理念,在更高的层次上理解行政部门的救助义务;正确理解法律规范,在面对私域危机的特殊情境时,能够对法律作出合乎保护义务的解释,避免因程序正义而忽略实质正义,从而导致类似"超级玛丽"的不幸事件;将尊重和保护人的生命作为执法的前提,只要公民生命遭遇威胁,政府就应该无条件地介入,积极履行职责。

(二)政府责任的法律规定

对生命权的尊重与保障不仅是人类对生命和权利认识和反思的历史结果,还是国际人权法的普遍要求,是一种全球化的世界潮流,更是当代社会价值认同的必然结果,已成为世界各国文明交往的底线道德。世界各国不仅逐步接受了生命权的基本原则,还纷纷建立有效的法律,使得政府保障公民生命权的行为制度化、规范化。1948 年通过的《世界人权宣言》第三条就确认"人人有权享受生命、自由与人身安全",其中第二条规定"生命权"是人人有资格享受的,不分种族、肤色、性别、语言、宗教、政治等,强调了生命权的道德普适性。《公民及政治权利国际公约》第三部分第六条也规定,"人人有固有的生命权。这个权利应受法律保护。不得任意剥夺任何人的生命"。上述国际公约规定,缔约国不仅承担着尊重个人生命权的消极义,更为重要的是各缔约国还应采取积极措施,保证个人充分享有生命权。联合国人权委员会还曾特别作出声明,生命权不应被理解为仅仅针对国家的一种消极权利,它更要求采取积极措施来确保其实现。我国《宪法》在第二章第三十三条明确规定,"国家尊重和保障人权。任何公民享有宪法和法律规定的权利"。虽然没有对生命权明确作出直接规定,但"尊重和保护人权"也包含了对人权重要组成部分——生命权——的尊重和保护,其中尊重是消极责任,而保护则是积极责任,"国家的这两种责任是统一在社会生活当中的"①。为此,我国还专门制定了《国家人权行动计划(2009—2010年)》,明确提出了"完善预防和救济措施,在执法、司法的各个环节,依法保障人身权利",并细化了具体措施,确保各项规定落实到位。

(三)私域危机拒绝政府不作为

作为一种绝对权,政府对生命权既负有消极的不作为义务,即不伤害生命权的义务;又负有积极作为的义务,即积极干预,消除威胁公民生命的各种因素。如果政府对身处危机中的公民选择消极不作为,则履行这种消极义务便构成了当事人生命权受到损害的根本原因。因为此时有救助能力的政府的行为已经成为影响公民生命安全的决定性因素,公民生命安全与政府行为产生了一种"依赖关系",使得原来基于消极的、不作为的义务转变成了积极的作为犯罪,也即见死不救。政府不对私域危机进行救援也可以视之为见死不救,构成了侵权责任,即当于己无害、有条件进行救助行为时,政府放弃救援就侵犯了当事人的生命权。总之,私域危机中,政府"见死不救"的责任取决于其是否侵权,不能因危险状态是当事人自己有意为之而免除。因为允许当事人放弃自己的生命权,就会让人们看到人性的冷漠,让人们对代表正义的法律失去信心和希望,违背了社会伦理规范和感情,不具有历史条件所形成的社会正当性,破坏了社会规范所要求的法律秩序。

第四节　社会学理论基础

社会虽然有其自身的结构和运行规律,但离不开作为社会单元的个体。私域危机本身并非是政治问题或社会问题所指示的群体与群体之间的冲突

---

① 逯改:《伦理视野下生命权的国家保障》,《华北电力大学学报(社会科学版)》2012 年第 3 期,第 67—72 页。

或社会所共同面对的风险,而是一种责任和后果指向非常明显的风险。由于人的社会属性,这种风险并不可能对个体所在的社会无丝毫的影响,在一定条件下还会造成社会运行的波动甚至社会结构的调整。因而从维护社会正常运行和社会结构稳定的角度来看,政府进行私域救援也具有必要性。当然,从社会学的角度来看,这种必要性与个体的政治权利是有差异的。这种必要性来自于社会成员之间的自然的、与生俱来的联系,这种联系是社会存在的前提,是由社会成员之间内在的、无差别的成员资格所决定的。

一、基于马克思主义个体—社会关系的理解

马克思主义关于个体—社会或个体—集体的关系是建立在辩证法基础上的,在肯定个体与集体的矛盾存在的同时,强调了个体与集体的统一性。在马克思看来,人与社会的关系是由人的本质衍生和规定的,人的本质是"一切社会关系的总和"①,但人之于社会并不是绝对的、被动的服从,而是一种具有主观能动性的存在,人的主观能动性导致了社会关系的形成。这种辩证统一的关系包含以下基本内容:一方面,人是社会的主体和目的。要意识到社会应该以实现"每一个个人的全面而自由的发展"②为目的,"应当避免重新把'社会'当作抽象的东西同个人对立起来"③。另一方面,社会是人的"自由联合体",是人获得自由发展的前提和手段。马克思虽然高度强调个人的发展,强调"每个人的自由发展是一切人的自由发展的条件"④,但也高度强调社会在个体实现自由发展中的重要意义,认为"只有在共同体中,个人才能获得全面发展其才能的手段,也就是说,只有在共同体中才可能有个人自由"⑤。他进一步指出:"在真正的共同体的条件下,各个人在自

---

① 《马克思恩格斯选集》(第 1 卷),人民出版社 2012 年版,第 139 页。
② 《马克思恩格斯选集》(第 2 卷),人民出版社 2012 年版,第 267 页。
③ 《马克思恩格斯文集》(第 1 卷),人民出版社 2009 年版,第 188 页。
④ 《马克思恩格斯选集》(第 1 卷),人民出版社 2012 年版,第 422 页。
⑤ 《马克思恩格斯选集》(第 1 卷),人民出版社 2012 年版,第 199 页。

己的联合中并通过这种联合获得自己的自由。"①

　　坚持实现人的自由全面发展这一社会目标,使得马克思主义对于个体—社会的关系理解体现出以下特征:由于强调了人是目的,使其具有人道主义的属性;由于肯定了个体利益的道德正当性,从而实现了利他主义与利己主义的辩证统一;由于反对为了集体利益而无原则地压抑、放弃和牺牲个体利益,使其成为一种温和的、相对的、有条件的集体主义。② 正如马克思所说的,"在未来的共产主义社会,绝不会以集体利益为借口否定个人利益,更不可能消灭人的欲望。只有阶级社会才会把一部分人的财富和自由建立在另一部分人的痛苦、压抑和无条件的牺牲之上"③。基于马克思主义的集体主义理解,有学者进一步提出了集体对于个体成员的义务,认为"集体作为社会成员共同的个人利益的代表,其职责就应该为个人利益的满足和实现服务,为社会成员个人利益的发展创造条件……在精神上要尊重每个劳动者的人格尊严和个性自由"④。有学者甚至主张"集体是可以为个人牺牲的",并列举了集体为个体牺牲的几种情况。⑤

　　马克思主义关于个人—社会关系的论述,为政府私域救援提供了坚实的理论基础:首先,基于个体利益的正当性,政府作为社会或集体的代表,进行私域救援有助于维护个人的人格尊严和个性自由。其次,由于个体利益的独立性,社会或集体利益不能还原为个体利益,相反,个体利益也不能由社会或集体利益来代替,只有维护个体的利益才能实现个体自由全面发展的目的,以及社会作为个体发展手段的正当性。再次,政府私域救援肯定了个体存在的价值,有利于实现社会或集体的人道主义价值,体现了社会或集体价值取向和道德义务,显示了一种有别于理性主义的人类温情。最后,从

① 《马克思恩格斯选集》(第 1 卷),人民出版社 2012 年版,第 199 页。
② 王海明:《集体主义之我见》,《上海师范大学学报(哲学社会科学版)》2004 年第 5 期,第1—5 页。
③ 耿步健:《从马克思恩格斯经典论述谈集体利益高于个人利益》,《求索》2005 年第 9 期,第107—109 页。
④ 朱贻庭:《当代中国道德价值导向》,华东师范大学出版社 1996 年版,第 160 页。
⑤ 胡范秀:《集体可不可以为个人牺牲》,《濮阳职业技术学院学报》2015 年第 1 期,第 15—17 页。

利益交换的角度来看,政府私域救援是以较小的牺牲维护了社会成员的最根本利益,对个人来说是一种莫大的肯定和鼓励,增强了个体对社会或集体的认可,增强了社会的凝聚力。总而言之,政府私域救援实现了个体与社会的功能,平衡了部分与整体的关系,在维护个体价值的同时,也实现了社会的目标,实现了社会结构稳定和平稳运行。

二、基于社会连带理论的理解

社会连带指的是社会成员之间基于相似性和社会分工而产生的必然的联系,其核心是"社会相互关联性"①。该思想滥觞于孔德,奠基于涂尔干,光大于莱昂·狄骥。涂尔干将社会连带分为机械连带与有机连带,前者指的是以共同价值观为基础的社会关系,后者指的是建立在社会分工基础上的、承认个体之间差异存在的社会关系,②并决定了社会结构关系③。有机联系社会即现代社会,是机械联系社会的发展。在有机联系社会里,由于分工越来越发达,利己主义动机也越来越强力,个体的独立意识、自主意识得到了强化,人们意识到只有加强合作才能改善彼此的生存状态,社会的连带关系也得到增强。狄骥接受了涂尔干提出的人们基于"相似性"和"劳动分工"而彼此相互关联的思想④并解释了其原因。在狄骥看来,人首先是一种对自己的行为具有自觉意识的实体,但生理和心理结构决定了人生来就不能孤独地生活,必须通过互助合作、借助社会的力量才能生存,不存在自由而孤立的自然人原因在于,人的活动总是为社会相互依存和个人自由这两重感觉即社交的感觉和公平的感觉所支配⑤。社交的感觉是维系社会连带关系的重要基础,公平的感觉指的是一种人类与生俱来的、不为理性所揭示

---

① [法]莱昂·狄骥:《宪法学教程》,王文利等译,辽海出版社、春风文艺出版社1999年版,第8、10、11页。
② [法]涂尔干:《社会分工论》,渠东译,生活·读书·新知三联书店2013年版,第89—92页。
③ [法]涂尔干:《社会分工论》,渠东译,生活·读书·新知三联书店2013年版,第153页。
④ [法]狄骥:《宪法学教程》,王文利等译,辽海出版社、春风文艺出版社1999年版,第9—10页。
⑤ [法]狄骥:《宪法论》(第一卷),钱克新译,商务印书馆1962年版,第88页。

的感觉。

社会连带理论首先主张连带关系是一个存在于一切人类社会的基本事实，而不是一种道德理念，也不是道德理念的产物，这是因为人们只有通过相互依赖的共同生活才能实现共同的价值和利益。其次，主张社会行为的价值在于维护社会团结。社会团结才能形成社会整体效应，并使身处社会中的人们获得力量，相反社会冲突则会耗费社会潜能、损害社会有机联系。再次，社会成员应和衷共济。社会连带关系决定了社会中的人民是相互依赖、相互作用的，一个人的幸福会惠及他人，而一个人的痛苦会累及他人，因而社会必须努力减少个人的痛苦。最后，国家应该积极维护社会个体的权益。① 鉴于互助合作对于个体生存的重要意义，因而国家应该积极主动地加强社会连带关系，通过加强连带确保每个社会成员获得平等的生存和发展机会，从而真正地维护和实现个体的权利。

从社会连带理论来看，政府对私域危机进行救援是政府维护个体社会权的具体举措，履行其社会责任的重要内容。首先，维护私域危机当事人的安全来自道德的要求，不是所谓的善举和博爱，而是由一种客观的、不以人的主观意识为转移的现实所决定的，这个现实就是人必须生活在一个相互连带的网络之中，获得其他社会成员的协助才能活下去，这是政府存在的价值所在。其次，政府私域救援能够稳定、改善社会连带网络，有助于促进社会团结。社会是一种和谐、连带的整体，尊重危机当事人作为社会连带网络一分子所应该享有的权利，有利于体现人的种属尊严，维护社会有机体的健康，推动社会的整体化发展。再次，政府私域救援是推动社会成员和衷共济的具体举措，保障的不仅是危机当事人的个体生命安全，而且推动了社会成员之间的信任和协调。最后，政府私域救援能够切实增加社会福利。社会连带关系使得一个人的幸福和痛苦都会波及他人，政府对当事人的救助不仅缓解或化解了当事人的痛苦，而且会增加其他社会成员的幸福感受，从而扩大社会福利。

---

① 董溯战：《论作为社会保障法基础的社会连带》，《现代法学》2007年第1期，第76—83页。

三、基于社会支持理论的理解

社会支持理论首先应用于心理学领域,认为良好的社会网络能够缓解社会成员的挫折感和被剥夺感,减轻心理应激反应,缓解精神紧张状态,提高社会适应能力。不同的学者对于社会支持的理解并不相同,其中,社会学更多地将其视为一种社会行为。总体来看,社会支持指的是从社会获得的物质和精神方面的支援。社会支持的构成包括:主体,即施助者,其核心是国家,也包括家庭、社会团体以及个人等;客体,即受助者,是社会支持的接受者或对象,多指社会中弱势群体;内容和手段,即方式方法和具体帮助,这是由受助者的需求以及施助者的能力所决定的。社会支持具有社会性、无偿性、选择性、交换性以及非均衡性等特征,其最重要的功能就是缓冲社会成员所面临的压力,降低甚至消除压力事件对社会成员的健康的影响,保护个体免遭压力的破坏作用。社会支持之所以受到重视,在于社会支持具有缓冲器的功能,即社会支持网络可以过滤掉一般的麻烦和恶性事件的影响,帮助个体对抗面临的压力。①

社会支持理论假设心理挫折感和剥夺感是个体问题和社会问题的重要根源。在风险社会,各种风险、压力更容易在社会弱势群体身上爆发,并进而影响社会的稳定和发展,而来自于他人的情感和物质的支持,可以在一定程度上缓解个体面临的压力,缓解各类社会紧张。可以看出,无论是从功能还是理论假设的角度来看,社会支持均指社会网络对社会弱势群体的无偿帮助和服务,这里的弱势群体是指发展能力弱、层次低、抗风险能力弱的那部分特殊社会群体,包括生理性社会弱者、自然性社会弱者和社会性社会弱者。但从实践来看,社会支持的对象远远超过弱势群体的范围,而且这种支持不一定是长期的过程,那些短暂的陷入困境的社会成员、特别是那些生命受到威胁的社会成员也被纳入了

---

① 王卫平等:《社会救助学》,群言出版社 2007 年版,第 50—63 页。

社会支持的客体。因而,社会支持所指应该是社会给予陷入困境的社会个体以特定支持以使其避免健康和生命遭受不利环境伤害的行为,其核心是社会对其成员的关心、尊重和协助,并使其获得或增强应对危机的能力。

根据上述理解,政府私域救援实际上是一种正式的、小规模的社会支持行为,即政府主导的、针对陷入生命危险的社会成员的一种较少发生的、特殊的帮助。这种帮助是基于一种社会病原学的考虑,即如果不及时对陷入困境的个体进行救援,不仅可能会造成当事人的死亡,而且可能会引发其亲属和朋友的应激反应,导致其日常生活维持困难,更重要的是,如果给其他社会成员展示出了政府"见死不救"的一面,等于向社会宣告社会支持网络毁灭,进而会降低社会成员的安全感,增加整个社会的压力感,容易导致更多的社会问题。相反,政府向私域危机中的人们提供物质和精神支援,不仅可以挽救当事人的生命,纾解相关人员的压力,更重要的是,可以进一步向社会成员展示社会支持网络的强大力量,使更多的社会成员获得安全感,减轻人们对社会的焦虑和不满,缓和社会紧张,缓冲个体与社会的冲突,营造和维护正常的生活、生产、工作和学习的秩序,保障社会良性运行,维护社会的稳定。

四、基于社会整合理论的理解

关于社会整合并没有能够让各方都能够接受的定义。[①] 一般而言,社会整合是相对于社会分化而言的,指的是为避免社会分化影响社会和谐而协调和管控社会成员行动的过程。社会整合既包括社会成员之间的协调,

---

① 美国普林斯顿现代化学派站在社会转型的视角,将社会整合定义为社会内部各单位的相互依存([美]吉尔伯特等:《中国的现代化》,比较现代化课题组译,江苏人民出版社 2003 年版,第 126 页),强调的是各要素的静态状态;郑杭生视其为社会内部各要素协调统一的过程(郑杭生:《社会学概论新修》,中国人民大学出版社 2003 年版,第 362 页),强调是整合的动态性、过程性。帕森斯综合了静态论和动态论的观点,认为社会整合应该包括两个层次:一是指社会体系内部各部分的和谐关系,体系达到均衡状态,避免社会解体;二是指社会体系已有成分的维持,以对抗外来的压力(《中国大百科全书·社会学卷》,中国大百科全书出版社 1991 年版,第 351 页)。

也包括个体与群体之间的协调;既包括宏观、中观和微观层面的整合,也包括实际利益和价值观念两个层面的整合。① 社会整合是一个自觉的过程,是社会构成的主体、主流文化主动同化和管控特殊群体、亚文化的过程,社会主体或主流文化始终占据主导和主动地位,但如果整合失败,社会的整体性就会受到冲击。社会整合包括制度性整合、功能性整合和认同性整合三种具体途径。制度性整合指的是通过社会制度规范所有社会成员的行为,将特殊群体和亚文化纳入管控范围,此种途径方式简单,但效果不明显,甚至会激发矛盾;功能性整合指通过增权赋能使特殊群体能够按照主流社会的期望发挥有益于社会发展的功能,凝聚社会力量,此种途径建立在尊重的基础上,优于前者,效果最明显,但难度较大;认同性整合指的是通过塑造公共的价值理念,形成全社会共同的行动,维护社会的团结和稳定,此种方式最优,见效虽慢,但基础稳固。

社会转型往往被视为传统社会的解体过程,不仅会引发社会急剧变迁而且容易产生大量的社会矛盾,使得社会系统面临崩溃的可能,必须建立社会整合机制,引导各种社会力量围绕某些特定的奋斗目标或价值规范团结组织起来,形成协调有序的社会关系和相对稳定的社会状态。② 改革开放后,我国旧有的行政控制性社会整合机制逐步松弛崩溃,社会群体结构加速分化调整,新的利益群体加快形成,社会异质性明显增强,社会整合难度空前加大:社会整合所面临的群体基础发生了重大变化、社会整合途径加快变化、社会整合形式发生了根本性的变化、社会整合的思想基础发生了重大变化,迫切需要建立以新的现代化价值为导向、以新的法治体系和道德规范为保证、以更科学的利益分配体系为落脚点的新型社会整合机制。③ 其中对社会进行认同性整合尤其重要。所谓认同性整合是指按照某种被普遍接受的价值观念和行为规范引导和控制社会成员的行为,协调人与人、人与自然

① 杨信礼等:《论社会整合》,《理论学习》2000年第12期,第28—31页。
② [美]布莱克:《现代化的动力论》,段小光译,四川人民出版社1988年版,第112—113页。
③ 庞玉珍:《中国社会结构变迁与新型整合机制的构建》,《社会科学战线》1999年第3期,第206—211页。

之间的关系,通过谋求实现最高、最全面和最根本的社会价值,推动社会体系的有机结合、协调运转。

如果将私域危机视为社会分化的结果,那么政府私域救援也可以视为社会整合机制的重要组成部分,是社会转型时期实现社会整合的必要手段之一。政府私域救援既包括行动实践又包括价值取向,是一种社会价值和社会目标的统一,调控了社会群体之间以及群体与社会整体之间的矛盾冲突,有助于实现个人和社会价值的统一,推动实现社会公平稳定和持续性。① 具有以下功能,一是整合功能。政府私域救援能够有效预防因私域危机引起的严重群体分化或其他不可预料因素而导致社会解体,从而维持社会的整体性。二是协调功能。政府私域救援可以充当一种利益平衡机制,调整和协调部分特殊群体与社会整体之间的关系,有助于全社会形成一个动态的、合理的社会利益结构。三是团结功能。政府私域救援能够增进人与人之间的了解和互助精神,凝聚"集体意识",即协调联结人与人、群体与群体的共同的目标和价值观。四是稳定功能。政府私域救援最基本的功能就是维持社会的秩序化,通过确保当事人生命安全,而确保社会秩序,不至于因暂时的、小范围的私域危机导致长期的、较大范围的社会问题的出现,埋下社会隐患。五是制约功能。政府私域救援的过程也是一种教育的过程,具有一种规范功能,能够教导不同社会主体约束和规范自己的行为。政府救援与善后处理中的惩罚机制并不矛盾,这对于约束社会成员的违法行为和不理性行为,使其按照社会普遍的制度性规范和非制度性规范活动是大有益处的。② 总之,政府私域救援并不是一种单方面的付出,也不仅仅是一种善意,而是社会持续稳定发展的内在需求,是传达社会共同价值,实施社会控制、协调群体利益、推动社会整合的重要时机。

---

① 杨信礼等:《论社会整合》,《理论学习》2000 年 12 期,第 28—31 页。
② 贾绘泽:《社会整合:涵义述评、分析与相关概念辨析》,《高校社科动态》2010 年第 2 期,第 27—32 页。

第五节　伦理学理论基础

伦理关系被视为一种先在的、客观的、①真实的②社会关系,体现了主体间的价值联系,包括实然性的价值关系和应然性的价值关系两个方面。③其中,实然性的价值关系是一种客观实体性关系,表现为社会行为主体的各种行为规范;应然性的价值关系则是一种精神性关系,这种精神性的价值关系通过对理想价值关系的描述,赋予了政治、经济等具体社会关系合理性基础,并为社会发展确定了最高的方向。政府私域救援是社会关系的一种特殊的表现形式,政府不仅被视为一种法律主体、政治实体、经济存在,而且"应该被视为一个有道德的行动主体",④不仅仅会受到各种具体的法律、制度、原则和框架的制约,而且同样受到各种先在的、具有普遍意义的伦理关系的客观制约和引导,这种制约是强化政府职责的"可达到的最经济的控制形式,最终的也是最有效的形式"⑤。可以说,政府私域救援反映了政府与公民之间、社会与个人之间的肯定性关系,在风险社会,坚持、反思和发展政府与公民之间的价值关系,对于实现对人性、精神、情感、尊严和道德的普遍关怀,具有重要意义。

一、政府私域救援的伦理属性

伦理关系是人类社会所有关系的基础。政府私域救援本质上调节的是个人或群体之间的关系,同样受伦理关系的支配和规范,具备了一般社会关

① ［德］黑格尔:《法哲学原理》,范杨等译,商务印书馆1961年版,第172—173页。
② 《马克思恩格斯全集》(第1卷),人民出版社1995年版,第348页。
③ 朱海林:《论伦理关系的特殊本质》,《道德与文明》2008年4期,第34页。
④ 李军鹏:《责任政府与政府问责制》,人民出版社2009年版,第149页。
⑤ ［美］B.盖伊·彼得斯:《官僚政治》,聂露译,中国人民大学出版社2006年版,第342页。

系内在的一切基本的、稳定的伦理属性。这种伦理属性提供了政府私域救援的道德依据、根本目标和主要内容,规定了法律关系和权利关系的方向,弥补了法律规定和权利制度的不足,界定了政府行为的底线,推动了政府的自我完善。政府私域救援属于政府伦理责任范畴,是政府履行其责任的重要内容。政府的伦理责任要求不能仅仅以效率和利益作为公共行政的目标,而是要突出公平、正义、友善等价值规范。强调政府责任伦理,一方面是因为"公共管理主体拥有的权力本不是无条件的,而是内在隐含着社会的合理期待及其相应的责任"[①];另一方面在于,只有有意识地列出政府行为的道德层次,才可能确保政府成为负责任的政府,使行政人员具备自我意识和认清自己的基础,成为负责任的行政人员。[②] 因此,政府的角色应该被视为一个有道德的行动主体。[③] 作为道德主体,无论是在常规时期还是特殊时期,都应该"问自己如何才能将这些价值观和我们所承担的义务以及这些义务所导向的最终目标统一起来"[④]。作为一种特殊的公共服务,政府私域救援也应该被视为道德行为。

　　政府私域救援的伦理属性主要表现为以下几个方面:首先,政府私域救援体现了政府的道德责任。政府的价值在于保障和实现公民权利,这种价值规定了政府与公民之间不仅仅是一种权力关系、法律关系,而且包含一种内在的、天然的道德关系。政府私域救援推动了社会利益的重新分配,维护了基本的社会价值,实现了政府的基本价值和伦理要求。其次,保障公民生命安全是政府的基本价值取向。保障公民生命安全是政府最核心、最基本的价值,是行政伦理的基础,决定了政府所有行为的价值取向。世界上几乎所有的国家的宪法对此都有明确规定,即便在特殊条件下,政府行为也必须服从和服务于这个价值取向。再次,私域救援巩固了政府合法性基础。为不同的社会成员提供无差别的生命安全保障是公共部门与私人部门的根本

---

① 万俊人:《现代公共管理伦理导论》,人民出版社 2005 年版,第 62—63 页。
② [美]库伯:《行政伦理学》,张秀琴译,中国人民大学出版社 2001 年版,第 17 页。
③ 李军鹏:《责任政府与政府问责制》,人民出版社 2009 年版,第 149 页。
④ [美]库伯:《行政伦理学》,张秀琴译,中国人民大学出版社 2001 年版,第 9 页。

差别所在,也是政府的合法性所在。政府私域救援的对象虽然是局部的、特殊的,但从出发点和行为来看,仍然符合非排他性的特征,坚持了对社会成员的平等对待。从价值取向来看,政府私域救援仍然具有公共性、福利性等特征,履行的仍是公共服务职责,是人们判断政府是否具有合法性的重要标准。最后,政府私域救援的最终目标仍是实现社会成员的自由发展。对于政府而言,实现每一个社会成员的自由全面发展就是实现公平、正义等伦理价值,挽救公民的生命等于保障了公民全面自由发展的前提和载体,真正维护公平、正义等一系列社会伦理价值。可以看出,政府私域救援是由政府与公民之间一种原生的、客观存在的、基础性的社会关系决定的,符合伦理关系的完善与优化的目标。

二、政府私域救援伦理关系的本质

政府私域救援是一种特殊的公共服务,具有公共伦理的一般本质特征。首先,政府私域救援是主体间的平等互动关系。主体间既包括个体与个体之间的关系,也包括个人与政府及其代表的社会集体之间的关系。政府私域救援既反映了政府对人的自主性的肯定,也反映了人类社会的相互依存性,正是由于存在这种相互依存性,才产生了道德规范的需求,也凸显了人性的丰厚。政府对身处困境中的人进行救援,反映了主体间的平等互动。人的主体性要求人们设身处地思考对方的处境和感受,将对方视为目的并坚持相互尊重、平等互动的内在要求,并以此为基础构建彼此关系。其次,政府私域救援体现了公民与政府之间的权利—义务关系。伦理关系首先是一种事实关系,体现的是实际社会生活中存在的特定主体间的社会关系。最后,政府救援体现了特定的社会结构对特定伦理义务的规定。在强调集体与个体利益一致性的背景下,个体的利益被视为集体利益的延伸,对个体利益的重视,也是实现集体利益的重要内容。当然,政府私域救援强调政府行为的合理性并不意味着集体和个体利益是同一的,相反,这种合理性是建立在承认二者是对立的基础上的。

政府私域救援中政府与公民个人的伦理关系还可以从两个方面来理解。从传统的行政学观点来看,政府和公民的关系是权力和自由的关系,政府代表着控制社会的权力,而公民则拥有自由的权利,伦理关系的重点在于恰当地处理社会或集体的价值与个体价值之间的冲突,主张政府职责应该是维护和实现个人的自由,但在此过程中既要避免社会或集体权利的无限膨胀而损坏个人的自由,又要合理限制个人的自由以免造成社会的混乱甚至崩溃。从公共管理学观点来看,通过引入私人企业管理价值,效率被置于政府评价标准的核心位置,同时政府与公民的关系被界定为服务和被服务的关系,个体自由和发展被置于至高无上地位后,政府不再被视为某种共同社会价值的代表和维护者,政府与公民之间仅仅是一种企业和顾客的关系。但这种关系假设已经受到怀疑,因为自由价值与个体利益是有着本质区别的,自由并不能由公民个体来实现,相反只有政府这个社会价值的代言人才能真正维护自由。

三、政府私域救援的伦理范畴

伦理学涉及的范畴很多,有学者认为包括仁爱、公正、宽容、求实和节制。[①]就政府私域救援而言,讨论政府的责任伦理主要集中在以下几个方面。

(一)人道主义

人道主义是20世纪以来被最广泛接受的社会伦理,对其理解也不尽相同,但总体来说,都是要求承认和尊重人的价值和尊严,并以人为尺度判定社会和个人行为的善恶对错。其内在含义包括:一是人是不同于动物的一种存在,其价值高于或不同于动物,人从其一出生就获得了一种有别于其他动物的权利和尊严;二是人道主义是一种实践伦理,其核心在于承认、尊重

---

① 张康之:《公共管理伦理学》,中国人民大学出版社2009年版,第212页。

和保障他人的利益和生命尊严,而且这种实践并不是以自我利益或自我价值为标准的,而是以一种普适的人的权利、价值和尊严为标准的;三是弱势群体同样拥有获得尊重和支持的权利,特别是生命权利不可剥夺,而且这里弱势群体是不分民族、种族、宗教以及其他文化、法律和自然条件限制的;四是人道主义实践并非一种怜悯和慈善行为,而是一种权利—责任框架下的应然行为。人道主义是对近代以来社会达尔文主义和功利主义的反思和对抗,强调了人的类权利,从情感和价值的角度对人的价值、自由和福祉进行了规定。作为行政伦理的核心内容,人道主义规定了政府的责任就是维护和促进个人的全面自由发展,特别是要对那些陷入困境和危险的群体和个人给予必要、及时、充分的支持和帮助,维护弱势群体基本的人权。人道主义在我国具体的表现为人本主义和仁爱的思想。人本主义已经成为我国政府治理理念的基本原则,其核心是要求政府始终"保障人的自由不受侵犯,人不分男女都有权有尊严地生活,免于饥饿和卑贱生活,免于暴力的侵害或外在的压迫"①。在我国,与人本主义相比,仁爱思想则更为传统和久远。仁爱本意指的是统治者与被统治者为友的德性,在传统社会里仁爱具有仁慈、慈悲、宽厚等内在属性,这种属性决定了仁爱仅仅是掌权者的一种美德、个人的道德修养,是善意而不是责任。但在现代社会,仁爱不仅仅是掌权者的德性,而且是掌权者的一种责任义务,任何人一旦与权力联系在一起就必须承担实行仁爱的职责和义务,逃避这种责任义务就会失去合法性,仁爱成为掌权者的道德规范和职责内容。正如张康之所总结的"仁爱反映的权力关系,是与权力的存在相关联的,当仁爱还是权力执掌者的美德的时候,是权力之树上开出的奇异花朵;当仁爱成为权力执掌者的道德责任义务时,它已不再是花朵,而是丰硕的果实"②。

(二)正义

罗尔斯认为"正义是社会制度的首要价值,正像真理是思想体系的首

---

① 王伟等:《行政伦理学》,人民出版社 2005 年版,第 402—403 页。
② 张康之:《公共管理伦理学》,中国人民大学出版社 2009 年版,第 213—215 页。

要价值一样"①。对于正义的理解也是各不相同,有学者认为正义就是"每个人或组织得其所得,包括得其所应得的报偿,也包括受其应受之惩罚"②。但正义并不仅是指善行得到肯定和恶迹得到惩罚,而且指对待善恶的合理尺度,也即是说,正义既是一种行为又是一种评价标准。当然,正义并不完全是和善恶得失相关,还应该和人的尊严、自由等价值相关,即符合人类社会基本价值的行为都应该视为正义的实现。根据这个标准,帮助一个处于困境的人,不仅是仁爱的,而且是正义的。正义是政府的基本价值和目标:首先,正义是政府行为权威性的基础,正义符合民众的根本利益,只有符合正义标准的政府行为才能获得民众的认可和支持,从而使政府获得权威。其次,正义是政府行为规范性的基础,政府行为的内容、程序、标准和过程只有符合正义的价值观才能符合社会公众的价值观念和行为规范,从而避免因个人因素而导致政府的异常行为。再次,正义是政府的代表性的基础。正义意味着政府的行为选择并不是围绕自身利益进行的,而是在不同群体利益得到自由表达基础上选择的结果,铸就了政府行为的代表性。正如霍布豪斯所说的,公民所要求的"不是慈善,而是公正"③。在我国政府实践中,在践行中国特色社会主义核心价值观时,提到的更多是公正,与正义的内涵基本相同。和仁爱一样,公正不仅被视为掌权者的德性,而且被认为是政府的职责义务,"公共管理者的行为是履行公正责任义务的行为,公共管理的制度则是公共管理者的公正责任义务的体系。当公共管理者选择了公正的责任义务,实际上也就在根本上赢得了公共管理活动中的合作治理"④。公正价值一旦确立,就为政府定下了伦理的尺度,构成了政府行为的最重要的伦理维度。罗尔斯指出:"所有社会基本价值——自由和机会、收入和财富、自尊的基础——都要平等地分配,除非对其中的一种价值或所

---

① [美]约翰·罗尔斯:《正义论》,何怀宏等译,中国社会科学出版社 1988 年版,第 3 页。
② 万俊人:《现代公共管理伦理导论》,人民出版社 2005 年版,第 137 页。
③ [英]霍布豪斯:《自由主义》,朱曾汉译,商务印书馆 1996 年版,第 80—81 页。
④ 张康之:《公共管理伦理学》,中国人民大学出版社 2009 年版,第 218—220 页。

有价值的一种不平等分配合乎每一个人的利益。"①因而正义不在于或不限于某种物质的公平甚至平均分配,而是一种公平的机会分配,确保每个社会成员都能获得为实践某种社会价值奋斗的机会,具体而言,就是要确保每个社会成员都能平等地享有生命、自由和尊严,获得生存的意义。政府私域危机救援承认人类生存面临的诸多先天或后天的不可预知性因素,并努力通过积极的行动去消除这些不可预知因素带来的负面影响,反映了人之为人的内在善性以及对这种善性的积极向往,清晰展现了政府对公平正义这一伦理价值的维护与主张,鼓励和保护了人类对美好行为和崇高精神的追求。

(三)宽容

宽容即是在不伤害其他人的前提下,允许别人有不同于主流价值的行为或观念。宽容一般被纳入个人修养的范畴,很少有学者将其纳入政府伦理范畴。张康之将其作为公共管理伦理的重要范畴,是非常有意义的。宽容既是一种态度也是一种行动,不仅是对违背固有观念、价值和标准的行为的容忍、尊重和谅解,而且这种谅解是不带偏见或成见的。根据张康之的理论,宽容是人的美德中最有价值的因素,在现代社会,由于社会的异质性增强,暂时的、临时的社会交际日益频繁,各种无法预料的矛盾逐渐增多,政府和社会都无法提前预知未来发生的一切问题并建立起安全的藩篱。更重要的是,即便能够建立这样的藩篱也是不符合现代人性需求的。传统社会规范体系已经不再适应现代社会要求,必须逐步调整甚至削弱。在此背景下,社会要更加强调宽容这一价值观,减少社会矛盾,创造更好的生存空间。就政府而言,也必须客观地承认宏大叙事下的个体差异和合理性并宽容待之,且要将个体差异作为治理体系设计的积极因素予以考虑和利用。因此,在现代社会,"宽容就不能仅仅作为只与少数人联系在一起的偶然性的德性而存在,而应当成为公共管理者的责任义务"②。只有政府自觉倡导和实践

---

① [美]罗尔斯:《正义论》,何怀宏译,中国社会科学出版社1988年版,第62页。
② 张康之:《公共管理伦理学》,中国人民大学出版社2009年版,第225—229页。

宽容的价值,才能更好地引导社会积极地接受和容纳异质因素的存在。宽容实际上体现了政府行为即制度的灵活性的一面,当然这种灵活性并不是指对现有的各种规定的否定,它体现了政府对两个现实的承认:一是相信人的理性的有限性。由个人组成的政府的理性也是有限的,所有的现有的经济、法律和政治制度均只能反映已发生事情的需求,有些甚至仅仅是一种过去的总结,却无法预见到所有未发生的事情,如果坚持用现有的、自以为完备的规则去评判未来的事情,可能会扼杀人的自由,甚至会违背公平正义等基本的价值。二是承认社会是不断向前发展的。社会是一个不断进化发展的过程,各种价值的内涵与表现都有一个变迁的过程,如果以某一时期的标准去评价另一个时期的行为和思想,是难以真正反映社会需求的。可以说,宽容正反映了政府对人性弱点和社会变迁的适应过程。政府私域救援是宽容价值的最好的体现。与传统的理论假设相比,私域危机是一种正常社会的异质现象。政府对私域危机中受威胁生命的救助,不仅反映了政府人道主义的一面,而且反映了政府对社会发展转型的接受和新的社会现象的宽容,这种宽容激发和维护了个体的能动性,为实现社会和政府的目标提供了更多的可能性,辩证地维护了社会的统一性和运动性。相反,不宽容只是群氓的自我保护本能的反应①,正是因为迄今为止人类的生存完全被恐惧控制着,从而使"生活本来应该是一次光荣的冒险,结果却变成了一个可怕的经历"②。

四、政府私域救援的主要伦理意义

在现阶段,讨论政府私域救援的伦理意义必须考虑三大思想背景。第一个背景是关于人的本质属性讨论。道金斯在《自私的基因》③一书中指

---

①　[美]房龙:《宽容》,秦立彦等译,湖北少年儿童出版社 2011 年版,第 226 页。
②　[美]房龙:《宽容》,秦立彦等译,湖北少年儿童出版社 2011 年版,第 227 页。
③　[英]R.道金斯:《自私的基因》,卢允中等译,科学出版社 1981 年版,第 i—ii 页。

出,人的自私是自然选择的结果,而曼德维尔的《蜜蜂的寓言》①又将人的利己本性描述成国家繁荣和人民幸福的根源,特别是经济学"理性人"假设被普遍接受后,人逐渐被描述成一个自我奋斗且自我负责的孤独的存在,社会或集体成为一种工具性存在,不再具有价值导向功能,在人的发展过程中的地位逐步下降。第二个背景是经济学和法学在政治学特别是公共管理领域的渗透,使政府行为的分析逐渐局限于成本—收益分析和权利分析框架,其他的分析框架和标准逐渐被忽视,对政府行为的评价逐渐变成了一种精确的计算过程。第三个背景与前两个紧密相关,即在公共管理中技术分析逐步代替价值分析,这是因为公共管理的价值似乎是一个说不清道不明的且大而无当的东西,因而在实践中逐步丧失了吸引力。但事实上,人是社会的存在、离开社会无法生存这一个客观事实是无法改变的,成本—收益分析框架和权利分析框架也无法穷尽公共管理的所有领域。同时,没有价值导向的技术分析最终是没有任何意义的,社会的复杂性和政府的价值要远远超过人的想象。对政府私域救援的争论恰恰反映了社会或政府的价值复杂性,其价值是无法通过计算得出的,也无法通过一个理论范式予以解决。

强调政府私域危机救援的伦理意义,本质上是承认和强化社会生活中逐步形成的个人与集体关系的规范。② 这些规范是经过人类社会长期实践并认为是有益的,是一种经验结果,虽然有些保守,却比盲目信任理性选择的科学性要安全得多。因为,这些伦理标准主要表达了个体与集体之间的一种应然的关系,为政府行为提供了一种基础的、根本的、带有目的性的行为约束,极大地增强了政府行为的规范性。一是私域危机救援反映了伦理价值对政府的引导功能。虽然政府私域救援引发了诸多争论,但总体来看,政府行为还是符合社会主体道德观念的,对于绝大多数社会公众来说,按照善的理念来行为是一个好政府的前提。政府私域救援是政府对善的理念维护,能够引导和强化社会成员善的意识,进而增强社会的凝聚力。二是私域

---

① [荷]伯纳德·曼德维尔:《蜜蜂的寓言》,肖聿译,中国社会科学出版社2002年版。
② 甘葆露:《伦理学概论》,高等教育出版社1994年版,第20页。

危机救援反映了伦理价值对政府的规范功能。人道主义、正义以及宽容等伦理价值不仅仅是一种精神存在、理想状态,更重要的是一种现实的可操作的行为标准,这些标准比一些量化的标准更具有普适性和根本性。政府私域救援可能与一些评价政府的标准不一致,但更符合伦理价值对政府的角色定位的规定,遵守了伦理价值对政府行为的约束。三是私域救援反映了伦理价值对个人与社会关系的维系功能。政府私域救援架起或巩固了个人与社会之间良好的沟通桥梁,维护了个体与社会之间的一致性,进而维持社会的平稳健康发展。四是私域救援反映了伦理价值对政府的导向功能。在社会利益多元化的背景下,没有价值导向的行为选择往往会导致各种目标之间的冲突,进而造成政府行为的摇摆不定,坚持一定的价值导向能够使政府的行为更具有稳定性和统一性。政府私域救援是政府在面对善恶冲突时做出的能够被更多社会大众接受的选择,反映了特殊条件下伦理价值的选择功能,符合公共管理的基本伦理要求,具有一定的科学性和合理性。总之,虽然对私域危机进行救援会使政府自身陷入争议之中,但这种争议却深化了政府对自己"伦理身份"的理解,更加认同自己的道德品性,从而自觉将自己的某种行为与某种价值联系在一起,在面对复杂的、特殊的情境时,不是用简单的线型推理而是用一种清醒的道德意识指导自己的行为,[1]使自己的行为更符合一般的、根本的规范,履行好自己的职责。

---

① ［美］库伯:《行政伦理学》,张秀琴译,中国人民大学出版社 2001 年版,第 8—17 页。

第三章 政府私域救援的
运行模式

运行模式是指事物稳定的周而复始的行为方式,是实践经验的一种直观简洁的总结。政府私域救援的运行模式是指政府在进行私域救援时的相对稳定操作样式,是针对特殊目标的决策、组织、实施和控制方式和过程,反映了政府运作和私域危机发展内在规律的特殊要求,包括目标群体、价值主张、力量结构、流程规范和责任关系等方面内容,具有系统性、模式化、可重复性等特征。根据私域危机的类型特征和政府的应对方式,可以将政府私域救援分为缓释型救援、应急型救援和涉外型救援。每种救援类型的最终目标都是为了拯救生命或改善当事人的生存质量,但运作方式、权责主体、影响范围等却不相同。

第一节 政府私域救援的基本模式——缓释型救援

从危机发展的周期来看,并不是所有的私域危机都会立即导致不可挽回的损失,在较短的时间内导致当事人死亡或人身的重大伤害。相反,绝大多数私域危机都有一个较长的静默发展期,在此期间并不会引起社会甚至当事人的关注。由于这类私域危机能量释放缓慢、对个人和社会的负面影响不明显或不会立即显现出来,因而在政府应急管理的清单中并不具备优先性。但政府并不是对这类危机不闻不问,实际上,政府对此类危机的救助已经形成了较为规范的操作模式,可称之为缓释型救援。

一、缓释型救援的基本内涵

"缓释"即缓慢释放,指能量、物质、情感或信息以较低速度、较长时间、较低强度进行释放的过程。"缓释"一词多用于医药领域,指的通过延缓药物释放速率,降低药物进入机体的吸收速度,从而提高治疗效果。这里借以描述政府以较长周期的救援行动应对缓释型私域危机的方式,政府的救援行动是逐步推进的,救援效果也是逐步显现的,也反映了政府的日常服务能力和服务水平。

(一)缓释型救援的基本内涵

缓释型救援是基于私域危机的特殊需求。缓释是一种手段选择,而不是最终目标,也不是任意做出的制度规定或工作安排,而是由私域危机内在的、客观的特性所决定的。缓释型危机指一种破坏力释放周期较长的私域危机,不会在短期内造成当事人死亡或严重身体伤害,但如果任其发展,不及时有效地阻止或缓解这一过程,就会加速恶果的到来。当然,即便付出很多努力,很多情况下还是无法避免较坏的结果。然而,这种逐渐恶化的过程为救援赢得了时间,也决定了救援是不可能在短时间内就可以完成的。如艾滋病患者,如果得到适当的医疗帮助和健康指导,就能够极大改善患者的生活质量,甚至使患者获得与正常人相差无几的寿命,但如果不能给予及时医疗帮助以及社会支持,患者的免疫系统会更容易被破坏,更快地导致死亡发生。艾滋病的特征决定了政府对艾滋病患者的救助应该是一个长期的、有步骤的、合标准的操作过程,这个过程甚至可长至几十年,不会也不能毕其功于一役。

缓释型救援是一种自觉行为。政府救援力量的缓释并不是一种自发的过程,而是一种自觉的行为,主要体现为:一是救援是一种有目的的行为。所有的行为都是要挽救当事人的生命或减轻身体伤害,这与应急型救援是一样的。当然,这是狭义的目标,从广义的私域危机出发,救援的范围也包括生活、财富以及精神等各方面。二是救援是一种规范行为。从各国的实践来看,缓释型救援程序和标准都是较为规范的,且规范和标准是建立在长期的跟踪研究基础上的,具有较强的科学性。如政府对艾滋病患者或吸毒者的救助,无论是在技术、政策还是在流程方面都已形成了较为规范标准的操作模式,极大地提高了救助的水平和成效。三是救援是一种可控行为。由于缓释型救援所延续的时间较长,不同的救援对象有可能出现不同反应,因而有些救援项目和环节是可以根据实际情况进行调节的。如吸毒者戒毒的效果并不是一样的,救助人员可以根据实际情况调整治疗计划,甚至有可能提前结束救援。

缓释型救援对政府治理水平有着较高要求。如果说应急型救援对于政府的应急管理能力和风险管理系统有较高的要求外,那么缓释型救援更强调政府的日常治理水平。一是缓释型救援需要政府树立现代政府意识。与应急型救援较早地、非正式地被纳入政府的工作范畴不同,将缓释型危机纳入政府服务范畴则是较为晚近的事情,与一国的社会发展阶段有直接的关系。二是缓释型救援需要较高的政府组织能力。缓释型救援涉及的部门、机构和组织较多,涉及的技术也较为专业和复杂,如对艾滋病患者的救援不仅涉及当地政府而且涉及上级政府,不仅关系到政府部门而且关系到非政府部门,不仅需要物资和人力的投入而且需要技术和专业设备的投入,协调各种部门和机构之间的关系、培训专业人才等,都需要政府付出大量的、持续的努力。三是缓释型救援需要较大的政府投入。与应急型救援相比,缓释型救援的投入在时间上并不是很集中,或者说一次性投入规模并不大,但由于救援覆盖面更宽、持续的时间更长而且需要维持一些专业的队伍和维护一批专业设备和场所,因而从长期来看,投入更大。如对艾滋病患者的救援,如果艾滋病患者的数量增加,政府的投入也必然会增加,需要的专业救援队伍也会越庞大,而且随着国家经济实力的增强,对其救援的内容也会不断扩大,进而会导致政府开支逐步扩大。

(二)缓释型救援与社会救助

目前,缓释型救援一般都被纳入社会救助的范畴,但如果深入地理解社会救助内涵,这种归类并不完全合理。如郑功成认为,社会救助是指"国家与社会面向由贫困人口与不幸者组成的社会脆弱群体提供款物接济和扶助的一种生活保障政策",其外延"包括灾害救济、贫困救济和其他针对社会脆弱群体的扶助措施"。[①] 但缓释型救援的对象并不一定是"社会脆弱群体",如吸毒者必定是社会脆弱群体一分子吗? 又如任振兴认为,"社会救助是在公民因各种原因导致难以维持最低生活水平时,由国家和社会按照法定的程序给予款物接济和服务,以使其生活得到基本保障的制度",包括医疗、教育、住房、灾害救助、法律援助等内容,核心是最低生活保障。[②] 但政府私域救援的目标人群并不一定是生活无着落的人,其目标也不是为了给目标群体提供"最低生活保障"。又如江亮演认为,社会救助"是对需要救助者,由国家或社会大众给予救济与扶助的意思,也就是以社会力量共同来救助无生产能力之不幸或扶助、援助那些虽有生产能力但却因一时遭遇困危的不幸者之意",是一种社会福利。[③] 虽然政府私域救援的对象也是"遭遇困厄"的公民,但却与有无生产能力无关,更不是人人都享有的社会福利。孙嘉奇的观点与江亮演较为相近,他认为社会救助"乃是政府为了促进社会安全,对于因社会变迁或个人特殊致贫原因的社会成员,针对其实际之情况与需求,制定社会政策来予以必要适当之协助。除了维持其最低生活水准外,并积极协助改善受助者之生存条件,以期其能自立自强直接解决了其本身之贫穷问题,间接的也促进了社会的整合与进步"[④]。很明显孙嘉奇的理解暗含着这样一层意义:社会救助是为了解决社会问题,但私域危机

---

① 郑功成:《社会保障学》,商务印书馆 2000 年版,第 13—14 页。
② 时正新:《中国社会救助体系研究》,中国社会科学出版社 2002 年版,第 2—3 页。
③ 江亮演:《社会救助的理论与实务》,桂冠图书公司 1990 年版,第 1—2 页。
④ 孙嘉奇:《民生主义意识形态与现行社会救助政策之研究》,正中书局 1992 年版,第 53 页。

与社会问题并不能混为一谈。总之,缓释型救援是无法纳入现有的社会保障体系予以理解的。

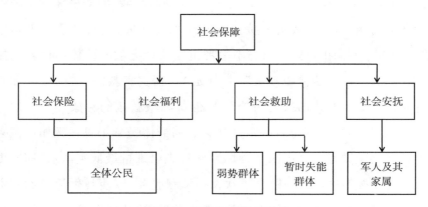

图 3-1　社会保障体系构成

　　政府主管部门也没有对社会救助进行统一定义。多吉才让曾指出,"社会救济与社会救助的实际工作并没有本质区别,但在概念上还是略有差异,简而言之,社会救助的覆盖面比社会救济更广泛,不仅包括我国社会保障体系中的社会救济和社会互助两个方面的内容,而且还应包括其他有效的救助措施。因此,为推动社会力量承担更多的社会保障责任、综合运用各种救助措施,使用社会救助的概念更有力度一些"[①]。这一阐述并没有指明社会救助的内涵,但说清楚了社会救济、社会救助和社会互助以及其他救助措施之间的关系。2014 年《社会救助暂行办法》提出,社会救助的目标是"保障公民的基本生活,促进社会公平,维护社会和谐稳定",而原则是"坚持托底线、救急难、可持续,与其他社会保障制度相衔接,社会救助水平与经济社会发展水平相适应"。《社会救助暂行办法》提出了社会救助各领域、对象和范畴,但没有明确提出社会救助的内涵。从《社会救助暂行办法》的内容来看,缓释型救援也不容易被纳入其中。

---

　　① 多吉才让:《中国最低生活保障制度研究与实践》,人民出版社 2001 年版,第 2 页。

表 3-1 社会救助基本内容①

		救助对象	救助方式
目标		保障公民的基本生活,促进社会公平,维护社会和谐稳定	
原则		托底线、救急难、可持续,与其他社会保障制度相衔接,社会救助水平与经济社会发展水平相适应	
重点工作	最低生活保障	对共同生活的家庭成员人均收入低于当地最低生活保障标准,且符合当地最低生活保障家庭财产状况规定的家庭	最低生活保障
	特困人员供养	无劳动能力、无生活来源且无法定赡养、抚养、扶养义务人,或者其法定赡养、抚养、扶养义务人无赡养、抚养、扶养能力的老年人、残疾人以及未满16周岁的未成年人	提供基本生活条件;对生活不能自理的给予照料;提供疾病治疗;办理丧葬事宜
	受灾人员救助	基本生活受到自然灾害严重影响的人员	提供必要的食品、饮用水、衣被、取暖、临时住所、医疗防疫等应急救助;过渡性安置;居民住房恢复重建补助;基本生活救助
	医疗救助	最低生活保障家庭成员;特困供养人员;县级以上人民政府规定的其他特殊困难人员	个人医保缴费部分,给予补贴;基本医疗保险、大病保险和其他补充医疗保险补助
	教育救助	义务教育阶段就学的最低生活保障家庭成员、特困供养人员;在高中教育(含中等职业教育)、普通高等教育阶段就学的最低生活保障家庭成员、特困供养人员,以及不能入学接受义务教育的残疾儿童	减免相关费用、发放助学金、给予生活补助、安排勤工助学等
	住房救助	住房困难的最低生活保障家庭、分散供养的特困人员	配租公共租赁住房、发放住房租赁补贴、农村危房改造等
	就业救助	最低生活保障家庭中有劳动能力并处于失业状态的成员	贷款贴息、社会保险补贴、岗位补贴、培训补贴、费用减免、公益性岗位安置等
	临时救助	因火灾、交通事故等意外事件,家庭成员突发重大疾病等原因,导致基本生活暂时出现严重困难的家庭,或者因生活必需支出突然增加超出家庭承受能力,导致基本生活暂时出现严重困难的最低生活保障家庭,以及遭遇其他特殊困难的家庭;向生活无着的流浪、乞讨人员提供临时食宿、急病救治、协助返回等	临时救助

---

① 根据《社会救助暂行办法》整理。

从学者们的研究和《社会救助暂行办法》的内容来看,社会救助与缓释型救援既有相同点,也有不同点。

从操作方式来看,两者具有高度的相似性:一是两者都是由政府主导。虽然社会组织、家族甚至自然人都会参与相关活动,但政府仍然具有无法替代的主导作用。二是两者都依靠较为复杂的系统。社会救助和缓释型救援都是一个较为笼统的概念,在我国的实践中,基本上每项工作都由一个部门牵头,其他部门参与,如与生存保障有关的工作经常由民政部门牵头,与发展能力有关的工作则分别由建设、卫生、劳动、教育等部门牵头,临时救助则是一项更为综合的工作。三是两种救助会有个较长的周期。除就业救助、临时救助等外,其他社会救助和缓释型救援都会持续一个相对较长的周期,这个周期由两个方面因素决定:一方面是被救助方的状况,如被救助人很快脱贫脱困了等;另一方面是政府的救援能力,如政府财政无法支持可能会减少救援的时间和项目。四是两者救援的对象都具有普遍性。从全社会来看,两者面对的问题都不是偶发的,而是具有一定的普遍性和趋势性,如贫困和艾滋病,几乎都不是以个案的形式存在的,正因为如此,两种类型的救援都形成了相当成熟和规范的运作方式。

从内涵来比,两种类型的救援还是有本质的区别的。首先,从救助对象来看,无论是学者还是政府,都认为社会救助的对象包括两类,一是社会弱势群体,二是因突发事件临时陷入困境的人,前者既指“那些丧失或缺乏劳动能力的群体”,又包括“那些在劳动力市场和生活机会分配中竞争力较弱,或是综合性能力较低而受到不平等对待的群体”。① 后者是指那些因天灾人祸而失去生活保障的人群。而缓释型救援的对象虽然深陷危机但不一定是弱势群体,即便是丧失了劳动力也不一定会失去生活来源,如吸毒者并一定都是穷人。当然,很多陷入私域危机的人也是弱势群体。其次,从引致困境原因来看,社会救助对象的困顿往往被视为社会结构变迁造成的,或个人生理缺陷导致能力不足造成,或者是自然灾害等突发因素造成的,都不是

---

① 陈成文:《社会学视野中的社会弱者》,《湖南师范大学学报》1999年第2期,第2页。

当事人主观因素造成的。但缓释型救援则不同,当事人之所以深陷困境是由于自己内在的主观的原因导致的,当事人本应该也可以避免伤害自己的事情发生的,如一般认为,一个成年人应该有关于毒品危害的常识和拒绝毒品的能力并坚决抵制毒品的。再次,从困难本身来看,弱势群体虽然面临一定的生活困境,但这些困境不一定会导致当事人的死亡,如教育救助、就业救助、住房救助等救助对象并不一定是陷于生命危险的人群。而缓释型救援的对象则不同,如果不予以及时的干预几乎肯定会导致当事人死亡。又次,从困境结构来看,除极少数外,社会救助对象虽然原因各不相同,但几乎都是由贫困引发的,如贫困导致无法上学、无法改善住房条件、无法支付医药费用。但私域危机并不完全是由贫困引发的,染上艾滋病的既有穷人也有富人,吸毒者也是不分穷富的。最后,从救援目的来看,无论是哪一类的社会救助,其目标都是直接为被救助者提供生活保障或帮助其提高自我发展能力,即便医疗救助,其根本目的也是降低当事人的经济压力。而缓释型救援的目标则是为了改善当事人的生存质量、延长甚至拯救生命。

表 3-2　社会救助与缓释型救援比较

		缓释型救援	社会救助
相同之处	实施主体	政府	政府
	主体构成	一个部门牵头,其他部门配合,社会力量参与	一个部门牵头,其他部门配合,社会力量参与
	行动周期	较长的周期	较长的周期
	对象特征	具有普遍性、趋势性	具有普遍性、趋势性
不同之处	救助对象	面临生命危险的人	弱势群体、临时陷入困境的人
	事故原因	主观因素导致、可以避免	社会变迁和天灾人祸导致,不可避免
	危机发展	导致死亡和身体严重伤害	不一定会导致死亡
	危机机构	诱发因素多样	根本原因多为贫困
	救援目的	延长被救助者生命甚至拯救生命	为被救助者提供最基本生活保障、帮助被救助者恢复生存能力、维护被救助者的发展权利

二、缓释型救援的功能和特征

虽然从公私分立的角度来看,缓释型救援并不属于公共服务的范畴,但作为社会安全网的重要组成部分,其仍是社会发展不可或缺的,具有无法取代的地位和功能。一般认为,社会救助主要有济贫、服务和平权三大功能[①],但缓释型救援则不具备这些功能,或者说主要不是这些功能。缓释型救援的最主要功能是延长被救助者生命。私域危机的一个典型特征是危及当事人的生命安全,缓释型危机救援的根本目标就是尽可能地延续被救助者的生命,避免当事人由于无力支付医疗费用、绝望、压力等而放弃生命。其次,缓释型救援具有提升被救助者生存质量的功能。通过提供基本物质资源和改善被救者的生存环境,保障受助者的基本人权,维护被救者的生命尊严。再次,缓释型救援还具有维护社会稳定功能。社会学认为,贫困是导致社会问题的重要原因,陷入私域危机的人有可能会引发贫困问题,如果所有的救助成本都由当事人和其家庭承担,当事人甚至可能走极端,激发社会矛盾,给社会带来威胁。最后,缓释型救援还具有促进社会生产的功能。有些私域危机,如艾滋病患者,如果得到较好的帮助,是能够继续工作、创造社会价值、增加社会福利的,并不会成为社会包袱。

与应急型救援相比,缓释型救援除了持续时间较长、被救助者最终难免会丧失生命、救援方式、救助对象等不同外,还具有以下几点特征:

(一)事先性

事先性是指救援程序和规范是事先确立的。缓释型救援一般采取的是事先救援的方式,但"事先"并不具有预先、预见的含义,而是指以下几种内涵:一是事先制定救援标准,即预先确定符合被救援者的资格标准和权利,

---

① 陈水生:《整体性救助:社会救助制度的功能性整合研究》,《浙江社会科学》2013 年第 11 期,第 59 页。

甚至会要为获得救援者提供证明。此外,救助对象并不限于被救者自己本身,还包括其家属,如《艾滋病防治条例》就规定,艾滋病防治对象不仅包括艾滋病病毒感染者、艾滋病病人,还包括其家属。二是事先确定救援的程序,这个程序包括被救援对象的发现程序、验证确认程序、救援资格申请、实施救助、救助成效检验、救援终止程序等。相对于应急型救援,缓释型救援的程序和举措要规范得多。三是事先意味着可以提前预防。缓释型危机一般是可以提前进行预防的,如艾滋病、吸毒等问题,都是可以提前预防的,《艾滋病防治条例》第二章就专门规定了各级政府、卫生机构、社会组织以及宣传媒体进行艾滋病防治宣传教育的职责。缓释型救援本身也包括事先预防的内容。缓释型救援之所以具有"事先"的特征,原因在于发生的概率较高,积累了较多的应对经验。如仅 2016 年,我国艾滋病发病数就达到54360 例,平均每 10 万人就有近 4 个人发病;吸毒人员超过 250 万名。目前政府帮助吸毒者戒毒也已经形成了较为成熟的规范。当然,随着社会突发事件的增多,应急型救援的程序性和规范性也逐步提升,特别是各级应急管理机构的建立,极大地加快了这一进程。

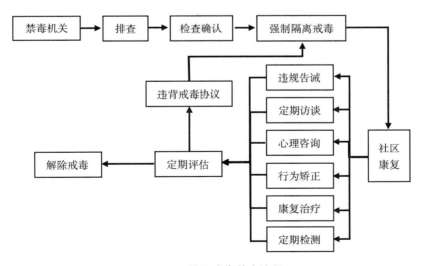

图 3-2 社区戒毒基本流程

（二）综合性

综合性是指救援内容和方式的综合性。在应急型的私域危机救援中，政府很少对当事人提供心理和生活上的帮助，除非当事人的确符合社会救助标准。但缓释型救援则不然，正常的生命救援外，往往伴随着大量的其他形式的救助，体现出高度的综合性。一是救援内容扩大。如政府除了将生活困难的艾滋病病人纳入政府救助范围外，还积极扶持有生产能力的艾滋病病人开展生产自救、就业、维权等。二是救援范围扩大。除救助本人外，还包括对当事人家庭的帮助，如《艾滋病防治条例》规定政府应该对生活困难艾滋病病毒感染者、艾滋病病人及其家属给予生活救助，如对艾滋病病人的孤儿免收上学费用，接受学前教育和高中阶段教育，减免学费等相关费用。三是除物质支持外，还包括精神上的支持。如针对吸食毒品人员的心理健康状况较差且逐步下降等问题，戒毒过程中，戒毒人员及机构还引入戒毒心理矫治，增强主动戒毒的动机。四是除针对当事人及其家庭的救助外，还要积极营造良好的社会环境。由于缓释型危机救助的大部分人属于弱势群体成员，饱受病痛、歧视、贫穷的困扰，为此很多救援都包括社会环境营造。如《艾滋病防治条例》就规定，地方各级人民政府和政府有关部门要有组织地开展宣传教育，营造艾滋病患者良好的生存环境和良好的艾滋病防治的社会环境。缓释型救援的综合性特征根源在于，一般认为，贫困是很多社会及个人问题的根源，社会支持应该普遍及根本解决贫困问题，积极消弭贫穷。①

表3-3　缓释型救援的综合性特征

	救援对象及其家人
内容	纳入低保、按时发放补助、子女免费接受九年义务教育、提供开展生产自救、就业
属性	既有物质属性，又有精神属性
范畴	既包括具体的救助行为，又包括社会环境营造

---

① 江亮演：《社会救助的理论与实务》，桂冠图书公司1990年版，第4页。

（三）选择性

选择性是指救援目标的选择性或限制性。政府私域救援和公共危机救援在目标的明确性上是有很大区别的。公共危机救援目标众多,特别是自然灾害、公共卫生事件、公共安全事件等救援目标往往是以危机影响的地理范围为限,无法对一个个具体对象的身份属性进行甄别,对于公共危机可能会影响到哪些人是很难准确预见的。如1998年全域性的洪灾中,全国共有29个省(区、市)受灾,受灾人口2.23亿人,但这些数据主要是根据灾害影响区域总人口统计出来的,有时候救灾主体根本就不知道具体救援了谁,唯一知道的就是救了某地的人。但政府私域救援的目标却非常清晰,对于救援对象的了解十分详细。但应急型救援和缓释型救援还有一些区别,前者对救援对象的了解往往停留在社会身份上,如"驴友""学生""游客""游泳爱好者"等;后者则要清晰得多,政府在救援过程中了解到的就不仅仅是其社会身份,而是包括每一个救助对象的身份、情况以及面临的具体困境,只有符合标准的对象才能进入救援的范畴。如一个饮酒过量导致胃穿孔的病人,可以享有医疗保险的帮助,但不会纳入缓释型救援的范畴。这种目标的选择性是政府私域救援特别是缓释型私域救援的重要特征,有利于对救援对象进行分类管理,对不同对象进行针对性的帮助,提高救援的质量。当然,缓释型救援目标甄别与社会救助目标甄别的目的并不相同,前者是为了确认当事人的困境从而提供更有针对性的救援,而后者主要是为了以规范的制度约束社会救助的申请,以免一些别有用心的不良分子采取欺骗的方式榨取公共资源,使救助不能真正落实到有需要的群众身上。此外,社会救助在选择救助对象时只看结果不问原因;缓释型救援则不同,它既关注被救援者的困难情境,更关注造成困境的原因,只有如此才能提高救援的针对性。

（四）单向性

单向性是指政府与救援对象权责关系的单向性,即利益赋予上是绝对的、无条件的。从权责关系的角度来看,缓释型救援类似于社会救助,被救援的对象可以单方面享受国家和社会机构的帮助,而不必付出相应的成本,不以履行一定义务为前提,也就是说救助是无条件的,甚至自己的非理性行为也不会受到惩罚,充分强调了国家和社会在保障公民基本生存权时的责任义务,具有权利和责任的单向性特征。权责的单向性根源在于,缓释型救援作为整个社会安全网最基础层次的一部分,如果为救援行动设置附加或前置身份条件,必然会导致一部分生命受到威胁需要及时救援的人得不到及时的帮助,不仅会严重损害整个社会的伦理道德,影响政府的合法性,而且会给整个社会发展埋下风险的种子。当然,政府或社会并不否定和反对被救援者承担一定的义务,甚至鼓励和支持被救助者力所能及地履行一些社会义务,但这种义务或者责任的履行,并不是其接受救援的前提条件,二者之间并不构成直接的对应关系。权责单向性,是区别缓释型救援与应急型救援的重要特征。

(五)补充性

补充性是指在面对缓释型危机时,政府提供的支持并不是最重要的,或者说并不是起决定性作用的,而只是起补充性作用的。其首要原因是,实践中,当个人深陷缓释型危机时,特别是涉及自身隐私的因素,如性病、艾滋病、吸毒等,在外部社会压力和内部心理压力双重影响下,当事人一般不想让更多的人知道。如有专家指出,目前我国有超过30%的艾滋病感染者未被发现。这些未被发现或者已被发现的一般都不愿意公开救助,有的艾滋病患者甚至宣称宁愿一辈子不让别人知道。只有靠自己能力不能自救时,才会请求政府或社会救助。第二个原因是,由于社会发展水平有限,政府不可能为每个深陷危机的人提供高质量的救援,相反,只能提供保证最基本救援需求的资金、物资或技术,低水平广覆盖,这种救援只能是一种补充。第三种情况是,当事人虽然深陷危机但自身的经济情况比较好,考虑到经济承受能力、隐私保护需要和救援质量要求,不愿意接受政府救援。因此,从整体需求来看,缓释型救援是作为自我救援力量不足的一种补充。但这种补充的意义十分重大,一方面能够实实在在弥补社会安全网络的不足,另一方面在社会精神文化层面也能起到良好的示范带动作用。

三、缓释型救援的目标原则

缓释型救援的目标包括两个方面:从宏观角度看,根本目标是保障人民生命安全、提高人民生活质量,避免引发社会问题和社会危机;从微观角度看,就是拯救和延长当事人生命,提高当事人的生存质量。宏观目标和微观目标之间既有联系又有区别。其联系表现在,微观目标为实现宏观目标提供了前提和基础,宏观目标反过来又为微观目标提供了归宿和依据。其区别表现为,两个目标的背后分别有着独立的伦理要求,其中,前者依据是公共行政伦理,即政府为了维护和促进社会健康运行应该坚守的一些基本伦理标准,更理性、更生硬;后者依据则是一般意义的人权和人道主义,更感性、更根本。

缓释型危机的复杂性决定了必须明确对其救援的基本原则,以此来加深人们对其基本内容和基本价值的认识和理解。另外,确定基本原则还能弥补现有的法律法规及政策的漏洞。在总结我国实践经验的基础上,本研究认为我国缓释型救援应坚持以下几点基本原则。

(一)国家主导原则

国家主导原则是指,国家有向陷入生命危机的公民提供救援的义务,并在缓释型危机救援的过程中应当承担主导责任。但主导责任并不是全部责任或主要责任,这里的主导是针对各种具体的救援行动而言的,指的是在来自个人、法人、国内外社会组织等各种力量中,政府的救援力量应成为主导。这是因为,社会组织的救援力度、持续性、覆盖面等都不能保证,且在很多欠发达国家和地区,社会组织发展水平较低,根本无法承担大规模救援的任务,且个体或社会组织的救援活动也同样存在力量有限、范围有限、技术有限等问题。只有国家主导,才能实现确保救援工作的持续性、规范性和广泛性。

（二）主动救援原则

主动救援原则是指，针对特殊的群体，政府有权力、有责任主动进行救援，具有强制性。这与社会救助、应急型救援不完全一样。这种强制性体现在以下几个方面：首先，政府及相关人员有权知道当事人情况及引发危机的原因，即便涉及当事人的隐私。其次，政府有权主动对高危人群实施监控教育，如为了防治艾滋病，政府有权力也有责任对吸毒者、性工作者以及同性恋者进行教育，在必要的情况下甚至可以强制进行检查确认。再次，政府应该主动收集疑似或确认案例数据，并及时跟进，按程序进行处理。最后，政府有权对不服从管理、不接受救援的人采取强制措施，如戒毒人员违背社区康复协议的公安部门有权对其进行强制隔离戒毒。之所以要对部分人群进行强制救援，是因为缓释型危机具有一定的社会风险，如果不能及时处置可能会引发更多的危机，如国际在线曾报道肯尼亚一名 19 岁女大学生被传染上艾滋病后疯狂地与 324 名男性发生了性关系，导致他们染病，并宣称自己不会停止"报复"。①

（三）积极救援原则

积极与"消极"相对，是指为实现某种目标而对现状进行主动干预。积极救援包含两个方面意义：一方面指政府要主动对深陷危机的人群进行救援；另一方面是指救援的方式要多样化，除了最低限度的生命救援外，还应该提供更多的帮助，帮助当事人提高生活质量甚至承担力所能及的责任，激发救援对象自强自立的精神，避免因危机而导致更多的问题和危机。积极救援还暗含着一层含义，即如果被救援对象提出一些合理但特殊的请求，也应该给予力所能及的帮助。在现实中，很多被救援者虽然面临挑战，但仍愿意自力更生，承担更多的社会责任，因此，其需求往往超越生命救援和社会救助、社会救济的范畴，虽然其要求有可能会超出正常标准和程序，但很多

---

① 《肯尼亚 19 岁女生感染艾滋后报复男人　已致 300 余人染病》，国际在线 2014 年 4 月 2 日，见 http://gb.cri.cn/42071/2014/04/02/5411s4489399.htm。

要求往往是积极的,无论是从经济的角度还是从社会价值观塑造的角度,都应该尽可能予以支持。在实践中,各级政府也是如此行事的,如吸毒者创业、融资甚至婚姻问题的解决,都能得到政府的大力支持。

(四)无差别救援原则

无差别指的是对所有陷入危机的公民应给予相应的救援支持,而且标准、程序都应该是无差别的。这种救援与公民的民族、性别、宗教、职业、财富、道德等无关系。强调无差别救援的根源在于,一是从救援的对象来看,作为一名公民,面对相似的情况享有同等的权利,这种平等权利是受宪法和法律保护的。二是从危机的结果来看,当事人的身份不会影响危机的结果,提供平等的救援是有必要的。三是从危机的影响来看,无论哪个群体,相同的危机对于社会和他人的威胁是相似的。因此,在面对私域危机时,既不能对任何人心存侥幸,也不能在救援方式上厚此薄彼。当然,无差别救援并不是说同时同地同标准,而是指相同情况同样对待,如戒毒,对于不同吸毒阶段的人群要区别对待,而对相同阶段和症状的人则采取同样的帮助。无差别救援的最终目的是,在结果相似的情况下,尽量使被救援者享受相同质量的生命过程。

(五)适度救援原则

适度是指救援行动要与经济社会发展水平相适应。社会安全网络建设和运行水平是一个逐步完善、逐步提升的过程,无论是私域救援、社会救助还是社会救济,都同样受到经济社会发展水平的制约。救援标准高于经济社会发展水平,会增加全社会经济发展的压力,影响社会的长远发展;标准过低则不能更好地提供救援,人为降低了救援的成效。适度救援本质上是要求协调公平与效率的关系,从公共资源配置的角度来看,政府进行私域救援应坚持公平的原则,但这种公平不应该成为"平均主义",除无差别地提供生命救援外,应该提供更多的资源去帮助那些有能力、有意愿进行自救甚至帮助他人的被救援者,发挥当事人的自立性和主动性,提高资源投入产出效率。

四、缓释型救援的基本体系

救援体系和运行机制关系到能否系统有序地组织政府与社会力量参与救援行动,既关系到社会资源的充分有效利用,又关系到被救援者需求的尽可能满足。缓释型救援仅仅是社会安全网络的补充,目前并未形成独立的、明确的制度与体系。与社会保险、社会救助、社会救济相比,缓释型救援的系统性和制度性并不清晰,但这并不是说其是一种随机的、任意的过程。相反在实践中,已经形成了隐约可见的推进系统。

从救援内容来看,缓释型救援所涉及的内容可以分为核心内容、连带内容、拓展内容三个部分。核心内容指的是生命救援,决定了缓释型救援的特征属性。连带内容包括贫困救助、心理疏导、权益救助三个部分,其中贫困救助的对象包括当事人及其家庭成员。拓展内容包括社会减压、生产自救与互助互济。社会减压指的是营造更好的社会氛围,特别是要避免社会歧视,减轻当事人的社会文化压力,营造宽容宽松的社会氛围,其中最重要的是澄清事实,帮助其他社会成员准确地了解发生了什么,正确地保护自己的同时也能够友善地对待陷入危机的人们;生产自救包括两个方面内容,一方面通过帮助当事人就业,另一方面就是帮助当事人创业,通过生产自救让陷入危机的人树立信心、获得尊严,重新进入社会;互助互济指的是引导面临同类危机的人互相帮助,特别是那些有一定能力的人帮助那些在财富、技能以及心理上更匮乏、更脆弱的人,营造良好的亚文化空间,通过各种类型的交流让陷入危机的人获得更多的自我拯救的知识、能力和安全感、认同感。

从救援方式来看,缓释型救援已经成为包括社会保险、社会救助、社会救济在内的综合性救援。其中,连带内容中很多内容属于社会救助、社会救济的范畴,拓展内容中很多内容属于社会救助、社会救济范畴又属于社会保险工作。之所以出现这种情况,主要由于以下几点:一是社会观念发生变化,其中最大的变化是人权、生命权等基本价值观逐渐被广泛接受。社会已经广泛认识到,虽然个人应对其自由选择的后果负责,甚至应该受到惩罚,但一个人的生命权不应该因此而轻易丧失。二是生命救援的复杂性。随着实践的深入,人们逐渐认识到,缓释型危机不仅仅是一个心理或生理问题,生命救援绝不仅仅是一个技术问题,单纯的技术支持往往事倍功半,将生命救援与社会帮扶、心理帮助等手段结合起来事半功倍。三是单个部门在面对私域危机救援时往往会感到力不从心,特别是承担救援任务较多的民政、卫生、公安等部门更是如此,积极吸纳劳动、住建、经济、财政、教育、扶贫、宣传等部门参与救援,可以切实提升救援效率,更能够从根本上减少缓释型危机的发生。如山东省艾滋病防治工作就涉及省直32个主要部门和单位。

从救援主体来看,已经实现了包括政府、社会组织和个人共同参与,而且实现了从多头救援、分散救援向有机衔接、整体推进发展,构建了更新更大的社会救援框架体系。这种社会救援框架体系一方面适应了缓释型救援工作范围越来越广、工作要求越来越高的要求,另一方面又顺应了时代的要求,为社会慈善事业发展提供了平台。这种框架体系的优点:首先最重要是能够充分发挥各方面的优势,实现资源整合;其次,这种体系既可以保证陷入危机的人获得一般的、标准化的救援服务,又能够通过提供更多的救助服务和社会组织、个人的帮助,满足被救助者特殊的要求;再次,这种体系能够避免因政府不能及时救援而造成部分需要救援的人得不到及时的救援;最后,这种体系实际上使得各部门、各组织之间既形成了一种相互支持、相互帮助的关系,又构成了一种相互监督、相互督促的关系,特别是从一种内部监督变成了外部监督,有利于提升各种救助行动的落实。随着社会发展水平的提高和私域危机救援工作本身的演进,救援主体结构必然会发生调整,并进而深刻改变着私域危机救援的体制机制。

五、缓释型救援的重点范畴

在过去很长时间内,身陷私域危机、面临死亡威胁的人不仅得不到政府的帮助,相反还会受到社会的歧视。虽然现在政府已经逐步正面看待这些问题,但社会仍不愿将其与其他公共危机、社会问题甚至个人问题相提并

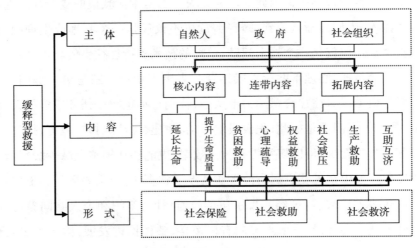

图 3-3　缓释型救援基本体系

论。在缓释型危机中,艾滋病、吸毒和性病等问题虽然与其他可能致命的问题并没有本质区别,但却被社会视为是不可接受的,即便当事人可能也是受害者。这不仅是因为恐惧和不了解,更重要的是因为社会对其引致原因存在一个顽固的负面认识:长期以来,人们对于私域活动的认识总是晦暗的,私域危机总是被认为与道德缺失、行为不端、乖觉反常等相联系,一切触发私域危机的行为都被视为反常的、不道德的。可以说,这是一个充满争议的领域,世人习以为常的很多价值观念和行为标准在此都会受到重新拷问,从对艾滋病患者与吸毒成瘾者的态度就可以看出。

　　艾滋病是公共危机、社会问题还是私域危机?虽然政府已经将艾滋病救助纳入社会救助的范畴,但社会对其属性的认识并未一致。事实上,艾滋病的社会属性和私人属性都非常明显。从艾滋病患者的传播速度、患者数量及其带来的严重社会影响来看,应该属于社会问题,但并不具备危机所要求的突发性特征。但考虑到艾滋病的主要传播方式特别是目前我国艾滋病的主要传播方式——静脉注射吸毒和不安全性行为,其私人属性又十分明显。艾滋病很多是高危行为的结果,这种高危行为的直接原因是个人对某种快感的追求,更重要的是,这种高危行为往往又是属于绝对私密的,如无论是哪种性行为方式都属于人们隐私的核心,法律对其作用有限,甚至道德约束也不存在。由此导出两个疑问:首先,一个法律甚至道德管不到的地方是属公还是属私,社会问题是指高危行为的结果还是指高危行为本身? 其次,很明显,传染性和致命性是艾滋病之所以被视为社会问题的重要原因,但这一理由十分勉强,因为病毒性感冒的传染性可能高于艾滋病,也可能会发展成致命的疾病,为什么感冒不会被视为社会问题? 更重要的是,在实践中,如果询问公众是否愿意为一名重病患者提供帮助,回答基本是肯定的,但如果问公众是否愿意为一名性生活混乱的艾滋病患者提供帮助,答案可能是否定的。从患者的组成来看,据统计艾滋病更容易在弱势群体中间传播,但弱势群体面临的问题是否必然是社会问题? 如果是公共危机或社会问题,那就不应该要求社会给予道德宽容。从原因来看,也不应属于公共危机。很多艾滋病是由于高危行为引发的——所谓高危行为即不是一般的、正常的行为,行为是具有个体特征的,很难和贫困等联系起来,这和很多传染病有着一定的区别,很多传染病并不是通过高危行为来传播的;从救援的实施方式来看,也是个体的,而不是群体的。严格地说,艾滋病本可以限制在一个非常有限的空间内,但正是由于其私密性导致了其不可控性。为此,可以将对艾滋病患者的救助归于缓释型救援。

毒品泛滥无疑是一种严重的社会问题,一方面很多吸毒现象是由其他社会问题引起的,如 2015 年我国明确登记职业信息的吸毒人员中,无业人员占 69.5%,弱势群体占整个吸毒人群的比重超过 70%;另一方面毒品已经引发了严重的社会问题。但个体吸毒行为和吸毒者的身份属性仍存在争论和分歧,一方认为吸毒成瘾是一种疾病,吸毒者是病人;而另一方则视之为犯罪行为。从我国的法律实践来看,纳入《中华人民共和国刑法》管理的仍然是走私、贩卖、运输、制造毒品以及引诱、教唆、欺骗、强迫他人吸食、注射毒品等行为,但吸食毒品行为并未纳入。因为,当前实践和学术界都认为,就个人而言,吸毒行为的社会危害性并不明显,仍属于私域行为范畴,对吸毒者的行为处罚属于行政处罚,甚至将戒毒人员视为无能者的个人责任论。“从个人责任论视角,西方社会最初将贫弱者、生活极度困难者视为个人无能,而对其中的道德低下者更认为不值得帮助,因而弱势群体的概念也

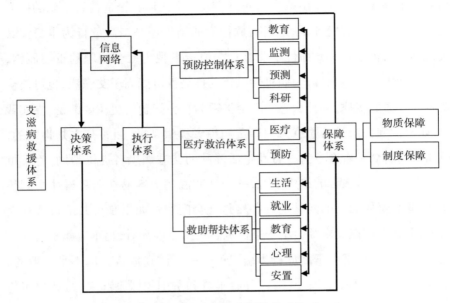

图 3-4　艾滋病患者帮扶救助体系

就不存在。"①另一方之所以将这种行为定性为违法,是因为其对吸毒者及其家庭具有危害性,会引发巨大的私域危机甚至社会危机,政府有权和义务对其干预。可以说政府对吸毒者的处罚和救助属于典型的政府私域救援。一方面,个体的吸毒行为具有明显的私人属性,不属于社会问题、公共危机,引发的危机应由其个人负责;另一方面,吸毒会引发个体及其家庭的严重危机,这些危机可能会造成其基本人权和公民权的丧失,触发更多的经济和社会问题,因此,需要及时的干预,政府应当积极主动充当救助者。戒毒工作的内容并不仅仅是指帮助吸毒人员停止吸毒行为,而是包括生理脱毒、身心康复、强制戒毒、社会帮教、重返社会等内容在内的系统化工作,而且每项工作都有意针对吸毒者的不同身份属性。其中,生理脱毒和心理戒毒是基于吸毒成瘾会引起人的器质和心理变化这一事实,将吸毒者定义为病人,因此主要目标是通过脱毒治疗和心理治疗、心理辅导等帮助吸毒者身体康复,重

---

① 龚世俊:《我国城市特殊弱势群体存在的问题及其对策》,《学术界》2013 年第 5 期,第 215—222 页。

拾生活的信心;强制戒毒和社会帮教是另一种戒毒方式,这种方式是建立在吸毒者是违法者这一假设基础上的。劳教戒毒目标是针对强制戒毒后又复吸的吸毒成瘾者,采用劳动教养强制戒除的方式;社会帮教主要是通过防止复吸、阻隔正常人、帮助吸毒者回归社会来防止和帮助吸毒者。社会救助视吸毒者为一个弱势的公民,与其他弱势群体一样享受被救助的权利。由于吸毒与艾滋病具有很强的关联性,因而我国对两者的帮扶往往是一致的。但对吸毒者的救助的核心是康复身心,最终目的是帮助其重新融入社会,这与艾滋病救助不完全一样。

表 3-4　吸毒者帮扶模式

吸毒者身份属性	救助对象	救助方式	救援内容	救助目标	责任单位
病　人	一般吸毒者	自愿戒毒	生理脱毒、心理治疗和心理辅导	帮助吸毒者康复身体,重拾生活的信心	卫生部门、民政部门
违法者	顽固的、对社会存在较大威胁的吸毒成瘾者	强制戒毒	家庭、民警和党政干部"三位一体"社会帮教		公安部门、民政部门
	强制戒毒后又复吸的吸毒成瘾者	劳教戒毒	集中收容帮教		司法部门、卫生部门
公民	所有吸毒者		生活救助、医疗救助、失业救助、社会服务等	帮助吸毒者重新融入社会	劳动与社会保障部门、民政部门、卫生部门、财政部门、教育部门等

第二节　政府私域救援的基本类型——应急型救援

应急型救援是针对突发型私域危机而言的,指非常态情况下政府对深陷生命危机的公民施以援手,以避免因非常态因素造成伤亡。应急型救援并不是现代社会出现的,在我国古代,政府对面临生命危险的公民施以援手被认为是"爱民如子"的表现,符合"仁政"的伦理价值。进入现代社会,多元化的价值观、多样化的生活方式和更加宽容的社会空间,使得个人的行为更加具有不可预测性,发生突发型私域危机的可能性大大增加,应急型救援的频率也随之增加。在实践中,突发型私域危机一般被视为突发事件,被纳入政府应急管理范畴。

一、当前政府应急管理的重点

突发型的私域危机是一种突然发生、容易引起人员伤亡的紧急状态,这种特殊情境具有突发事件的几乎所有特征:出乎意料、发展迅速、后果严重。虽然一些突发型私域危机和一些公共危机发展进程的时间特征差不多,但我国政府关于应急管理的各种规定对于突发事件的定义以及各种突发事件的类型均不适用于突发型私域危机。

比较《中华人民共和国突发事件应对法》和《国家突发公共事件总体应急预案》中关于突发事件和突发公共事件的定义可以看出,二者的内容基本上是一致的。前者将突发事件定义为"突然发生,造成或者可能造成严重社会危害,需要采取应急处置措施予以应对的自然灾害、事故灾难、公共卫生事件和社会安全事件"。后者则将突发公共事件定义为"突发发生,造成或造成重大人员伤亡、财产损失、生态环境破坏和严重社会危害,危及公共安全的紧急事态"。虽然内容略有不同,但强调的都是事件的突发性、重大性或严重性,具有社会危害性,所指涉的均是公共危机而不是私域危机。

从立法和制定预案的目标来看,也可以看出政府应急管理的核心是公共危机。其中,《中华人民共和国突发事件应对法》"为了预防和减少突发事件的发生,控制、减轻和消除突发事件引起的严重社会危害,规范突发事件应对活动,保护人民生命财产安全,维护国家安全、公共安全、环境安全和社会秩序",而《突发公共事件总体应急预案》是为了"提高政府保障公共安全和处置突发公共事件的能力,最大程度地预防和减少突发公共事件及其造成的损害,保障公众的生命财产安全,维护国家安全和社会稳定,促进经济社会全面、协调、可持续发展"。可见,在我国政府的实践中,突发事件、突发公共事件和公共危机具有同一性,实践的属性和对象也不适用于私域危机。

虽然《中华人民共和国突发事件应对法》和《国家突发公共事件总体应急预案》中关于突发事件和突发公共事件的定义略有不同,但都按照事件发生的过程、性质和机理,将其分为自然灾害、事故灾难、公共卫生事件和社会安全事件四大类,而且强调其必须是"对全国或一个地区的经济社会稳定、政治安全构成重大威胁或损害,有重大社会影响的涉及公共安全的紧急事件"。从这些事件的定义、范围以及类型来看,也不包括私域危机。

表 3-5 突发公共事件类型①

类 型	示 例
自然灾害	主要包括水旱灾害,台风、冰雹、雪、沙尘暴等气象灾害,火山、地震灾害,山体崩塌、滑坡、泥石流等地质灾害,风暴潮、海啸等海洋灾害,森林草原火灾和重大生物灾害等
事故灾难	主要包括民航、铁路、公路、水运等重大交通运输事故,工矿企业、建设工程、公共场所及机关、企事业单位发生的各类重大安全事故,造成重大影响和损失的供水、供电、供油和供气等城市生命线事故以及通讯、信息网络、特种设备等安全事故,核与辐射事故,重大环境污染和生态破坏事故等
公共卫生事件	主要包括突然发生,造成或可能造成社会公众健康严重损害的重大传染病疫情(如鼠疫、霍乱、肺炭疽、传染性非典型肺炎等)、群体性不明原因疾病、重大食物和职业中毒,重大动物疫情,以及其他严重影响公众健康的事件
社会安全事件	主要包括重大刑事案件、涉外突发事件、恐怖袭击事件、经济安全事件以及规模较大的群体性事件等

从突发事件等级划分来看,私域危机也无法纳入最一般的突发事件范畴。《中华人民共和国突发事件应对法》和《国家突发公共事件总体应急预案》均按照社会危害程度、影响范围等因素,将自然灾害、事故灾难、公共卫生事件、社会安全事件分为特别重大、重大、较大和一般四级,并规定每一级的灾害对应的责任主体。其中,一般突发事件是指其影响局限在社区和基层范围之内,可被县级政府所控制的危机。从一般突发事件的定义来看,突发型私域危机可以归类其中,但就其具体内容来看,又将其排斥在外。更重要的是,突发危机是从紧

---

① 关于《国务院有关部门和单位制定和修订突发事件应急预案框架指南》的说明。

急程度来定义的,而私域危机是从事件责任属性来概括的,二者标准不一样。

表 3-6　各类型突发公共事件的分级标准和应对标准

	特别重大(Ⅰ级,红)	重大(Ⅱ级,橙)	较大(Ⅲ级,黄)	一般(Ⅳ级,蓝)
自然灾害①	某一省(区、市)行政区域内,发生特别重大自然灾害,一次灾害过程出现下列情况之一的: a.死亡200人以上; b.紧急转移安置或需紧急生活救助100万人以上; c.倒塌和严重损坏房屋20万间以上; d.干旱灾害造成缺粮或缺水等生活困难,需政府救助人数占农牧业人口30%以上,或400万人以上	某一省(区、市)行政区域内,发生重大自然灾害,一次灾害过程出现下列情况之一的: a.死亡100人以上,200人以下; b.紧急转移安置或需紧急生活救助80万人以上,100万人以下; c.倒塌和严重损坏房屋15万间以上,20万间以下; d.干旱灾害造成缺粮或缺水等生活困难,需政府救助人数占农牧业人口25%以上,或300万人以上	某一省(区、市)行政区域内,发生重大自然灾害,一次灾害过程出现下列情况之一的: a.死亡50人以上,100人以下; b.紧急转移安置或需紧急生活救助30万人以上,80万人以下; c.倒塌和严重损坏房屋10万间以上,15万间以下; d.干旱灾害造成缺粮或缺水等生活困难,需政府救助人数占农牧业人口20%以上,或200万人以上	某一省(区、市)行政区域内,发生重大自然灾害,一次灾害过程出现下列情况之一的: a.死亡30人以上,50人以下; b.紧急转移安置或需紧急生活救助10万人以上,30万人以下; c.倒塌房屋和严重损坏房屋1万间以上,10万间以下; d.干旱灾害造成缺粮或缺水等生活困难,需政府救助人数占农牧业人口15%以上,或100万人以上
事故灾难②	造成30人以上死亡,或者100人以上重伤(包括急性工业中毒,下同),或者1亿元以上直接经济损失的事故	造成10人以上30人以下死亡,或者50人以上100人以下重伤,或者5000万元以上1亿元以下直接经济损失的事故	造成3人以上10人以下死亡,或者10人以上50人以下重伤,或者1000万元以上5000万元以下直接经济损失的事故	造成3人以下死亡,或者10人以下重伤,或者1000万元以下直接经济损失的事故
公共卫生事件③	(1)一次事件出现特别重大人员伤亡,且危重人员多,或者核事故和突发放射事件、化学品泄漏事故导致大量人员伤亡,事件发生地省级人民政府或有关部门请求国家在医疗卫生救援工作上给予支持的突发公共事件。 (2)跨省(区、市)的有特别严重人员伤亡的突发公共事件; (3)国务院及其有关部门确定的其他需要开展医疗卫生救援工作的特别重大突发公共事件	(1)一次事件出现重大人员伤亡,其中,死亡和危重病例超过5例的突发公共事件; (2)跨市(地)的有严重人员伤亡的突发公共事件; (3)省级人民政府及其有关部门确定的其他需要开展医疗卫生救援工作的重大突发公共事件	(1)一次事件出现较大人员伤亡,其中,死亡和危重病例超过3例的突发公共事件; (2)市(地)级人民政府及其有关部门确定的其他需要开展医疗卫生救援工作的较大突发公共事件	(1)一次事件出现一定数量人员伤亡,其中,死亡和危重病例超过1例的突发公共事件; (2)县级人民政府及其有关部门确定的其他需要开展医疗卫生救援工作的一般突发公共事件

---

① 《国家自然灾害救助应急预案》(2011年10月16日修订)。
② 《国家安全生产事故灾难应急预案》,2006年1月22日颁布实施。
③ 《国家突发公共事件医疗卫生救援应急预案》,2006年2月26日颁布实施。

续表

特别重大(Ⅰ级,红)	重大(Ⅱ级,橙)	较大(Ⅲ级,黄)	一般(Ⅳ级,蓝)
社会安全事件①	(1)一次参与人数5000人以上,严重影响社会稳定的事件; (2)冲击、围攻县级以上党政军机关和要害部门,打、砸、抢、烧乡镇以上党政军机关的事件; (3)参与人员对抗性特征突出,已发生大规模的打、砸、抢、烧等违法犯罪行为; (4)阻断铁路繁忙干线、国道、高速公路和重要交通枢纽,城市交通8小时停运,或阻挠、妨碍国家重点建设工程施工,造成24小时以上停工事件; (5)造成10人以上死亡或30人以上受伤,严重危害社会稳定的事件 (6)高校内聚集事件失控,并未经批准走出校门进行大规模游行、集会、绝食、静坐、请愿等行为,引发周边地区连锁反应,严重影响社会稳定; (7)参与人数500人以上,或造成重大人员伤亡的群体性械斗、冲突事件; (8)参与人数在10人以上的暴力事件; (9)出现全国范围或跨省(区),或跨行业的严重影响社会稳定的互动性连锁反应; (10)其他视情况需要作为特别重大群体性事件对待的事件	(1)参与人数在1000人以上、5000人以下,影响较大的非法集会游行示威、上访请愿、聚众闹事、罢工(市、课)等,或人数不多但涉及面广和有可能进京的非法集会和集体上访事件; (2)造成3人以上、10人以下死亡,或10人以上、30人以下受伤群体性事件; (3)高校校园网上出现大范围串联、煽动和蛊惑信息,校内聚集规模迅速扩大并出现多校串联聚集态势,学校正常教育教学秩序受到严重影响甚至瘫痪,或因高校统一招生试题泄密引发的群体性事件 (4)参与人数200人以上、500人以下,或造成较大人员伤亡的群体性械斗、冲突事件; (5)涉及境内外宗教组织背景的大型非法宗教活动,或因民族宗教问题引发的严重影响民族团结的群体性事件; (6)因土地、矿产、水资源、森林、草原、水域、海域等权属争议和环境污染、生态破坏引发的,造成严重后果的群体性事件; (7)已出现跨省(区)或行业影响社会稳定的连锁反应,或造成了较严重的危害和损失,事态仍可能进一步扩大和升级; (8)其他视情况需要作为重大群体性事件对待的事件	(1)200人以上直接参与冲击、围攻县级以上党政机关及重要部门,发生打砸抢烧、群体性械斗或骚乱; (2)500人以上直接参与的非法集会游行示威、聚众闹事、群体性械斗和堵断交通要道或枢纽; (3)影响极大的爆炸、投毒、枪击、绑架等特别严重的刑事案件(一次伤亡人数5人以上的); (4)外籍人在我省或我省公民在境外遭遇的较大生命财产损失事件; (5)某一地区范围内重要商品和服务价格异常波动品种达2～3种,涨幅达50%～100%,市场有抢购迹象; (6)全省超过一半以上的地级市场粮食供应较为紧张,并且粮食价格在一周内上涨30%以上,群众抢购粮食,社会出现不稳定情绪; (7)其他经地级以上应急委认定或国家有关部门规定的较大社会安全事件	(1)100人以上直接参与冲击、围攻县级、乡(镇)党政机关及重要部门,发生打砸抢烧、群体性械斗或骚乱; (2)500人以上直接参与的非法集会游行示威、聚众闹事、群体性械斗和堵断交通要道或枢纽; (3)影响较大的爆炸、投毒、枪击、绑架等特别严重的刑事案件; (4)县级行政区内重要商品和服务在7日内,价格异常波动品种达1～2种,波动幅达50%,市场有抢购迹象; (5)全省超过三分之一以上的地级市场粮食供应开始紧张,粮价在一周内上涨20%～30%以上,部分群众开始争购粮食,社会出现了一些不稳定情绪; (6)其他经县级应急委认定或国家有关部门规定的一般突发社会安全事件

---

① 《特别重大、重大突发公共事件分级标准(试行)》,较大(Ⅲ级,黄)、一般(Ⅳ级,蓝)社会事件为某省标准。

综合来看,目前政府应急管理的重点是公共危机。从国家对突发事件的定义、分类和分级来看,突发型私域危机难以归属于任何一种公共危机事件,公共危机的内涵属性、分类标准、内在特征和管控模式并不完全适用于突发型私域危机。突发型私域危机具有自己独特的属性。

(一)非利益性

利益是指满足人的物质需要和精神需要的保障条件。几乎所有涉及人的突发事件均会涉及利益博弈。从本质上说,一切公共危机也都是由某种利益冲突引起的,无论是事故灾难、卫生灾难还是突发社会事件,其根源都离不开特定社会群体对利益的追求,甚至一些自然灾难也是人类过度追求利益的结果。但突发型私域危机的利益属性则不明显,可以为一种纯粹行为导致的突发事件,不具有经济、社会、政治以及生态环境意义。这种非利益性特征主要表现在以下几个方面:首先,危机的发生并不是由明显的对其他群体的利益诉求引发的。如一些"驴友"虽然因个人喜好而导致自己身处险境,但这些个人喜好或私利并不会侵犯其他人的利益,带来社会财富的损减或增加。其次,危机的发展并不由直接利益驱动,而是受当事人自身身体状况和所处环境影响,如 2013 年 8 月湖南耒阳一男子悬在桥边意欲轻生,当警察成功劝说男子放弃轻生念头时,该男子却因体力不支撑下 50 米高耒水大桥。最后,危机解决的结果也不会引起利益格局的变化,既不会满足当事人经济利益,也不会直接造成其他人利益受损。如拯救一名自杀者所带来的利益增加或克减一般不会被其他人直接感受到。非利益性使得突发型私域危机虽然关系到人的安危,但与人民内部矛盾以及人与自然冲突等宏大问题无涉,处理这类问题不涉及社会利益调整,也不会引发社会对利益结构和追求利益方式的反思。

(二)非结构性

结构是指各部门组成整体的一种比例安排。一般认为,公共危机是一种结构性矛盾激化,由相互对立的群体利益分配不公引发。但突发型私域危机则并非是由结构性的利益紧张引起的,与贫富分化、治安混乱、政府腐败、生态问题等具有普遍意义的问题无关,和结构性矛盾造成的隔阂、疏离、剥夺、失落、挫折、愤怒甚至仇视、敌对无关。非结构性根源于私域危机的非社会性特征,即突发型私域危机并不是由社会结构变动引起的,而是一种行为主义的结果。非结构性也决定了突发型私域危机的其他明显特征:一是非对抗性,即不存在利益的对抗,既不存在群体与群体的对立,也不存在社会与自然的对立;二是非偏激性,即事件本身不会触发一种情绪感染,感染更大的社会群体,触发群体性心理失控,采取不理智、不冷静的举措。三是不存在双重效果,即对于社会而言,突发型私域危机危险与机遇的双重特性并不明显,此类危机对于改进社会结构,避免更大更多社会矛盾是没有太多借鉴意义的。

(三)非扩散性

扩散指的是物质、能量或信息从一种载体转移至另一种载体的现象。危机是一种能量的释放过程,一方面能量从矛盾的一方传递给另一方,另一方面从一种矛盾传递给另一种矛盾,激发新的危机。公共危机是一种能够触发涟漪反应的重大突发事件,蕴含着巨大的能量,这种能量能够引起更大范围的社会波动,产生连锁反应,形成扩散现象。这种扩散有两种形式,一是范围扩散。由于社会的整体性、开放性以及人类活动的关联性、紧密性,如果不对公共危机进行干预,危机影响的人会越来越多,波及的地区也越来越广,甚至会超越国界,如 SARS、埃博拉病毒等公共卫生事件。二是类型扩散。所谓类型扩散是指一种危机会引发另外一种危机,其中,原发的危机为原生危机,而原生危机引发的危机为次生危机或衍生危机。次生危机是指原生危机直接引发的危机,如 2008 年汶川特大地震后发生了一系列的地质灾害等。衍生危机则是指一种公共危机间接引发的危机,这种危机往往是人为的、可以预测的、可以抗拒的公共危机,如自然灾害后往往会有心怀回测的人借机造谣生事,引发恐慌乃至重大社会危机。但与公共危机不同,突发型私域危机并不具有扩散性,原因在于,私域危机本身并不具有公共危机所蕴含的能量,不能形成能量落差,产生涟漪效应,引起更多的危机,也不能引发另外的危机。此外,突发型私域危机也不同于缓释型危机,如艾滋病、性病等,本身具有一些传染性。因此,突发型私域危机一般不会成为一种更大危机的"导火索",无法直接或间接刺激另外一些危机的发生。突发型私域危机之所以不具有扩散性,在于其一般不具有议题性,没有共同的利益目标将不相干的人维系在一起,无法为社会公众共同诉求提供一般性的共识,吸纳相同利益者,使群体逐步扩大,事态不断蔓延,并引起社会舆论的同情,使参与者产生期待、仿效、敌意、恐慌、愤怒甚至歇斯底里、势不两立等心理状态,进而彻底引爆特定群体向往改变现状的潜能,促使该群体以集群行为的形式来达到其目的,导致爆发突发公共事件。但这种非扩散性也是相对的,并不是说突发型私域危机一定不会触发公共危机,或产生衍生危机、派生危机。

(四)非不确定性

不确定性是指事先不能准确知道某种事件的结果或走向。从主观方面来看,人类理性是有限的,无法完全掌握危机开端、演化还是影响等瞬息万变的信息。从客观方面来看,公共危机是一种复杂事件,由于影响的范围、程度、损失大小等受复杂因素影响,具有征兆不确定、状态不确定、影响不确定和反应不确定等特征。但突发型私域危机的发展则可预测得多。虽然私域危机发生的具体时间、地点、形态和性质很难事先准确预测,但其发生的区域、环境是可以确定的,且危机发展变化的方向不具有多变性,危机状态具有高度的可预测性,危机影响的变数也不大。此外,突发型私域危机救援涉及的部门较少,影响政府认知和行为的因素都较为明了,政府行为的意外较少,结果较为确定。

表3-7 突发型私域危机与公共危机比较

	公共危机	突发型私域危机
危机诱因	利益冲突	非利益冲突
危机根源	社会变迁、利益调整	纯粹私人偏好

续表

	公共危机	突发型私域危机
表现方式	对抗性、激烈性	非对抗性、非偏激性
管理效果	双重效果；危险和机会并存	成效更加单一
危机影响	影响广泛	影响有限
危机后果	不确定	较为确定

二、应急型私域危机救援的基本特征

对于政府而言，突发型私域危机也是一种突发事件，一直被纳入政府应急管理范畴，且已经形成了较为成熟的操作程序和操作规范，与突发公共事件的救援并无区别。但作为一种非群体性的突发事件，政府对其进行救援，一方面存在不同于突发公共事件救援的特征，另一方面又存在不同于私力救援的特征。

（一）情境应对

情境应对是指，决定私域危机救援方式和行为的并不是危机的起因或内容特征，而是根据危机存在的环境和条件决定的。情境是指私域危机救援所面临的一系列环境和要素之和，承载了事件的特征和属性，决定了救援决策的依据。要进行私域救援就必须对危机情境进行研判。从地理条件的角度来看，私域危机发生的情境可以分为水域、山地、雪地、沙漠、森林、溶洞等不同环境；从救援要素来看，可以分为要素充足、要素不足两类；从面临天气来看，可分为正常天气、极端天气两类；从空间环境来看，可以分为室内、室外两种，而室外又可以分为开敞空间、狭隘空间；从目标位置来看，可以分为方向确定、方向不定两种。针对不同的情境所采取的救援方式是不同的。基于情境的应对模式，决定了私域危机救援必须保持一定的创造性。更重要的是，私域危机情境是一个变化的过程，如白天至黑夜、正常天气到极端天气、目标位置从确定到不确定等，更需要有强烈的情境研判能力,提高危机应对的有效性。公共危机也是在一定的情境中发生的,而且情境具有变化的过程,但这个环境更为宏观,几乎所有的公共危机都是在较大的空间内发生的,目标确定,受天气和地理条件影响较小,且这些情境变化不会从根本上改变公共危机的属性、类型,也不会改变公共危机救援的基本形式。而私域危机则不然,情境决定了危机的属性和类型,私域危机无法分为卫生危机、安全危机、自然灾害危机等亚类,但可以分为山地型危机、涉水型危机、狭隘空间危机、极端天气下危机、目标位置不确定危机等。

表 3-8　私域危机救援模式比较

模式	基本内容	基本假设	适用范围
阶段—应对	根据危机产生、发展、消亡等不同阶段特征建立应对流程,采取不同的应对措施	危机事件是一种过程,具有生命周期特征,这种特征是以时间序列为划分维度的	地震、洪水、雪灾等自然灾害
扩散—应对	根据公共危机扩散因素、方式、阶段、路径等特征,建立相应的控制措施,防止危机失控	公共危机具有空间扩散性,如果不进行控制会导致次生、衍生和混合等连锁反应产生	公共卫生危机
因果—应对	针对引发公共危机的各种不同因素建立相关模型,防止不同因素之间相互影响	危机的诱发来源于组织内部和环境的相互作用,具有内在的相互作用机理	突发社会安全事件
情境—应对	根据危机发展的具体情境采取应对措施,而不是根据预测模型采取措施	部分危机救援仅仅是较为单纯的生命救援,应该根据危机发生的情境特征采取相应措施	突发型私域危机

(二)被动救援

被动是指一种不能按照自己的意图使局面有利于自己的状态。从技术层面来看,我国在应对洪水、地震、卫生以及矿难等公共危机方面形成了较为成熟的应对思路,国家已经出台了《国家自然灾害救助应急预案》《国家安全生产事故灾难应急预案》《国家海上搜救应急预案》《国家突发环境事件应急预案》《国家食品安全事故应急预案》等 18 个应急预案,为应对各类公共危机提出了系统的、标准化的操作程序,应急管理较为主动。但对于突发型私域危机,政府则较为被动:一是政府一般只有接到求助的要求时才会采取行动,救助对象有求助的意愿是政府采取行动的前提。当然,求助的意愿并不一定是由当事人自己提出的,也可能是由其亲戚朋友或其他人提出的,如很多自杀事件都是由旁观群众报警的。二是在一些较为极端的案例中,虽然有人提出请求,但政府只有在被法律允许的情况下才能进入私域进行救援活动。2006 年"超级玛丽案"中,虽然警方接到煤气中毒者朋友的报案,但由于法律限制警方无法破门救人,①主动作为的范围有限,只能被动行事。三是政府不能采用面对公共危机时所采取的一些手段,如动用军队、宵禁等,政府的行为受到较大限制。但这里的被动并不是说政府不愿意主动作为,而是因为:一方面,私域危机的影响力和破坏力较公共危机要小得多,发生后知情者较少;另一方面,政府行为受法律制约,不能随意干涉私域行为,不能随便采取措施。因此,被动不仅不是政府无意作为,相反是政府依法行政的必然结果。

(三)有限反应

有限反应是指政府活动范围及动用资源有限。突发型私域危机并不属于公共危机,基本上都是由基层政府予以实施。首先,一般情况下仅由县市级政府负责突发型私域危机救援,在县级行政区域或跨县级行政区域内就可以解决,不会引起省级及以上政府的重视;其次,有些突发型私域危机仅由某个具体的政府部门就可以解决,并不一定需要启动整个应急管理系统;最后,突发型私域危机救援能够动员的资源有限。公共危机动员的资源几乎涉及人类生活、生存所需要的一切物资,需要发动的人力资源也非常多,有些公共危机甚至必须开展跨国动员才能实施救灾。但突发型私域救援则不同,一方面救援本身对资源和救援人员的需求量并不大,另

---

① 《"超级玛丽"2 女孩死伤案二审裁定重审》,《北京晚报》2007 年 11 月 20 日,见 http://news.163.com/07/1120/22/3TPAS7OI0001124J.html。

一方面县市政府及相关部门能够动用的资源也十分有限,往往限制在自己的职能范围之内。但有限反应并不是指市县级以上政府不关注突发型私域危机,相反,由于政府越来越重视危机管理,尤其是重视危机的预警预测,高度重视可能成为"导火索"的各类突发事件信息的跟踪和共享研判,因此各地都形成了相应的低风险事件信息上报和应对制度,如《上海市突发事件信息报告工作管理办法》规定,一般级别以上的自然灾害、事故灾难、公共卫生及社会安全事件信息应及时向市政府报告;凡一次造成1人以上死亡或3人以上受伤的各类突发事件信息,列为向市政府报告事项,避免因县区及部门漏报危机信息而引起重大危机或耽误重大危机的处置。

表 3-9 公共突发事件分级管理示意

	特别重大（Ⅰ级）	重大（Ⅱ级）	较大（Ⅲ级）	一般（Ⅳ级）
国家	√			
省级	√	√		
市级	√	√	√	
县级	√	√	√	√

(四)精准应对

精准应对是和情境应对紧密联系在一起的。与公共危机救援标准化的、普适性的救援标准和方式相比,私域危机救援更加精准:一是救援对象十分具体,救援对象的身份、状况以及面临的危险等信息比较充分和准确。二是救援效果具有直接性,即被救助者能够直接感受救援行动及其成效,公共危机救援则不一定具有这样的特征。重大动物疫情、突发环境事件、食品安全事故等公共危机救援,虽然受益者甚众,但并不是每一个人都能直接感受到具体救援行动,如 2013 年的黄浦江死猪事件中,危机影响者并不直接感受到政府救援行动,如果不是媒体报道,上海市民基本上无法感受到政府在危机处置中的具体行动。三是救援方式的特殊性。私域危机救援的方式一般是根据当事人的实际情况设计的,更加个性化、多元化,更具有灵活性。如为了救助"驴友",有时候会由政府应急办牵头,有时则由公安或消防牵头,有时甚至仅仅由民间组织负责;有时会提供直升机等大型搜救设备,在更多的时候只需要动用普通的救援设备,甚至只需要一些专业人员。当然,救援方式的特殊性只相对公共危机而言,对于同类型的私域危机还有很多共同之处。

（五）开放救援

开放救援是相对于私力救援而言的。政府并不会向所有的私域危机提供援助,在正常的情况下,只要不危及生命,如个人破产、某个人精神抑郁、厌学等私域危机一般都是由当事人自己或者自己所在的群体帮助解决,即便是当事人或者某个群体无法解决,政府也不一定介入。当自然人、企业、社会团体以及家庭、家族、村庄等社会主体承担救援责任时,其行为是相对封闭的。但政府私域救援则不然,一方面由于政府调配资源一般是公开的,另一方面由于政府行为是受到社会密切关注甚至是严格监督的,决定了其救援行为必然是开放式的。开放救援主要表现为:一是资源调配范围是开放的。政府在私域救援中一般只会动员政府物资,但并不局限于此,在很多情况下,政府也会调用私人的物资,如汽车、轮船、医药等,甚至包括一些专业人员,有时还会主动接受社会组织的支持。二是行为过程是公开的。从本质上讲,所有的政府行为应该是透明的、阳光的,必须让公众了解。政府私域救援涉及公共资源的使用问题,关系到所有社会公众,理应让社会自始至终了解救援的过程。当然,这种了解并不是要求政府先向公众解释原因,获得同意后再从事救援工作,这种公开也可以是事后报告或通报。三是救援对象的公开。普通的私域救援是一种个体自救或群体内部的互助,具有私密性,公众不能也不应该要求其公开对象,但政府私域救援则不同,必须公开其救援对象,否则其行为的合法性就会受到质疑。但公开的方式和程度与公共危机则不同。

表3-10 政府私域救援、公共危机救援和私力救援

	政府私域救援	政府公共危机救援	私力救援
救援模式	情境应对	阶段应对	因果应对
救援主体	政府	政府	个人、家庭以及非政府机构、营利组织等
救援准备	准备不充分,被动救援	有系统的、标准化预案,较为主动	个人、家庭较为被动;社会组织和营利性机构一般有应急预案
救援规模	有限规模	较大规模	规模十分有限
救援方式	精准施策、手段综合	标准化、普惠化施策	精准施策,手段单一
救援保障	开放式救援,欢迎多元主体参与	开放式救援,欢迎多元主体参与	封闭救援,一般不希望被干扰

三、应急型私域危机识别和评估

危机识别与评估是政府私域救援的基础和关键环节,不仅能为政府私域救援行动提供依据,而且为各种预案的编制提供必要的信息。所谓危机识别指对是否是危机以及危机的属性进行判定,即判断一个突发事件是私域危机还是事故、司法案件或公共危机,找准影响危机进程的关键因素等。所谓危机评估指的是对危机发展前景、进程以及影响进行推测、研判,这种评估伴随着对政府自身救援能力与危机救援需要的满足程度的估计,以及是否需要向上级政府请求支援,具体包括三个阶段:一是危机识别,其目的是将辖区内可能发生私域危机的情境识别出来。二是脆弱性分析,主要是分析私域危机可能影响的利益相关者,避免造成更多的影响。三是风险分析,其根本目标是私域危机可能会造成的伤害。应该指出的是,由于私域危机的特殊性,特别是信息的充分性,对其识别和评估要比公共危机的识别和评估简单得多,但这并不意味着私域危机的识别与评估不重要。

私域危机识别与评估的重要意义主要体现为以下四个方面:一是可以更好地关注不同类别的生命个体。突发型私域危机是一种由人的主观行为造成的突发事件,是生理、心理、社会以及自然环境多种因素相互交织的结

果,通过对影响危机的关键因素的研判,可以更有效地干预危机。如导致一个人自杀的原因可能是健康问题等生理因素,也可能是不良的人格特质、认知方式等心理因素,也可能是社会支持系统崩溃、遭遇意外事件或压力等社会因素。对其进行有效识别,能够更好地关注不同类别的个体需求,有效识别生命危机信号,有效地增加救援的针对性。二是有助于建立有效的私域危机预防和应对体系。尽管私域危机具有不可预测性,但如果对其进行类型分析,还是能够有效预防或提高救援效率的。特别是在一些特殊的场景,如美国"自杀圣地"金门大桥,就针对自杀问题严加管理,由保安人员日夜巡守,有效降低了自杀人数。三是能够有效地减少危机带来的损失。私域危机带来的损失主要包括两个方面:当事人可能会遭受严重损失乃至生命危险,以及私域危机救援的成本。对私域危机可能带来的损害做出及时准确的评估,可以使政府在第一时间做好物质准备,同时也能够有效地降低成本。特别是在本地政府能力有限的情况下,能够及时向更上一级政府寻求支援,降低危机当事人死亡的风险。四是有助于避免发生更大的危机。私域危机本身影响有限,一般情况下也不会触发更大的危机甚至公共危机,但私域危机也可能会成为更大危机的导火索。如2010年突尼斯一个26岁失业大学毕业生在街上卖菜,因无照被城管没收愤而自焚,触发了国内积蓄已久的矛盾,最终导致政府倒台。如果能够善于对一些私域危机所表现出的带有苗头或带有倾向性的问题进行准确分析,并对其未来发展方向进行有效管理,就能够见微知著、防微杜渐,避免更大的社会矛盾。

私域危机识别和评估应该重点关注以下几个问题:情境、影响因素、利害攸关者、危机后果。其中,危机发生的情境决定了危机救援方式,危机影响因素决定了各种措施的针对性,危机可能涉及的利害人是指危机是否具有外在的影响力,而危机的后果指的是危机最坏的后果可能会在什么时间、地点和以什么样的方式到来。识别和评估私域危机最根本的目标是"将出现的大量零星、分散的危机前兆及相关因素收集起来,及时发现和评估突发事件的风险"[1]。

---

[1]　肖鹏军:《公共危机管理导论》,中国人民大学出版社2006年版,第51页。

与公共危机相比,私域危机的影响力要小得多,但由于其具有偶发性等特征,其发生发展并不具有明显的规律性,对其进行识别和评估难度反而会大于对公共危机的识别和评估。但人的认知是有一定规律的,只要掌握识别和评估危机的基本原理,就能够对私域危机发生的规律和发展的轨迹进行研判。这些原理包括以下几个方面:一是相关性原理。相关性原理基于这样的假设,即任何事件都不会孤立地发生,私域危机也有一些前兆。识别私域危机首先必须对私域危机发生前的异常现象或苗头性的现象进行考察和评估。二是相似性原理。虽然私域危机发生的时间、地点和规模各不相同,但性质类似的私域危机发生发展的规律是一致的。因此,通过对性质相似的私域危机进行总结,可以捕捉到未来可能发生的私域危机的一些征兆及基本的发展趋势,从而有利于政府或者其他机构有针对性地采取措施预防、控制或者制止突发型私域危机。三是统计原理。虽然私域危机的发生有很强的随机性和不确定性,但从长时间来看,私域危机还是有一定规律的,可以通过数理统计找出规律和特征,为预防预测提供依据。四是跟踪研究原理。虽然从长时间来看,私域危机的发生发展有一定的规律可循。但随着社会发展,私域危机的表现方式也会发生变化,必须对私域危机进行长时间的跟踪研究,才可能获取私域危机新的信息、资料和事态发展。

表3-11　突发型私域危机的识别与评估

	具体内容
危机评估阶段	危机识别
	脆弱性分析
	风险分析
危机评估重点	危机发生的情境
	危机的决定因素
	利益相关者
	危机后果
危机评估原理	相关性原理
	相似性原理
	统计原理
	跟踪研究原理

私域危机识别与评估是一件较为专业和复杂的工作,除了要灵活运用相应的基本原理和操作方法外,还应当注意以下问题:一要关注私域危机的动态性。随着社会的不断发展,人类的行为方式和精神状态也是不断变化的,个体行为方式和精神状态触发的私域危机也在不断发生变化。有些主体发生危机的概率在降低,有些则在扩大;有些类型的私域危机在逐渐消失,有些则在不断增多;有些私域危机虽然形式与过去无异,但是发生机理却根本不同。二要考虑大众的心理承受能力。大众心理承受能力是危机应对必须考虑的重要因素。不同的人具有不一样的危机承受能力,对于不同的危机人们的心理反应也不一样。一般而言,人们对可控性强的、常见的、习惯性的、不是很恐惧的、非致命性的危机承受能力较强,而对致命的、突发的、不熟悉的、最新的危机承受力则较弱。有鉴于此,在评估突发型私域危机时,应该考虑当事人、利害攸关者以及其他社会公众的心理承受能力。三要处理好定量分析与定性分析关系。私域危机评估的主要内容包括两个方面:危机能否发生和危机发生后损失程度有多大,对于前者必须进行定性评判,对于后者则需要进行相应的定量测评,二者相互补充,不可偏废。四要将所有的因素纳入评估范围。引发和影响私域危机的变量很多,在做评估特别是要进行预测时,应将所有的影响因素纳入评估范畴,不能通过简单研判因素影响大小来确定私域危机发生的几率大小,而是要通过综合研判,找出规律性和决定性的因素。私域危机虽然是由一些非常细小的变量而引起的,但细小的变量可能会引发更大的变量和变化。忽视小的变量可能会导致大的危机。

四、应急型私域救援的能力构成

政府私域危机救援能力是政府应急管理能力的重要组成部分。政府的应急管理能力是历史产物,是风险社会发展的迫切需求,也是一个复杂而抽象的概念,不同的学者认识不同。从国家政治的角度来看,应急管理能力是国家能力的重要组成,是国家为促进社会持续、均衡、快速发展的重要能力。

从公共行政的角度来看,应急管理能力是政府的根本属性,是政府行为的内在条件,是指政府实现其意志和目标的能力。从危机客体角度来看,应急管理能力是政府适应环境变化、应对极端条件的能力。从技术角度来看,应急管理能力就是政府充分而恰当地运用法律法规、现代管理工具以及现代技术应对非常规挑战的能力。但无论从哪个角度来看,突发型私域危机应急能力与一般意义上的政府能力不同。概括来说,突发型私域危机应急能力是指政府在危机情境下优化资源配置、拯救公民生命的能力。其中,危机情境意味着政府必须在有限时间内作出反应,以最精简程序作出决策;拯救公民生命是政府救援能力实践的核心目标,也是检验政府应急管理能力的最重要标准;资源优化配置指的是资源运用的科学性和有效性,即以最合理的成本实现生命救援,不能搞奢侈行政、浪费资源。

应急救援能力是政府能力在应急管理领域的具体应用,是确保社会平稳、和谐、进步不可或缺的资源,具有十分重要的意义。首先,反映了政府的根本属性。私域危机是市场机制失灵的重要表现,需要发挥"有形之手"调节作用,体现了政府的属性和意义。其次,构成了政府的核心竞争力。应急救援能力的强弱反映了政府的公共产品和服务供给能力,构成了政府的核心竞争力。再次,贯穿于公共服务的整个过程。在风险社会,政府应急能力并不是偶然需要的能力,相反,随着社会复杂性的增加以及各种可以预见和不可预见风险的增加,几乎在所有的行政环节和行政活动中都会面临一定的风险,预见和应对这些风险的能力,体现了政府行政能力的强弱、大小和优劣,也反映了政府履行其职责的能力,贯穿于获取资源、整合资源、配置资源和运用资源的动态过程中。最后,能够有效检验公共权力的运行效率。应急救援是政府能力在特殊条件下的运用,能够暴露政府运行的种种不足,一方面能够集中检验政府能力建设成果,另一方面又为政府能力建设指出新的方向、新的着力点和突破点。

突发型私域危机救援能力是一个系统性概念,是由相互联系的子系统构成的一个复杂体系。这一系统由硬件系统和软件系统构成,硬件系统指的是各种政府部门及其拥有的不同资源,而软件系统则是由各种不同的制度及技术构成。二者不同的构成方式决定了各个子系统的功能差异及整体救援能力的强弱,同时,二者结构方式变化不仅会推动子系统的能力变迁,也决定了应急管理能力的动态性。具体来说,突发型私域危机救援能力包括以下几个方面:一是资源整合能力,即在紧急情况下获取资源并迅速配置资源的能力。衡量资源整合能力主要包括两个方面:一方面是政府在有限时间内能够占有物质资源和非物质资源的多少,另一方面是政府能否在有限时间内实现资源的有效配置。二是信息管理能力。信息管理能力是应急管理的外在条件,构成了危机管理的核心支撑,包括信息沟通能力、获取能力、研判能力等。三是风险控制能力。风险控制能力指的是控制风险或损害扩大的能力,有效的风险控制不仅可以降低生命伤亡,而且可以极大地降低救援成本。四是社会沟通能力。包括社会信息收集能力、社会舆论引导能力以及社会力量动员能力,具有信息收集、安抚社会、整合资源三大功能。五是制度创新能力。制度创新的必要性在于各种风险会随着社会发展而变化,核心是法律法规的调整和完善,其表现形式是对紧急状态下的非正常政府行为的理性反思和批判完善。制度创新能力反映了政府应急管理制度的原则性和灵活性,推动了应急管理制度的不断完善,赋予了应急管理主体的灵活应变能力。

政府应急管理能力既包括政府管理能力的政治性、有限性、服务性、整体性、层次性等共同特征,又有自己的特点。一是集中性。应急救援期间,政府具有的很多能力和权力都将得到集中的展示。二是权变性。即政府处理危机的权力并不是一成不变的,而是随着情境变化或实际需要而不断进行损益。三是流变性。随着时间的流转和空间的变化,政府的应急救援能力构成将会出现流动变换性。从时间上看,这种流变性主要表现为随着时间的推移,应急救援能力体系不断地丰富和扩大;从内容上看,应急救援能力是一个相对统一的概念,不同的危机情境对应急救援能力的要求是不同的,同时,不同层级的政府所拥有的能力是不同的。四是扩散性。即随着应急管理或风险管理的理念不断地得到认可,应急管理机制已经渗透到政府管理的各个方面,渗透到行政行为的全过程,应急管理能力已经成为政府管理能力的核心。五是可比较性。一般情况下,不能对政府的能力进行矢量性比较,正常情况,人们只能通过政府行为的外在表现及社会反响对其进行判断,但这种判断是一种价值判断,受到很多与政府行为无关的因素影响。相反,应急救援能力是可以进行比较的,通过比较不同地方政府应急响应时间、物资筹备速度、专业人员组成、装备水平以及成员成功率等,可以研判和比较不同地区的应急救援能力。

第三节 政府私域救援的特殊实践——涉外型救援

涉外型救援是一种较为特殊的政府实践,其最大特征就是"涉外"。"涉外"既包括政府救援责任向境内非本国公民的覆盖,这是政府责任在范围上的扩大;又包括政府救援责任向境外本国公民的覆盖,这是政府责任在空间上的延伸。涉外型救援是国际交流深化的结果,也是国家实力、政府理念的重要展示,在全球化不断深入的情况下,各国公民之间的交流越来越多、范围越来越宽,涉外私域危机发生频率越来越高,关注涉外型私域救援越来越有意义。

一、涉外型救援的基本内涵与重要意义

(一)涉外私域危机的内涵

涉外型救援是针对涉外私域危机而言的。涉外私域危机是与非涉外私域危机相对的综合性概念,"涉外"指的是危机的当事人或危机发生的环境与外国有关,涉外私域危机指的是危机的当事人是外国人或本国公民在国外发生危机。严格来说,涉外私域危机并不是一种内涵明确的危机类型,而是因"涉外"而联系在一起的各种类型危机的总和。涉外私域危机的主体或发生环境具有一定的复杂性和敏感性,这种复杂性来自于陌生性,即对环

境和人的了解较少,使得涉外型私域救援的难度要大于普通的救援行动。随着全球化的不断深化,世界人口流动和迁移从未像今天这样频繁复杂、规模庞大。改革开放以来,我国融入世界的速度越来越快、程度越来越深,出国公民越来越多,进入中国的外国人也越来越多。2016 年,我国出入境游客总数突破 2.6 亿人次,其中入境旅游人数 1.38 亿人次,出境旅游人数达 1.22 亿人次。随着世界人员交流更加频繁,涉外事件发生的频率也越来越多,我国公民在国外受到侵害的事件也越来越常见。

2012—2015 年,外交部领保中心和中国驻外使领馆受理的领事保护和协助案件数量分别为 36821 件、41703 件、59526 件和 86678 件,4 年时间内翻了一番,每天受理案件 101 件、114 件、163 件和 237 件。出境内地公民发案率快速上升,2012—2015 年,出境的内地公民每万人次发案率分别为 4.43 件、4.25 件、5.1 件和 6.77 件。涉外事件的危害越来越大,2015 年受理的案件中,领事保护案件① 31144 件,领事协助案件② 55534 件,共涉及中国公民 95860 人,造成 1928 人死亡,平均每天死亡 5 人左右。虽然外交部各机构受理的案件中绝大多数是由于公共危机或涉外司法问题引起的,但有些意外事故则是由于出境公民自身的不理性行为直接导致的,属于私域危机。2015 年受理的领事协助案件中,意外事故 2255 件,意外事故比 2014 年多出 586 件,平均每天 6.17 件。

表 3-12　2012—2015 年我国受理的领事保护和协助案件数量

单位:件

	2012 年	2013 年	2014 年	2015 年
涉外事件数量	36821	41703	59526	86678
每天受理案件	101	114	163	237
出境公民万人次发案率	4.43	4.25	5.1	6.77

① 领事保护案件指海外中国公民安全和合法权益受到严重威胁或侵害的情况。
② 领事协助案件指中国公民在海外因客观原因或自身原因陷入困境,我驻外机构为其提供协助的案件。

（二）涉外型救援的意义

就出境本国公民权利而言，当身处异域且面临生命威胁时，公民有权得到政府及社会的帮助，这是一种与生俱来的权利，这种权利并不因为空间的改变而改变，也不会因为空间的变化而消失，即便是从国内到国外。

就政府本身责任和形象而言，政府涉外型救援是展示责任政府形象的重要途径。一方面，对处于任何环境下的公民，政府的某些责任和义务都不会改变的。另一方面，政府责任、义务以及良好的绩效等，均需要一些可见、可感、可知的形式来加以证明和检验。涉外私域危机本身并未被纳入公共危机管理的范畴，对此类危机的干预和救援，除了能够展示良好的政府形象，证明政府合法性外，更重要的是，如在面临更大挑战的情况下，政府也能够坚持基本的伦理道德底线，将公民的生命放在第一位，无疑能够更好地改善公民与政府的关系，对于促进社会和谐，维护社会稳定，推动社会长久平稳发展具有重要意义。

就身处危机的外籍人士而言，对其进行救援，是履行国际义务的需要，这种国际义务既包括约定俗成的习惯，也包括一些国际条约明确规定的义务；也是人道主义的要求，政府的各种伦理道德标准不仅通过服务本国公民表现出来，而且通过服务入境的外籍人士表现出来。

此外，涉外救援还有重要的政治意义和经济意义。就其政治意义而言，涉外事件的应对能力和理念是外交公信力甚至是政府公信力的重要衡量标准，能够增添华人华侨对政府的信心，增强民族自豪感，增强国民的归属感，甚至能够改善本国政府的国际形象，更好地树立和巩固大国形象和地位；就其经济意义而言，能够树立政府尽职尽责、诚实守信的形象，让准备与我国合作的国家、企业以及其他社会机构更有安全感，能够促进对外经济交流。

（三）涉外型救援的问题

随着国家实力的稳步上升，我国保护出境公民的力度越来越大，特别是2006年东帝汶和所罗门撤侨、2011年埃及和利比亚撤侨、2015年也门和尼泊尔撤侨、2016 年新西兰地震撤侨等一系列重大撤侨行动,不仅展示了我国政府的责任和能力,而且极大地增强了民族自信心和自豪感,凝聚了民心,集聚了力量,展示了形象,产生了极为广泛深刻的影响。总体来看,这些行动均赢得了社会的一致赞赏,但部分行动也引发了一些讨论,其中,最集中的问题是,当以私人名义出境的公民深陷生命危机时,政府是否应该予以救援并支付费用。特别是考虑到一些发达国家采取了收费救援的形式,这种讨论更加明显。如 2011 年埃及动乱后,日本包机撤侨至意大利后要求每个被救助的日本人支付 3.4 万日元;加拿大政府则要求其侨民事先签署一份保证书,保证回到加拿大后归还政府 400 美元的机票费用。极少数网民认为,政府撤回的公民中,绝大多数并不是为公共事务而出境的,相反,因私出国居多,其活动是为了自身的目标和少数人的利益,其面临的风险也应该由其自己承担。政府即便应该对其施以援手也不应该承担全部成本,否则会造成公共资源的滥用,对其他公民不公平。但这种讨论还不能称为争论或争议。绝大多人认为当出境公民面临战争、政变、疫情、地震、海啸等各类公共危机时,政府应该采取和国内同样的措施予以支持帮助,且不应该收费,不能因公民身在国外就改变标准。

　　然而,在近年来政府对出境公民的各种救援行动中,有一部分是针对私域危机的,当事人的处境是由自己的高风险行为引起的。如 2013 年 8 月,一对来自辽宁的母女在埃及西奈旅游时与外界失去联系后,我国驻埃及大使馆及时赶往事发地并协调当地警方组织力量救援。从形式上看,此次涉外救援并无特殊之处,但由于当时埃及正处于全国紧急状态且我国外交部已发出明确的风险警告,因而社会舆论对此母女行为的评价较为负面,部分人认为当时去埃及旅游是在挑战安全底线,是一种冲动盲目、毫无理性、毫无常识的行为,甚至认为政府不应该滥施同情。又如 2015 年北京某大学生在伊拉克被警方当作 IS 分子逮捕后,我国驻伊拉克大使馆及时介入后获释,仍然引起一些争论。这个学生声称,由于伊拉克很多古迹快没有了,前往伊拉克只为看一眼将被毁的古迹,一部分人认为这种行为是一种学术责任感的表现,佩服并支持其为学术理想冒险的勇气;但另一部分人则认为,在伊拉克安全形势十分严峻的情况下前往伊拉克寻找所谓的学术理想,是为了一己之私而给国家和社会增添了不应该有的成本,是放弃了自己应有的社会责任和家庭责任,应该多为社会和别人考虑。

与此同时,一些入境外国人在中国的行为也引起了一些争议。如 2014 年两名俄罗斯人偷偷攀上 650 米的上海中心;2016 年春节期间,一个德国人与其两个伙伴避开保护,在没有任何防护措施的情况下,偷偷爬上了 420 米高的上海金茂大厦并拍摄照片。虽然这些事件当时没有发生致命危险,但其潜在的风险不容忽视。无论是媒体还是政府都视其为违法行为,不仅会耗费大量的警力,而且会造成交通拥堵,给其他居民带来极大不便。

二、涉外救援的基本类型

涉外型救援的范围十分广泛,如果根据危机的属性特征,其基本类型可以参照非涉外私域危机的救援进行划分;但如果根据救援行动的支撑要素、环境特征等,又可以划分为其他的一些基本类型。其中,最简单的,可以将其划分为对出境公民的救援和对入境外国公民的救援。

(一)对出境公民的救援

海外公民保护已成为衡量政府外交公信力的重要指标。目前,政府针对陷入私域危机的出境公民并没有专门的救援方针,通常使用的方式与对出境公民其他权益保护方式基本一致,主要包括领事保护和外交保护两种手段。

外交保护是一种习惯性的国际法制度,泛指一国通过外交途径对在国外的本国国民的合法权益所进行的保护。[①] 外交保护是一项国际法准则,是一国在国际关系中应享受的一种权利,根据这种国家权利,一国可以根据相关的国际法规定对出境公民所遭受的权利和利益的损害进行保护。外交

---

① 王天红:《外交保护中的国家责任问题研究》,《山西大学学报(哲学社会科学版)》1998 年第 1 期,第 27—30 页。

保护是将公民与国家之间的关系转换为国家与国家之间的关系,其实施主体是各国中央政府及其驻外机构并通过外交的途径进行。但外交保护权的行使有一定的条件、范围、场合、程度、程序等,原则上必须符合有损害事实的存在、国籍持续和用尽当地救济三个前提条件。但作为一项公民权利保护措施,外交保护的行使条件近乎苛刻,实践中较少运用,而领事保护的范围更广且灵活性更强。①

　　一般认为,领事保护是指在国际法允许的范围内,一国领事官员或领事代表,在驻在国保护本国政府及本国国民权利的行为。领事制度的形成要早于外交制度,领事保护制度是从领事职务功能衍生出的对国家和国民权利的概念。根据《维也纳领事关系公约》第 5 条规定,领事职务共有 13 项具体的权限。实践中,领事保护分为狭义和广义两种情况,前者将领事保护范围限制在较为有限的范围之内,即本国公民的权益受到不法行为损害且这种损害是违反国际法的,领事官员才能采取相关行动要求驻在国或地区恢复本国公民的合法权利和利益。"广义"是指领事保护的功能非常广泛,即除了狭义领事保护所包含的帮助外,还包括其他一切必要的帮助和协助,即当公民在领区内遇到任何困难时,领事官员都可以提供帮助。与外交保护一样,领事保护也是国家行为,在必须遵守国际法规定以及国际友好合作原则的基础上妥善地处理受害人、领馆和领区政府三者之间的关系,既要符合国家和公民的利益以及外交方针,又要尊重国际法及所在国法律,不得滥用领事权力。

　　领事保护的对象主要是派遣国的国家工作人员及生活在国外的公民的合法利益,所涉范围非常广泛。由于海外公民人数多、区域不集中、情况复杂,具有隐蔽性,受到侵害时不易被发现等特征,特别是由于受到所在国家各种人为和非人为因素的干扰,生活在国外公民的合法权益更容易受到非法损害。领事保护更适用于国外生活公民不断增多的现状,由于领事保护比其他措施保护的范围更为广泛且方式更为灵活,是一种既符合国际法规

---

① 滕宏庆:《海外公民权利保障的三维研究》,《学术研究》2015 年第 5 期,第 63—69 页。

定又能够较好保护出国公民利益的方式。现阶段,大多数国家海外公民权利保护工作的重点是保护海外公民的生命权和财产权,领事保护尤其重视本国公民生命权的保护,确保那些长期或临时居住海外的本国公民人身不受伤害,持续充分地享有一个公民应该享有的生命安全权利。

目前 260 多个驻外使领馆是我国对出境公民实施领事保护的主体。我国领事保护工作的主要内容是依据国际法、国际公约以及与有关国家签订的双边协定,特别是驻在国的法律法规,向驻在国政府提出交涉、表达对相关侵权事件的关切或者转达受害者的诉求,确保当地政府能够依法公正地处理相关事件,保护我国公民的合法权益。我国公民能够得到领事保护的合法权益包括安全、财产、人道主义待遇等,但违反当事国法律法规或超国民待遇的相关权益不属于领事保护范围。由于我国驻外公民人数众多而外交力量有限,在实践中,领事保护更加重视我国海外公民安全和合法权益受到严重威胁或侵害时的救助,而领事协助则多关注如丢失财物、丢失证件等因自身疏忽陷入困境的非致命性情境的帮助。①

目前,我国领事保护结构呈现出多层次、多元化和针对性强等特征。形成了以外交部领事司为主导,领事保护中心具体负责,境外中国公民和机构安全保护工作部际联席会议、外交部全球领事保护与服务应急呼叫中心以及我国驻外国的总领事馆、领事馆等参与的工作体系,构成了保护海外公民、机构合法权益的网络。除此之外,部分省市也加强了领事保护工作,如北京市人民政府外事办公室就下设领事保护处,成为国内省级行政区建立的首个领事保护专门机构。广东、福建等两省的外事办则专门设立了涉外安全处。

(二)入境外国公民的保护

涉外私域救援的第二种情况是对入境外国公民的救援。总体来看,我国各级政府对于陷入私域危机的入境外国公民的救援与对我国公民的救援

① 《中国领事保护和协助指南》(2015 年版)。

大同小异,救援的程序、形式和内容并没有特殊之处,值得关注的是其背后的逻辑:即一国政府对于入境外国公民承担何种责任?按照契约论的观念,入境外国公民显然不属于订立契约成立所在国政府那一群人,不应该享受契约规定的那些权利;同时,根据义务与权利对等的原则,一般而言,如果入境外国人对于其所在国没有履行义务也就无权享受相应的权利,那么一国政府为什么应该给予入境外国公民与本国公民同样的待遇,对深陷危机的入境外国人施以援手呢?

对于面临生命危机的外国人的救援本质上是外国人的待遇之一种。目前,关于外国人的待遇标准主要包括国内标准和国际标准两种主张。国内标准主张一国给予入境外国人的待遇与本国人大体一样,既不享有特权也不应受到歧视。国际标准认为入境外国人拥有一种客观的、一般的、最低限度的待遇标准,根据这一标准,即使外国人享受了与所在国国民同等待遇,但如果这种待遇达不到国际标准的最低要求,其国籍国有权要求此国对其国民进行赔偿。国际标准多为西方发达国家所主张,虽有其合理一面,但在操作上却十分困难,其中最难以明确的就是国际标准的具体内容,更重要的这种主张隐含着一种国际强权色彩,不仅要求落后国家给予发达国家公民以特权,而且为国际强权滥用外交保护权干预弱国内政提供借口,因而受到第三世界国家的普遍反对。

目前国际广泛接受的是国内标准,即国民待遇制度,指的是"一个国家根据条约或者国内法律,在一定范围内,给予在本国境内的外国自然人、法人和商船与本国自然人、法人和商船同等待遇的制度"①。但外国人享有的国民待遇并不包括一国公民所享有的政治权利,而是仅限于一些基本权利,即"人身自由、人格尊严等具有前国家性质的、作为自由权的人权"②。一国法律中关于基本人权的规定都适用于所有外国人③,不受国籍限制,所在国政府应该根据本国法律予以保护。根据国内标准,当入境外国人遭遇生命

---

① 章尚锦等:《国际私法》,中国人民大学出版社 2007 年版,第 157 页。
② 林来梵:《从宪法规范到规范宪法》,法律出版社 2001 年版,第 86—87 页。
③ [日]芦部信喜:《宪法》(第三版),北京大学出版社 2006 年版,第 79 页。

危险时,只要政府给予本国居民同等享有的救援帮助,不存在恶意的、歧视性的处理,就不存在国家责任问题,外国人的母国就无行使外交保护的借口。

国民待遇制度已经成为一种不言而喻的制度,用立法来保护外国人在本国的权利,是各国通行的做法,我国《宪法》第三十二条也明确规定:"中华人民共和国保护在中国境内的外国人的合法权利和利益。"其中,"外国人"是指长期居住我国或临时来华的其他国家公民或无国籍的自然人,而"外国人的合法权利和利益"是指我国法律、国际法准则以及双边协定承认的各项权利,具体包括法律面前人人平等、人身安全、精神自由、财产安全等等权利。在全球化程度日益加深,国际交流的广度和深度前所未有地扩大的时代,为身陷生命危机的入境外国人提供与本国国民无差别的救援具有重要的意义。

首先,这是维护基本人权的需要。人权是现代国际关系的重要价值基础。国民待遇制度基于这样一种假设:人权是超越国界的,一方面任何人不得侵犯,另一方面任何国家都应该积极维护人权,即便其对象是外国公民,亦有此义务。如阿·菲德罗斯所指出的:"所有以一般国际法为基础的外国人的权利根源于这个理念:各国相互间负有义务在外国人的人身上尊重人的尊严。所以,它们有义务给予外国人以人的尊严的生活所不可缺少的那些权利。"①鉴于此,世界组织公约及各国宪法和专门法律都规定了入境外国公民及无国籍自然人的平等法律人格,如美国《宪法》第十四修正案规定,保护公民的权利是"普遍适用的,跟个人的公民或非公民身份无关"②;德国就将公民享有的权利分为公民权和人权两个部分,前者只有德国公民才能享有,而后者则覆盖一切居住在德国的自然人,包括外国公民;日本最高法院曾在一起案件判决中也明确提出,"基本人权的保障……同样及于

---

① [奥]阿·菲德罗斯:《国际法》,商务印书馆1981年版,第444页。
② [美]路易斯·亨金等:《宪政与权利》,郑戈等译,生活·读书·新知三联书店1996年版,第189—190页。

居住于我国的外国人"①。我国《宪法》对此有与其他国家相类似的规定。

其次,履行国际义务的需要。保障外国人享受平等国民待遇也是落实国际法规定、履行国际义务的基本要求。第二次世界大战以后,为了保护基本人权,各类国际法及国际公约都要求各国政府从单纯地保障其国民的权利转向普遍地保护其管辖范围内的一切人的基本权利,包括外国人以及无国籍人士,如《世界人权宣言》要求联合国各会员国尊重和保护本国人民以及在其管辖领土上的人民;《公民权利和政治权利国际公约》进一步规定:"每一个缔约国承担尊重和保证在其领土内和受其管辖的一切个人享有本公约所承认的权利,不分种族、肤色、性别、语言、宗教、政治或其他见解、国籍或社会出身、财产、出生或其他身份等任何区别。"《经济、社会及文化权利国际公约》第2条第2款对上述原则进行了再次确认。此外,《维也纳宣言和行动纲领》《维也纳领事关系公约》等其他国际法及相关国际公约的原则和规定也强调了基本人权和自由的平等性和非歧视性原则,禁止缔约国基于国籍考虑而限制外国人行使其基本人权和享受基本自由。这些国际法和国际公约,为各国保护外国人权利——包括要求当深陷私域危机时请求政府救援的权利——提供了法律依据,一旦批准了这些公约,就必须无条件地予以履行,即便与国内法准则冲突。

再次,塑造良好国际环境的需要。承担保护基本人权的国际义务不仅是坚守文明底线的需要,而且是全球化背景下各国相互依存不断加深的现实要求。一方面,基于人权观念的普遍性以及现代外交保护制度考虑,是否保护以及如何保护外国人基本人权问题已不属一国国内管辖事项。任何国家对待外国人的基本态度和行为方式都构成了其他国家的关切对象,成为国际社会评价该国信誉的重要标准。为此,从主观上说,正常情况下现代国家一般不愿也不会损害自身形象而背弃国际义务以致招致别国非议甚至抵制。另一方面,从实用的角度来看,平等互惠是国际关系的基本准则,只有本国严格履行国际义务、保护入境外国人才能获得其他国家的对等待遇,保

---

① ［日］阿部照哉:《宪法》(下册),周宗宪译,中国政法大学出版社2006年版,第50页。

护本国公民乃至法人在其他国家自由、安全地进行商业以及文化活动,保证本国与国际社会的正常交流,并从良好的国际关系中获得利益。总之,保护基本人权与国家主权原则并不冲突,相反,忠诚信守和善意履行国际义务,不仅是现代国家的基本责任,而且是为本国营造和平稳定的国际发展环境的客观需要,通过展示较高的法治水平和履行国际规则的诚意,维护和提高了本国的国际形象,提升本国的国际声誉与信任水平,更好地为本国赢得尊重、维护国家主权和人民利益。

最后,展示文明形象的需要。如何对待外国人已经成为衡量一个国家政治与文化发展水平的重要标准,"保护外国人的合法权益,是世界各国法律通行的做法,是衡量一国法治水平的重要指标"[1]。现代文明与传统文化的区别表现在以下几个方面:一是对生命是否足够重视,传统社会漠视生命而现代社会则视生命为一切权利的基础;二是对异于自己价值观的行为是否宽容,传统社会强调维护内部价值的一致性和稳定性,常常对不同于自己的价值和行为抱有敌意;三是群体内外能否坚持相同的价值观,传统公共事务处理坚持内外有别的价值标准在现代社会已经渐渐不再适用。保护入境外国人的基本人权与自由,特别是当入境外国人身陷生命危机时给予与本国居民同等的救援,充分展示了一个国家的文明标准和价值底线:一方面反映了一国政治和文化已经实现了对传统价值观念的超越,另一方面说明了该国政治和文化已经达到或超越国际公认现代文明价值的最低标准或最低要求:能够基于人之所以为人的权利承认和保障非本国、本民族人民的基本权利。[2]

三、涉外型救援的基本方式

涉外型救援与其他涉外突发事件的应对过程和处理方式基本上是一样的,只是不包括部分程序。此外,在"外交无小事"理念的指导下,几乎所有

---

[1] 万霞:《移民法理论与实践》,见刘国福《论外国人待遇及外国人管理法的发展变化》,法律出版社 2009 年版,第 279 页。

[2] 李震山:《人性尊严与人权保障》,元照出版公司 2000 年版,第 392—393 页。

的涉外突发事件都会受到政府高度重视,无论规模大小,无论是公共危机、私域危机或其他意外事故,政府都将其视为履行义务、落实责任、展示形象的重要机会,千方百计降低危机损失。

(一)涉外型私域救援的基本思路

从我国涉外突发事件处置的实践来看,我国涉外事件处理的基本思路是:按照外事领导机构牵头领导,驻外领事部门具体实施,驻外非政府组织提供信息、财物等帮助,公民自身身体力行的总体要求,坚持以人为本、力保安全,将保卫国家利益、保护人民群众生命财产安全作为处置涉外突发事件各项工作的首要任务,最大限度地维护境外我国公民和机构、入境外国人的生命财产安全和合法权益,避免或减少损失;坚持统一指挥、分级负责,在党中央、国务院的统一领导下,根据涉外突发事件的性质、规模和影响,国家相关部门和各省(直辖市、自治区)政府,按照职责分工和属地管理的原则,分级负责、协同处置;坚持信息共享、快速反应,及时向外交部及各省份相关主管单位上报信息,保持与各级各部门以及我国驻境外机构通信联络畅通,建立信息共享;坚持预防为主、平战结合,坚持预防为主、防范处置并重,增强忧患意识,强化宣传教育,做好应对涉外突发事件的准备。

(二)涉外型私域救援的组织体系

目前,我国涉外型私域救援工作总体已经形成了"四个层次、三个机构、七个模块"的条块结合的组织体系,在《国家涉外突发事件应急预案》的指导下各级政府均形成了相应的工作机制。"四个层次"是指形成了国家、省、市、县四个层次的涉外突发事件应急处置体系,每个层次包括三个方面内容:一是应急指挥组织,负责涉外突发事件的应急指挥组织,统一组织、指挥和协调涉外突发事件应急处置工作;涉外突发事件应急管理工作机构,一般设在政府应急管理办公室或外事管理部门,负责日常工作;涉外突发事件应急处置保障体系,包括境外救援体系、信息保障体系、物资保障体系、人力保障体系、资金保障体系、监督管理体系以及专家组七个模块组成,每个模块由相应的政府部门以及相应社会组织构成,其中,境外救援体系是处置涉外突发事件的一线工作机构和人员,一般情况下包括外交部、海外使领馆以及相关企业和社会组织,其他模块与突发应急救援保障体系大同小异。

(三)涉外型私域救援的基本程序

涉外型私域救援总体可以分为五个阶段:一是应急响应阶段,包括信息报告、响应启动、制订方案等内容。二是危机应对阶段。主要是与相关部门建立信息沟通渠道,沟通核实信息,特别是迅速了解和掌握我方人员伤亡情况,并做好交通运输准备;通过外交部及有关驻外机构及时与事发国、地区有关当局交涉;视情况协调派遣慰问组、工作组及医疗队赶赴事发国家、地区;协助当事人家属做好相关善后事宜,并安排好接收、安置、抚恤等相关后续工作。涉及入境外国人突发事件的处理过程包括:事发地政府做好现场先期处置工作;及时向上级政府求援,并向当事人国家驻我国外交机构通报情况,并寻求支持。三是现场处置阶段,对于与入境外国人相关的突发事件现场应急处置,由事发地人民政府或相应应急指挥机构统一组织,实行现场指挥官制度。必要时,设立现场指挥部,具体负责指挥事发现场的应急处置工作。各有关单位按照职责参与应急处置工作。四是应急终止阶段,涉外突发事件得到有效处置后,经过评估短期内事件影响不再扩大或已减轻,由宣布启动应急响应的机构降低应急响应级别或终止应急响应。五是善后处置阶段,包括后期处置、总结评估、信息发布等内容。

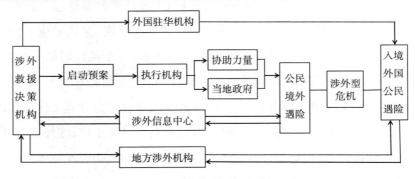

图3-5　涉外型救援基本流程

四、涉外型救援的基本特征

由于政府管辖权限与涉外私域危机在空间分离，使得涉外型救援更加复杂，牵涉到的因素、利益主体更多，不仅关系到本国居民对政府的观感，而且关系到国际社会对政府的评价，极端情况下甚至会引发国际纠纷。涉外型救援的复杂性使得其具有其他类型救援所不具备的特征。与其他类型危机不一样，这些特征并不是由危机的属性特征决定的，而是由于救援行动及环境的特殊性决定的：

（一）政府地位的特殊性

在普通的私域危机救援工作中，政府并不总是处于主导地位，在很多情况下，政府甚至是缺席的。但在涉外私域危机救援工作中，政府则是必须存在且居于主导地位。尤其是在我国，几乎所有涉外突发事件的处置都是由政府主导的。政府在涉外私域危机救援中的地位和作用是出于两个原因：其直接原因在于，一般情况下无论是对出境公民的生命救援还是对入境外国人的生命救援都涉及与外国政府打交道，这种沟通属于国家行为。其间接原因在于，对于本国公民权利的保护，特别是生命权的维护是政府义务，这种义务需要通过一定政府行为予以表现表达；而对于入境外国人的救援则关系到一国政府是否全面履行了国际义务，由于这种行为是受国际法约束的，当事人所属国家有权对管辖国家进行问责。当然，国家综合实力和国际地位决定了涉外型私域危机救援的成效、水平和效果，但也受到国家的社会制度、意识形态、文化传统等软实力影响。如我国政府基于传统文化和现代社会价值的考量，将涉外私域危机救援视为自身职责的一部分，而有些国家政府则强调公私领域的责任和义务的绝对性，并不承认救助身陷私域危机公民义务的强约束性。

（二）监测预警的特殊性

对于政府而言,其辖区内的常见私域危机具有一定的可预测性,能够通过事先预防的方式降低危机发生几率,或通过完善的预警体系能够更有效地对危机进行干预。但涉外危机救援体系中的预测预警功能则较难发挥,其特殊性表现为:一方面,出境公民陷入危机的时间、地点、社会环境以及救援力量等难以评估,而入境外国人的情况也难以预估,适用于本国公民行为习惯的一套预警评判体系不完全适用于入境外国人的行为;另一方面,危机救援以及善后工作的过程和结果难以预测。造成监控监测困难的原因在于信息不对称,但造成信息不对称的因素非常多,不仅仅是空间距离。危机事件监测预警困难使得涉外私域危机救援较为被动,很多时候只能仓促应对。目前,我国已经建立了包括政府机构与非政府组织在内的覆盖国内外的涉外突发事件监测预警体系,但由于涉外私域危机的特殊性,特别是我国专业从事涉外事务的力量的薄弱,现有的监测预警体系远不能满足日益增长的要求。

（三）应对时间的滞后性

与处置普通危机效率相比,涉外事件的处置难度较大,政府对出境公民无法在第一时间施以援助。一般情况下,一国政府对陷入危机的出境公民的救援都是依赖事件发生地政府或其他组织完成的,本国救援力量无法在现场实施救援。由于习惯、自身能力以及信任等因素,出境公民遇到危险时更倾向于向本国驻外使领馆等外交机构求助,有时甚至向国内相关机构求助,这种求助转化为实际的现场救援需要一个较长的时间,造成时间上的滞后性,即便所有接到的求助信息都能得到及时处置,从危机发生到进行救援也会存在一个时间差异,不仅会增加当事人的生命危险,而且使得本国政府感觉力不从心。更重要的是,各国政府处置突发事件的原则、方式、标准、效率等各不相同,为本国政府的救援行动落到实处也增加了难度,有些国家甚至会将其他国家正常的保护公民合法权益、拯救公民生命的活动视为干预内政的行为,更增加了救援工作的不确定性,不仅仅会延滞救援时间而且会干扰信息的收集与交流,造成严重的形势误判。

(四)参与主体的广泛性

政府主导涉外突发事件的应对,并不意味着不需要其他社会组织或个人甚至其他国家的参与,相反,在救援过程中往往因为有第三方的参与和支持而使得危机的解决更顺利圆满。第三方力量包括一些友好国家、国际组织、非政府组织以及个人。如在处置出境公民的生命危机时,我国外事部门常常会争取熟悉当地情况的当地侨领、华人团体及企业的支持,几乎每次涉外危机的处置都能见到华人华侨的身影,这些帮助不仅仅有效地降低了救援成本,而且为提高救援成功率提供了极大的支持,因而一直是我国外事工作的重要依靠力量。

表 3-13 涉外型救援的主导方与协调方

主导方	外交部	负责救援组织;负责协调内外联络;协调国内外相关机构;制定和启动相应预案
协调方	国内政府部门、社会组织、营利组织	参与危机应对、救援支持、资源协调
	国外相关机构、组织、企业	与外交部门保持联络;参与实施救援举措;协调外国当地政府、机构或企业

(五)操作手段上的局限性

一个现代的、负责任的国家一般都会为自己管辖范围内的一切人提供生命救援,但无法保证其他国家也一样对待自己的公民。更重要的是,当一国出境公民遇到危险时,本国政府无法像在国内一样动用一切可以使用的资源——自己的外事机构在其他国家既没有行政权也没有司法权,不能使用强制手段。值得一提的是,国际法以及国家之间的外交条约一般都会规定彼此必须尊重对方的主权和法律,外交机构的权力不能超越其应有的范围,在对本国公民实施救援的过程中,必须遵守国际法、派遣国和驻在国法律,尊重驻在国的风俗习惯、宗教信仰,以当地政府不会反对作为前提,尽可能地为本国公民提供不超越领事职务权限的帮助或协助。一个国家再强大,其合法、正当的领事保护手段也是有限的,且不能采取强制手段。

表 3-14 三种救援类型比较

	缓释型救援	应急型救援	涉外型救援
目标对象	本国深陷缓释型危机的公民	本国面临生命危机的公民	出境公民/入境外国公民
实施主体	卫生等专业政府部门	应急管理领导和办事机构	外事部门
紧急程度	时间较为宽松	时间紧急	紧急/不紧急
规范水平	技术成熟、程序规范	情境应对、程序性较弱	程序规范
社会参与	社会参与较少	低层次社会参与	社会参与层次较高
法律体系	法律法规较为健全、操作程序强调合法性、社会影响小	法律法规不健全、操作程序不一定合法、社会影响小	法律法规较为健全、强调国际法要求、政治影响大

第四章　政府私域救援的
过程分析

　　所谓过程是指事物发展的一系列阶段,是基于时间维度的一种连续变化状态。政府私域危机救援是基于危机发展不同阶段特征而采取的一组特定的政府管控活动,每个阶段的管控活动都有既定的目标、规范的操作程序、特定的能力要求和科学的评估标准,以确保将危机控制在某个特定阶段,或引导危机向既定的、良性的方向转变,减少损失。本章借用《国家突发公共事件总体应急预案》划分方法,将政府私域救援过程也划分为预测预警、应急处置、恢复重建三个阶段。鉴于政府私域救援与其他突发事件管控程序、措施、要求基本一致,本章重点讨论政府私域救援过程每个阶段工作的特殊要求和各种挑战。

第一节　私域危机预防

　　防患于未然是最好的救援,成功且有效的私域危机管理“须是先发式的(procative),而非反应式的(reactive)”[①]。积极做好私域危机预防不仅可以防患于未然,减少生命损失,而且可以为危机救援提供更充分的准备,提高救援的效率,节约社会资源。《国家突发公共事件总体应急预案》对公共危机的

---

① 张小明:《公共部门危机管理》,中国人民大学出版社 2014 年版,第 126 页。

预测预警提出了具体要求和意见,但这种体系对于私域危机并不完全适用。

一、私域危机预防的基本内涵

(一)私域危机预防的可能性

预防是一种事前管理,主要是目标通过提前做好准备,减少私域危机发生。与公共危机监测预警不同,私域危机的预防是建立在对人的行为的预测上的,然而,对人的行为是否可以预测则存在不同的意见。一部分人认为,人是一种感性动物,其行为受情绪和环境决定,而人的情绪和环境则是不可预测的。如果私域危机是由人的不稳定情绪触发,那将是防无可防的。另一部分人则对知识的确定性和理智的穿透力十分信任,认为无论是自然界、人类社会还是人类自身的行为都是有规律可循,且这种规律是可以被把握和运用的。私域危机也是人的选择结果,是可以把握其规律的。

从个体的角度来看,人都是理性的,人的行为会遵循一定的价值判断和利益标准,这种价值判断和利益标准来自于人类趋利避害的本性,具有普遍意义的,不因地域、种族、国家以及文化的差异而有所不同——即便在具体的个体身上的表现会有所不同。从社会的角度来看,个人是社会这个大系统的组成部分,其行为并不仅仅具有生理和心理属性,还有社会属性,受到社会结构的制约。社会结构就是各种力量的比例关系,制约了人的行为价值取向,甚至决定着人们的行为路径,使得人们必须按照某种被社会广泛接受的标准行事,而不能随心所欲。

当然,这种关系并不仅仅指那些书面的、明确的社会规则和各种现实的权威,还包括那些已经内化为某种文化、习俗或知识等对各种力量以及力量之间关系的认知。社会结构或各种力量的关系对人的行为的影响遵循某些特定的规则,只要把握这些规则就能对人类行为进行预见。基于此,虽然触发私域危机的原因复杂多变,但其规律还是有迹可循的,能够有效对其预防。更重要的是,随着科学技术的发展,现代社会关于人类行为规律的研究和积累使得对其更为科学、精确地预防提供了可能。特别是随着信息技术和统计分析技术的发展,使得政府的决策能力越来越强,可以通过掌握更多的已经发生的私域危机的共同因素,从而有针对性地对其进行预防。

(二)私域危机预防的内涵

本质上,私域危机预防是对人类行为的不稳定性的干预。我们将这种"不稳定性"定义为人们对社会所接受的行为过程、行为准则和价值方向的偏离,这种偏离可能会危及行为主体的生命安全,具体包括内在性、敏感性、脆弱性等内涵。

所谓内在性,是指人类天生的好奇心或对某种循规蹈矩生活的厌恶,这种好奇或厌恶使得人的行为具有内在的不稳定性,在特定的条件下可能会导致某种异常行为的发生。当然,异常行为并不仅仅是一种无意识或情绪化的行为,如有人会因为吵架情绪激动而自杀;也包括那些深思熟虑的行为,如 2017 年春节杭州警方救下的 5 个准备烧炭自杀的年轻人就曾先后计划在新疆、神农架等地烧炭自杀。

所谓敏感性,是指某些群体或个体对外界的干扰或变化更为敏感,更容易改变自己的日常行为或行为标准,使得其行为更具有不可预测性。如户外运动文化的兴起导致了不安全的冒险活动增多。这里的"外界"既包括自然环境,也包括社会环境,更指某些特定的情境。此外,敏感性与个体承受干扰的能力有关。

所谓脆弱性,是指个体在群体或特定情境的压力下,容易选择某种可能危及自己生命的行为,其中,"压力"既包括现实的胁迫也包括内化为组织文化、群体精神的奖惩机制或价值标准。当某个群体或组织的文化或行动变得偏激或不可测时,其成员的行为也会随之发生改变,走向不理性。

总体来看,人类行为的不稳定性是人类理性不完备的重要表现,也是人类受理性和情感双重支配的较好证明。虽然这种不稳定性是人类行为内在的、与生俱来的一种属性,但由于这种属性只是当个体遭受干扰或环境变化时才表现出来,因此,如果能够准确地把握这种属性与外界环境变化的耦合关系,就能够对其进行预测预防。

(三)私域危机预防的实践内容

私域危机预防是基于私域危机发生规律而采取的一系列针对性的调节活动,有其重点和内在逻辑。虽然人类行为具有不稳定性的特征,私域危机也多种多样,但私域危机这种不稳定性还是有一些发生规律的。通过统计分析可以发现,某些事件或某些情境与人的危险行为更具有相关性,更容易按照不同于日常的方式、标准或程序进行决策或采取行动。私域危机预防就是要尽可能防止某些事件发生,干扰某些可能触发负面行为的情境,或者尽量避免某些事件或情境进一步触发危险行动。

首先,要研究哪些群体更容易受到环境变化或外界干扰的影响。如年轻人更容易冲动,面对重大打击人们更为脆弱,而从事某些行业的人更有可能采取某种更危险的行为来证明自己的能力和与众不同。这些结论只要通过简单的分类归纳就可以得出,但有些具有特殊的气质和心理结构的人的行为变化则较为隐蔽,要对其进行类型分析难度较大,需要更长期、更广泛和更精确的观察分析。

其次,要研究哪些变化或干扰容易造成人的行为改变。这些改变不仅指那些突然出现的反常现象,而且包括一些被强化的、潜在的、与生活常识相悖的情绪或行为倾向。目前学术界对此已有丰富的研究成果,特别是心理学和社会学的研究结论已经能够较好地支持私域危机预防的实践活动。

再次,要研究如何减轻环境变化或干扰对人的行为的影响。这是研究人类行为不稳定性的根本目标,也是私域危机预防的最核心的工作,包括两个层次:理想的结果是彻底消弭某些负面影响,使得当事人的行为完全不受影响;另一个较能接受的结果是将环境干扰降到最低,避免出现行为突变或潜在情绪的激化。

最后,鉴于环境变化的复杂性、时变性和不确定性,唯有增强社会公众的自我抗干扰能力和自我恢复能力,才是消除"不稳定性"影响的最好办法。因此,政府要建立一种长效的危机意识宣传教育机制,通过有意识的引导,确保公众能够建立自己的情绪调节机制,提升抗干扰能力,在面对诱惑或刺激时能够使自己的行为停留在恰当而理性的区间。

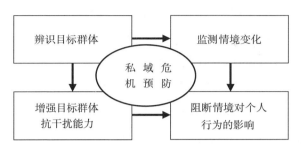

图4-1　私域危机预防实践内容

(四)私域危机预防的实践特征

一般而言,政府针对私域危机的预防工作包括:将人类行为的不稳定性作为政府应急工作的重要前提假设,并依次制订相应的工作计划;紧密观察社会发展变化,重点做好经济低迷、社会结构变化以及社会文化变迁等环境变化对特定人群行为的影响评估;根据评估结果加强或调整预防工作计划以及做好突发事件应急准备。这与公共危机的预防监测的程序并无二致,但由于私域危机预防的重点是特殊的人群以及环境变化与人类行为不稳定之间的关系,使得其实践具有以下比较突出的特征。

首先,从目的来看,私域危机预防的目标更强调从根本上消除危机而不是降低损失。私域危机的周期短、速度快、直接威胁生命安全等特征,使得危机一旦爆发就意味着可能有人员伤亡。因此,减少损失不能成为危机预防的选项或主要选项,相反,就私域危机而言,预防即意味着阻止、中断或消除祸端。

其次,从对象来看,私域危机预防工作的对象较为明确。突发公共事件分为四大类,只要某种征兆符合某种危机的标准,就可以对其进行针对性的分析并采取相应措施。但这些措施的目标并不一定具体到个人,即便公共卫生危机和社会事件这类由人的行为引起的矛盾,其预防措施也无法落实到每一个对象。私域危机则不然,虽然非理性的行为是由不同的心理活动触发的,在其酝酿期间具有隐蔽性,但一旦确定环境变化可能会给哪些人带来影响,就能确认目标群体。由于目标群体一般较小,因而能够进行一对一、一对多的帮助和干预,使得预防工作更加具有针对性。

再次,从方式来看,私域危机预防具有非常明显的人本关怀特征。虽然公共危机和私域危机预防工作的根本目的都是为了减少人民群众的生命财产损失,但后者更强调对人的生命的尊重,更显示出其人本关怀的特性:一方面,从根本动力来看,对人的生命权利的尊重而不是政府自身的责任或法律要求是一切预防工作的出发点;另一方面,从基本手段来看,私域危机预防一般通过教育和心理疏导的方式进行,更加强调情感的交流和思想的引导,而不是通过法律、行政甚至利益诱惑的方式禁止或鼓励某些行为,把尊重对方的人格尊严和情感需求放在第一位。

最后,从工作重点来看,预防工作的核心是引导人们打消某种可能导致危及生命安全的念头,而不是改变环境。当然,改变环境也是其中的重要内容。正因为如此,私域危机预防工作的要求更高,其中尤其需要当事人的配合,否则所有工作无法进行,因此对工作方法和程序都有更高的要求。

表4-1　私域危机预防与公共危机预防比较

	私域危机预防	公共危机预防
目的	消除危机	降低损失
目标	目标对象能具体到特殊群体甚至个人	目标对象限定为受某种类型危机影响的人群
方式	突出人本主义、强调情感交流和思想引导、注重当事人情感需求	突出制度主义、强调法律法规约束、注重对当事人的行为规范
重点	改变人的思想和行为	改变自然环境、引导社会文化

二、私域危机预防的行为干预

私域危机是由情境变化导致的反常的、不理性的行为引起的,构成危机的两个变量为外在环境和个人行为,前者为自变量而后者为因变量。针对两个变量的不同要求,可以将危机预防分为两大类:行为干预和情境管理,前者关注的是人的行为,后者关注的是情境的改善。

(一)行为干预的基本内涵

行为干预是为避免某个特定群体或个人遭遇生命危机,针对某种可能出现的某群体或个人异常行为而采取的一系列连续性、多面性、相关性的干预措施。通过行为干预预防危机主要是基于行为主义的基本假设,即可以通过操纵环境或行为后果从而增加或减少某种行为发生的几率。仔细观察分析是行为干预的前提和基础,在针对某个群体或个体可能存在的危险行为进行干预之前,首先要对某种不理性行为产生的前提和可能触发的后果进行深入分析。其次,普通的行为干预一般会包括很多项目,并不具有特别的针对性,强调的是面面俱到,防止挂一漏万,但在特殊情况下,特别是在目标群体非常明确、危机征兆非常明显的情况下,要尽量准确地确定哪些可能引起或强化不理性行为的因素,做到有的放矢。再次,要创造一个稳定的、结构化的干预环境,尽量避免出现情境变化,触发新的危机。最后,要坚持持续一致和肯定导向。行为干预有时是一个较长时间的任务,除需要足够的耐心外,对于干预行为的原则、标准和价值导向应该保持一致,避免导致当事人思想混乱。与此同时,应该以正向的、肯定的引导方式进行,用正面的例子和光明的前景打动人,而不是否定的方式再次增加当事人被否定的感受。

(二)行为干预的基本原则

一般而言,行为干预的对象是某些可能产生反常行为的特定群体,如艾滋病行为干预主要针对吸毒者、性病患者、性工作者、同性恋者等高危人群等。当然,由于某些危险行为并不是某些群体特有的,实践中往往会扩大干预对象,如通过教育、宣传甚至针对性的咨询活动,提醒所有居民远离毒品,针对游客的特征在酒店和娱乐场所做好预防艾滋病宣传,等等。正是由于这些特征,行为干预应该遵循以下原则:一是坚持重点群体干预与普遍性引导相结合。既解决当务之急又尽量帮助更多的人,实现普遍性与针对性相结合。二是坚持专业队伍与社会力量相结合。行为干预是一项相对专业、复杂的任务,只有专业队伍才能提升干预效果,但仅有专业队伍无法充分扩大干预工作的覆盖面和影响力,必须借助更多的政府和社会机构营造更好的舆论氛围。三是坚持尊重传统与开拓创新相结合。在充分运用和推广现有行为干预经验做法的基础上,根据新情况新形势新要求,积极创新行为干预目标群体、方式方法和程序准则等,使得危机防范工作与时俱进。四是坚持行动干预与危机预控相结合。相关机构和队伍不仅要拥有宣传教育引导的能力,还要拥有及时处置突发事件的能力。

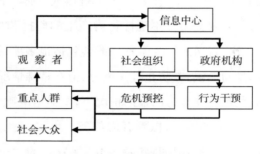

图4-2 行为干预基本流程

(三)行为干预的基本类型

根据行为性质的不同,可以分为消极行为阻止和积极行为激励两种方式。前者关注此时此地当事人的心理感受与情绪变化,着力解决当事人面临的思想和生活困境,转化消极的情绪和不理性的思想。消极行为阻止本质上是一种守株待兔的做法,等待问题苗头出现,再千方百计将危机扼杀在萌芽状态中,好处是针对性较强,但十分被动,有时候还会激发当事人更多的抵触情绪。积极行为激励也可以称为正向行为支持,主要是指通过奖赏或鼓励,增加具有正能量的思想和行为发生的频率和强度,能够转化当事人某些厌恶的刺激,增加社会对其期望的行为。积极行为激励见效缓慢、时间漫长、成本高昂,但这种措施能够较为彻底地解决问题。当然,针对具体群体,行为干预的内容有较大不同,如艾滋病干预的方法就包括媒体宣传、同伴教育、外展服务、安全套的推广与正确使用等一系列的方式方法,而自杀干预则主要通过情绪转化和问题解决帮助当事人重拾生活的信心。

根据对象群体的不同,可以分为个体干预和群体干预。所谓个体干预是指针对极少数人的行为干预,重点是通过为当事人提供某些心理辅导和精神支持,引导当事人逐渐稳定心理和情绪并正确认识和彻底改变极端的思维方式,特别是那些自我否定的、非理性的自我认知。个体干预成效有赖于干预对象个体情况,应通过研判干预对象的能力、能动性水平等再决定采用何种类型的干预举措,具体举措包括心理疏导、技能帮扶、机会提供、权利维护等措施。优点在于措施针对性强、见效快,能够及时准确地掌握被帮助者的动态,但覆盖面小、成本高,工作强度大,专业要求强,如果失败会更加刺激负面情绪。所谓群体干预指的是针对某一特定群体的干预。群体干预分两类,一类是群体成员面临的危机性质相同,但空间分散;另一类是群体成员相对集中在一定的地理空间内,形成特定社区。群体干预措施包括宣传、培训、教育、咨询、改善环境等,通过改变整个群体或社区的生活准则和行为方式进而改变个体的危险行为。这种方式覆盖面广,个体帮扶的成本较低,溢出效应明显,且能够覆盖隐蔽性和流动性较强的群体,但针对性和有效性都不明显,效果难以精确检验。

根据作用方式的不同,可以分为心理干预和行为干预。所谓心理干预即一种心理治疗方式,这种方式认为人的危险行为与其异常的心理活动密切相关,通过简单的心理辅导,帮助当事人解决马虎、侥幸、盲目自信、麻痹大意等心理问题,度过心理危机,就能够有效地降低异常行为。心理干预是一种个性化的私域危机预防机制,通过针对性地干预个体安全心理状态及心理问题,平衡当事人的心理和生理状态。行为干预认为人的行为是受到动机和需求支配的,而这些动机和需求是有一定的表现迹象的,可以通过预测、引导和强化某些安全的行动,抑制不安全的动机和行为,调整可能导致不安全行为的各种条件,加强对具有不安全行为征兆的人的监督和引导,就能够预防各种事故发生。行动干预可以有两种,一种是行为终止法,另一种是行为过程干预,即将任何危机的爆发都视为一个前后相续的过程,这个过程是由不同的环节构成,只要能够对其中的任何一个环节进行干预,都可能中断危机的爆发。如在一些景区可以通过封闭其未开发区域的入口或加派人手对危险地段巡查,及时提醒阻止冒险行为,就有可能降低危险。这种方式也需要长期的观察,且需要对潜在的风险点有足够正确的认识,能够抓住风险所在。

表4-2 行为干预基本类型

划分依据	主要类型	主要内容	主要特征
行为性质	消极行为阻止	解决当事人面临的思想和生活困境,转化消极的情绪和不理性的思想	针对性较强;行为被动
	积极行为激励	增加具有正能量的思想和行为,抑制厌恶刺激,增加社会对其期望的行为	时间漫长、见效缓慢、成本高昂;能够较为彻底地解决问题
对象群体	个体干预	针对极少数人的行为干预,为当事人提供支持	针对性强、见效快;覆盖面小、成本高,工作强度大,专业要求强
	群体干预	通过改变整个群体或社区的生活准则和行为方式进而改变个体的风险行为	覆盖面广、人均成本较低,溢出效应明显;效果难以精确检验
作用方式	心理干预	通过简单的心理辅导,帮助当事人矫正心理问题和行为	个体性强、针对性强;专业要求高、成本高
	行为干预	通过行为终止或过程干预,避免或抑制不安全行为的出现	目标明确、行动直接、效果明显;持续时间长、依赖准确信息

三、私域危机预防的情境管理

(一)情境管理的基本内涵

情境是指由各种刺激因素构成的环境①,是私域危机的外部条件。情

---

① 情境具有以下含义:首先,情境是一种场所,由一定的时空组成;其次,情境不同于环境,环境是独立人的主观意志存在的客观条件,而情境是主客体因素共同作用的产物,客体是一种刺激因素,而主体则是能够感受这种刺激的特定人。再次,情境具有即时性,即是当下行动的直接条件。又次,情境对于个人而言是有特殊意义的,是一种被赋予某种特定意义的时刻。最后,情境的意义是一种主观的存在,是主体与客体互动的结果,是主体赋予客体的,许多刺激本身没有固定的意义,却可以在特定的情境中获得了恰当的意义,这就要求主体对情境具有敏感性,主体对情境的敏感性其实就是情境效应的表现。

境管理也可以称为情境管控,就是通过一定的措施,管控外部环境变化或干扰影响特定群体的过程。在私域危机预防中,情境管理是指通过对那些可能触发危险行为的情境——一种能够引发特定思想情绪的场景——进行管控,甚至避免人们直接接触该种情境,从而阻止或中断某种负面情绪或不理性决策的产生。情境管理假设人和情境之间存在互动,人的情绪和行为会受到情境影响。尽管人们身上潜伏着某种不稳定性的特质,但这种特质只有在其所处情境变化或干扰时才会表现出来,"情境的心理意义对人更具有决定作用"[①]。从经验事实来看,情境对人的行为的影响也十分明显,如媒体不恰当的报道可能会营造一种诱导自杀的社会氛围,导致更多的自杀行动。与行为干预不一样,情境管控本质上只是一种优先选择的危机预防手段,最重要是实现当期目标,不追求当事人问题的根本解决,也不依赖于社会结构的根本转变,只是减少或剥夺当事人在某一时期或某一地点采取其危险行为的机会而已,降低了当期的危机发生率,但威胁仍然存在。

表4-3　情境分类[②]

主要学派	基本观点	概　念　界　定
行为主义学派	物质环境	情境是客观的具体环境,而不是主观的精神境界
		情境是高于现有研究中分析层次的解释因素,它围绕着特定的现象,发挥着直接或间接的影响作用
		情境是和被研究对象处于不同分析层次的外部环境因素
认知—行为主义学派	物质和理念环境	完整的行动包括外部环境、内部生理状态或中介过程
		情境不单单是指客观的刺激环境,同时也是对客体情境的认知
		个体与环境相互作用形成动态的系统或整体,而个体的心理活动和客观环境共同构成了该系统
		情境是系统性因素与人的发展之间逐渐形成的或然性循环作用模式
格式塔学派	理念环境	情境是个体感知的环境
		情境是个体对环境的体验、倾向、期待和认知

---

① 王亚南:《情境心理学的若干问题》,《心理学动态》1996年第4期,第34—38页。
② 苏敬勤等:《情境内涵、分类与情境化研究现状》,《管理学报》2016年第4期,第491—497页。

（二）情境管理的基本方式

情境管控的方式可以分为五类：一是通过加强对目标情境的控制，减少特殊情境带来的风险。如将某些存在潜在风险的区域直接封存，或有针对性地对某些群体封锁特定信息。如 2016 年随着雨季的到来，四川九鼎山、牛背山等著名景区为防止山体滑坡、泥石流等地质灾害，纷纷采取封闭景区的措施，避免出现灾害。二是通过加强正式或者非正式的监控防止发生危险行为。如每年夏天各地政府都会提醒居民防范中小学生溺水等。三是通过加大违规行为惩罚力度提高危险行为的经济成本和法律责任。如《四川省登山管理办法》规定，未经批准，擅自开展海拔 3500 米以上山峰登山活动或者擅自变更攀登季节、路线或者山峰的，对组织机构罚款 1000 元，对个人罚款 200 元，构成犯罪的依法追究其刑事责任。四是通过减少同侪压力或减少冲突降低采取危险行为的可能性。主要改变群体内部文化评价标准和方式，规范某些本身就具有危险性的行为，避免由于行为不规范或有意改变行为而导致危险。如通过引导，推动户外活动群体内部逐步建立更为健康安全的文化，把探险与冒险严格分开。五是通过设立规则来规范某些高风险行为。如新疆《关于进一步加强户外探险运动管理的通知》就对户外运动的经营者设定了资质门槛，并对经营者的经营活动方式作出了具体的规定，如要求经营者与探险者之间签订合法合同并遵守约定的时间、地点和路线。

（三）情境管理的基本类型

根据情境的种类，管控的方式可以分为压力情境管控和非压力情境管控。压力情境也被称为软环境，是指会刺激行为主体采取危险行为的社会文化环境，主要包括社会风气、舆论导向、群体风貌、生活习俗、信息交流、传统习俗等社会文化因素。压力情境是一种主观意识和感受，可以分为两种：一种是迫使当事人在特定情况下采取危险行动的社会环境，如 2008 年 10 月，韩国某崔姓演员被发现自杀，死者生前因牵涉另一男性演员烧炭自杀案件而深受指责,备受压力。另一种是给当事人危险行为提供合理解释的社会文化,让当事人认为自己的行为或是利己的、或是利他的,又或是命中注定的,如日本文化迷恋极致和短暂的绚丽美,使得其崇尚光荣的结束生命,从而为当事人的自杀行为提供了合理的文化解释。又如虽然飙车是一项既可能违法又很可能危及生命的活动,但在飙车族眼里,飙车是一种挑战生活、挑战社会、挑战秩序的有效方式,是对社会的一种反叛,也是展现自身活力和精神状态的方式。当然,压力型情境并不完全是指精神存在,也包括一些自然条件,比如在冰岛,到了极夜的时候,自杀率就会明显升高。

压力情境主要通过推动特定对象与其他特定群体产生共情而触发危险行动——对于和自己属于同一群体或拥有较亲密人际关系的他人更容易产生共情。因此,压力情境管理主要是阻断或削弱情境对某些群体的影响,主要包括三种方式:一是文化干预。文化具有社会行为的导向功能,积极的社会文化对于祛除导致私域危机的负面社会文化影响,促进某些群体或个人心理平衡有着重要的意义。即通过宣传、教育、培训等方式改变社会或某个社区、团体的价值观、态度、行为标准等文化氛围,营造更加积极、安全、理性的生活空间,从根本上消除私域危机发生的压力情境。如19世纪中后期到20世纪初,云南丽江纳西族云杉坪经常发生男女殉情悲惨事件。当地人认为在云杉坪殉情,其灵魂便可以进入云龙第三国,殉情习俗甚至影响到了当地白族和汉族居民。但新中国成立后,经过深入的社会改造和教育宣传,这种现象便逐步消失了。二是信息管控。心理学认为个体仅仅根据一些线索便可以依赖自己的知识经验对另外一个人的情绪产生共情,产生相似的情绪体验,而且并不需要直接体验其他人所处的具体情境。一些负面的消息被传播后,一些具有同样心理的人可能会受到鼓舞、树立行为榜样,最终采取危险行为。如"维特效应"证明,自杀事件经由媒体报道后,极易提升社会自杀率;又如,一个"驴友"的行为被美化放大后可能引发类似的行为。加强信息管控,即通过引导媒体正确宣传相关负面事件,避免某些群体暴露在负面情境之中,防止发生危险行为。如两百多年前,歌德《少年维特之烦恼》出版后,不仅使歌德名声大振,而且在整个欧洲大陆卷起了一股模仿维特自杀的风潮。正因为此,好几个国家把这本书列为了禁书。三是法律规制。即严格法律法规,在特定情境下的禁止或限制某些行为,避免产生危机危及生命安全。如泰国法律要求在妓院里强制使用安全套,极大地增强了预防艾滋病的有效性。又如上海市早在 2006 年就出台《关于禁止非法改装机动车、禁止机动车飙车的通告》,对飙车行为进行严惩。

非压力情境又叫硬环境,是由一些有形条件构成的空间,既包括自然环境又包括人造环境,也可以指实施危险行为所必需的物质条件。虽然非压力情境具有静态和硬性的特征,但并非只是一种客观的、毫无情感的存在,相反,这些空间被某些群体赋予特定意义。如海子卧轨自杀后,卧轨就被视为一种最便当、最干净、最尊严的一种自杀方式,铁轨在某些人的眼中就成为了非同一般的意象。又如日本富士山下青木原树海,既是一个著名的景区,又符合日本对自杀意义的理解,因而成为著名的自杀圣地。由此可见,非压力情境存在物质性和非物质性双重属性,具有压力情境所不具有的特征:一是客观性。即限定或固定在一定的地址位置上和人为的具体的物质空间之中,是独立于人们的意识、体验之外的,这让大多数特定情境的确定有迹可循;而压力情境并不依靠具体的、物质的场所而存在,而是一种社会文化的内在化,是一种精神存在。二是主观性。即特定情境的产生是与人的情感活动密切相关的,与压力情境是由外在文化塑造的不同,非压力情境是个体情感在物质空间上的反映,是主观情感的外在体现。三是多变性。从某种意义上讲,情境就是一种符号化的场所,由于不同的群体、不同的时间人们会有不同的情感活动,因而又是一个多变的、不可捉摸的场所;相反,压力情境是一种社会文化氛围,具有相对的稳定性。四是个体性。情境是一个被人体验和意识的世界,但每一个人对情境的刺激性感受不同、理解不同,因而情境是一个多义的、个性的情感场所。相反,压力情景中所有的人对特定情境刺激的感受都是相同的,如日本人对剖腹自杀意义的理解较为相同。

与压力情境管控相比,非压力情境管控更具有针对性和可操作性,管控的方式也比较多,总体上可以分为三大类:第一种是消除潜在风险。日本在这方面作出了很多的探索,除了加大人力投入如设立专门防止自杀的机构外,还认真梳理了可能发生自杀的地方并采取相应的预防措施,如在车站安装防自杀镜和障碍物,楼房不能让想自杀的人找出跳楼的地方,让保险公司不再设置自杀保险,等等。第二种是加强风险点监测,即加强可能发生危险的地点的监测和危险行为的劝阻。但以上两种方式,无论是哪一种管控方式都要事先进行风险点甄别,对于政府而言,有些风险点如悬崖、沼泽、厉瘴之地、野生动物出没的地方等,仅凭生活经验就可以确定;但有些特殊的风险点,并不能凭借直觉和常识予以识别,必须借助专业的机构予以协助。第三种是提升民众自救能力。普及心理调节和救援实践知识,针对性地提高社区居民应对各种危机的综合素质和应急处置的能力。

表4-4　压力情境与非压力情境

	压力情境	非压力情境
基本内涵	会刺激行为主体采取危险行为的社会文化环境	实施危险行为所必需的物质条件
对象特征	隐蔽性、稳定性、结构性	静态性、主观性、个体性
作用方式	迫使当事人在特定情况下采取危险行动;给当事人危险行为提供合理解释	为实施危险行为提供物质条件
管控方式	文化干预、信息管控、法律规制	消除潜在风险、加强风险点监测、提升民众自救能力

四、私域危机预防的基本策略

从私域危机预防的主体来看,私域危机预防本质上是根据某种险情而采取的事先应对措施,是管理者对其管辖范围内可能会出现的某些危险迹象的感知,必须根据不同的情况采取不同的策略。根据管理者对险情的感知,总体上可以将私域危机预防策略分为排除策略和减损策略,其中,排除策略又可以分为预先预防、预见预防和再发预防①三种具体方式,目标是针对那些诱因较为明确、可控的私域危机,力争通过零缺陷管理,彻底清除危机诱因,从根本上排除私域危机。而减损策略则是对于一些不可预见或不可避免危机所采取的相应对策,目标是减少危机造成的损失。

(一)预先预防

主要是围绕某种情境,研判其是否构成某种私域危机的前提条件。这种研判主要依据三种情况:一是生活常识。如有水的地方就有可能有人会落水,悬崖峭壁就有可能会发生坠崖,而生活困顿可能会促使自杀率上升,等等,仅凭生活经验即可以判断。二是概率分析,如每一个社会都有相对稳定的自杀率,而不同的群体的自杀率也不相同。又如,在某些群体中,性病和艾滋病传播的速度更快,感染率更高。管理者可以根据这些概率,确定风险预防的重点人群和工作重点。三是危机征兆。即已经出现某些可能发展成为危机的信号,如某个地方已经发现有人接触过毒品,那么就应该进一步了解情况,调查清楚事实,并大力宣传吸毒的恶劣后果,防止征兆变成现实。预先预防中,难度比较大的是关于压力情境对特定群体行为的影响的预判,特别是非压力情境变成压力情境的背景下,预测预防难度较大。

(二)预见预防

预见预防主要是针对某些地区或群体中一些未曾见过的危机而言的,是私域危机预防工作中最重要也是最难的。预见预防主要来自于以下几种研判:一是逻辑推理。即运用逻辑推理,研判一种新的情境出现可能引发哪些危险行为。如新型的野生动物园与传统的动物园相比,占地面积、动物生活状态、观赏方式等都极不相同,危机发生的方式或者说风险点也十分不同:在传统的动物园几乎毫无风险;但在野生动物园中则不同,既有可能动

---

① 肖鹏军:《公共危机管理导论》,中国人民大学出版社 2006 年版,第 78—80 页。

物主动伤人,也有可能游客不守规则冒险行动,仅从逻辑推断就可以得知。二是类比分析。即根据其他地区或领域出现的新的危机类型,研判本地区是否具备发生此类危机的可能性。如国外高楼极限运动兴起后,国内也出现了大量的徒手攀爬摩天大楼的行为,如2014年2月两名俄罗斯人徒手攀爬上海中心后,两名郑州的90后小伙为证明中国年轻人的冒险精神不比老外差,随后也徒手攀上上海中心。又如自法国兴起跑酷后,近年来在我国大城市也出现了跑酷族,对城市私域危机预防提出了新的课题。三是历史借鉴。由于各国、各地区发展阶段不同,不同历史阶段、不同地区的私域危机类型并不完全一样,后发地区可以根据先发地区私域危机发生的历史对本地区当前发展阶段不同领域可能出现的私域危机进行预判,如登山、攀岩、悬崖速降、在野外露营、野炊、定向运动、溪流、探险等户外运动的产生和发展是与社会发展水平相关的,发达国家兴起较早,由此引发的私域危机发生得也较早,积累了相当丰富的应对经验,发展中国家可以依此提前进行风险预判。

(三)再发预防

再发预防是指通过消除某种危机发生的前提条件从而防止类似的危机再次发生。再发预防属于危机处置善后的重要组成部分,其内涵十分容易理解。如由于东京地铁站自杀事件频频发生,为阻止惨剧,地铁工作人员安装了灯光为蓝色的灯预防自杀。再发预防的方式并不新颖,几乎其他所有预防方式都适用于再发预防,但必须强调的是:首先,应该深入总结和分析已有的私域危机预防方案的有效性和不足之处,在进行再发预防时,对已有的方案进行修正完善。其次,再发预防并不是针对同一对象或同一区域而采取的措施,而是要坚持由此及彼对类似情境进行比较分析,防止同样的情境下再发生同样的危机。最后,再发预防应该对特定情境下私域危机发生的概率进行测算,不仅要尽量阻止危机的发生,而且要为危机再发生后的物质、技术和人力需要做好准备。

（四）减损策略

事实上并不是所有的危机事件都能事先通过预警得以避免,并不是所有的危机诱因都是可以预见到和彻底排除的,很多危机是无法准确预测的。因此,通常所说的预防还包括为不测做好准备,即针对那些诱因不能完全排除且不能预测的私域危机,也必须采取相应的预防策略,尽可能减少人员伤亡,就显得格外重要。减损策略具体包括以下三种方式:一是缓解策略。即当无法彻底排除某种危机时,通过采取针对性措施控制危机诱因影响范围,从而尽可能使危机爆发带来的直接危害降到最低。二是防备策略。针对一些无法缓解或排除的危机诱因,充分做好危机爆发的应对准备,尤其是对于那些不可预测的危机而言。三是减少策略。即对那些无法回避、转移或转移不经济的危机,要接受并采取有力措施,努力消除或减少危机风险源并避免发生连锁反应。一般来说,危机与周围环境关联性越大,风险扩散的危险也越大;反之,危机扩散的风险相对较小。因此,在进行风险的预防时,要高度重视危机风险与周围环境的这种关联性,尽可能对他们之间的关联性进行干扰,以避免发生连锁反应。

表 4-5　私域危机预防具体策略

基本策略	主要任务	行动依据
预先预防	研判某种情境是否会构成某种私域危机的前提条件	生活常识、概率分析、危机征兆
预见预防	预见某些地区或群体中未曾发生过的私域危机	逻辑推理、类比分析、历史借鉴
再发预防	防范同样危机再发和阻止衍生危机	评估现有预案、类比分析、确定再发概率
减损策略	减少小概率事件带来的损失	缓解策略、防备策略、减少策略

五、私域危机预防与私域权利

预防是私域危机救援的前向衍生,既为个体的生命安全提供了更为牢靠的保障,也为政府应对私域危机提供了较为充分的准备,具有十分重要的意义。但预防本质上属于社会控制范畴—— 一种以权力为基础的有意识、有目的的社会统治,包括行为、情感、意志甚至理智的强制规范,这与私域自由并不完全洽和。安全需求赋予了私域危机预防的合理性,或者说,保护公民生命安全的职责使得政府在必要时可以提前对私人领域进行干预,但由于危机预防是建立在经验和推测基础上的,政府干预私域行为的时机、范围、程度并不容易把握,找准预防危机与妨碍自由之间的平衡点需要万分谨慎。当然,必须强调的是,私域危机预防与私域自由之间的矛盾并不是根本性的,相反,一致性才是二者关系的最好描述。

(一)私域危机预防与私域权利的矛盾性

私域危机预防乃至其他突发事件的预防往往包括身份甄别、监视、搜查、扣押等方式,往往容易引起广泛的争议,争议范围涉及隐私、自由、尊严等几个方面的问题。在不久以前,这些方式还被视为阶级压迫或专政的表现,但现在人们已经视其为非常普遍、正常的社会管理手段,更多关注的是其技术属性而非政治和社会属性,很少有人再将其与政治联系起来。

1. 私域危机预防与隐私

私域危机预防的前提是对个人或特定群体信息进行研判,只要这些信息是真实的就必然会指向某个具体的个人或群体。虽然获取某些信息是必要的,但这种必要性使得私域危机预防工作对公民隐私具有天然的威胁性,甚至可以说当一个人被纳入预防工作对象时,其隐私权可能已经遭侵犯了。危机预防中,公民个人隐私遭受的侵犯主要有以下几种情况:一是私人信息过度暴露。过度暴露包括两层含义,一方面,政府为了更准确地进行危机研判,可能会要求更多地获取某类信息;另一方面,可能在获取某类信息的同时,也获取了其他对政府不必要但对个人至关重要的信息。二是管理缺失造成个人信息的泄露。实践中不仅会有管理人员失误造成个人信息泄露,而且存在管理人员故意泄露个人隐私的情况。如2017年有媒体报道,全国30个省份275位艾滋病感染者称接到了诈骗电话,患者的姓名、户籍甚至诊断情况等隐私大面积泄露。三是过度的监控可能会扰乱公民私生活安宁。为了更好地收集信息、及时发现危险苗头,政府或有关机构可能会加强对部分群体或区域的监控,这极有可能会扰乱居民平静的社会生活,甚至会让无辜的人受到影响。如韩国政府为了应对自杀率居高不下的问题,成立了一个专门小组,专门监视网络博客、社交网站,在网络搜寻那些帮助或者鼓励人们策划自杀的有关内容和自杀相关的材料,希望遏制自杀。

2. 私域危机预防与自由

虽然西方社会高度强调自由的价值,但生命才是一个人存续的最基本、最现实的前提,当生命受到威胁时,安全就会超过一切成为首要价值,自由也必须给安全让路。① 但事实上,自由与安全的关系并不如此容易处理,相反,自由和安全是一对矛盾存在,这在私域危机预防中表现得尤其明显和突出。私域危机预防使得生命安全与人身自由这两个人类社会最重要的价值处于直接的对立位置,而生命的至高无上性又使二者高度协调统一,形成了一种既相互依赖不可分割又紧张冲突的状态。这种紧张冲突是具体的、现实的,不仅仅限于个人隐私的泄露和安宁生活的侵犯,而且会造成对人身自由的制约。实践中,为了有效预防私域危机,政府除加强监控外,还会采取一定的行为干预措施。严密监控和直接干预的确有助于提升私域危机预防效果,但也会给居民的行为带来一些束缚,限制了公民的自由,可能会侵犯当事人的权利,也可能会侵犯其他人的权利。虽然《艾滋病防治条例》明确规定艾滋病患者享有结婚和生育权,但有的地方规定"婚姻登记机关在办理结婚登记时,对于艾滋病病人和患有梅毒、淋病的病人不予以登记",有的地方甚至限制过艾滋病患者生育权。当然,这种侵犯不仅来自政府②,而

① 樊崇义等:《论我国反恐怖主义犯罪特别诉讼程序的构建》,《国家检察官学院学报》2008年第2期,第3—10页。

② 2015年12月,王克(化名)报名参加江西上饶市市直事业单位工作人员考试。虽然笔试面试综合成绩第一,但因在体检环节中查出HIV抗体阳性,王克被拒录。上饶市人力资源和社会保障局拒录的依据是《公务员录用体检通用标准》第18条,"艾滋病,不合格"。4月13日,王克一纸诉状将上饶市人力资源和社会保障局诉至法院。2016年10月14日,王克接到了上饶市信州区法院的一审判决,法院驳回了王克的诉讼请求。10月18日,王克提起了上诉。

且来自社会组织或企业①。还有的地方规定"民政部门在办理结婚登记(含涉外结婚登记)时,对艾滋病、梅毒、淋病病人及感染者未治愈的,不予登记"。导致私人危机预防与人身自由之间的冲突主要有三个方面的因素:一是从权力本身属性来看,权力本身具有自我扩张的特性,"一切有权力的人都容易滥用权力,这是万古不易的一条经验。有权力的人们使用权力一直到遇有界限的地方才休止"②。在私域危机防范过程中,如果不能严格限制政府保护公民生命安全的权力界限,就可能会造成公民基本权利被侵蚀。二是从私域危机属性来看,私域危机的征兆更加隐蔽,要从纷繁复杂、变化万千的社会现象中抓住发生私域危机的迹象,辨认出可能身陷私域危机的公民,对于包括政府在内的任何社会组织来说,都是一项巨大的挑战。在此情况下,政府往往会采取"宁可错杀一千、不可放过一个"的态度,极端情况下甚至会"风声鹤唳,草木皆兵",一方面大大扩大监控或干预的内容,另一方面会扩大危机预防的范围,无意中会限制公民的自由。三是从预防对象感受来看,在生命遭到威胁时,人们总是希望得到国家的保护和救助,哪怕政府的行为会损害自己或他人的隐私和自由。但在正常时期,民众则对其基本权利更敏感,尤其重要的是,正常情况下,人们对获得权利的感受并不明显,但对失去权利则十分敏感,一旦意识到自己的自由受到限制,就会产生明显的焦虑和抵触情绪。

　　3. 私域危机预防与法律

　　私域危机预防的手段不一定都是公开的,还有一些手段较为隐蔽,但无论是公开还是隐蔽的方式,都有可能让别有用心的人利用:第一种情况是,有些预防措施本身违法的,但出发点却是正确的。如,虽然国家法律规定艾

---

　　①　2014年7月,艾滋病公益人士程某在购买机票时发现某航空公司当时的《特殊旅客运输说明》规定,患有艾滋病的患者,航空公司拒绝运输。几天后,因为已经购票,程某和其他两名艾滋病患者赶到沈阳仙桃机场,准备搭乘该航空公司的航班飞往石家庄。当他们告诉该航空公司工作人员,3人中有艾滋病患者后,工作人员拒绝其登机。交涉过程中,3人的机票信息也被系统删除。事后,该航空公司曾向媒体表示,"按照民航局第49号令《中国民用航空旅客、行李国内运输规则》第三十四条,传染病患者、精神病患者或健康情况可能危及自身或影响其他旅客安全的旅客,承运人不予承运。本公司保留拒绝运输或拒绝续程运输艾滋病患者和同行者的权利"。
　　②　[法]孟德斯鸠:《论法的精神》(上册),严复译,商务印书馆1982年版,第14页。

滋病患者自愿咨询和检测,但仍有地区对高危人群或者出入境人员进行强制检测。虽然有些做法是违法的,但其根本出发点并无恶意,本质上是想更好地预防危机。第二种情况则糟糕得多,正常监控或干预私域危机预防措施被人假公济私,违法牟取私利。① 第三种情况是,目标和手段都没有违法,但管理失误无意中造成当事人困扰。如 Peck v. the United Kingdom 案中,因自杀图像没有经过处理就被公开引用,造成了当事人 Peck 的私生活受到严重困扰。②

4. 私域危机预防与人格尊严

不恰当的私域危机预防不仅可能会损害居民的隐私和自由权利,而且可能会造成严重的人格侮辱。一方面,可能会让那些已经深陷危机的人们感到更加屈辱。如一些成瘾者反映,有地方违反"自愿为前提"原则,公安局通过逐户检查迫使过往成瘾者人群和登记在册的吸毒者入驻"康复社区"。又如,为防止女性康复社区人员藏毒,社区会用阴道窥探器检查所有请假归来的女性康复社区人员。这些行为严重侵害了人身自由特别是对于

---

① 如《中华人民共和国禁毒法》规定,"吸食、注射毒品的,依法给予治安管理处罚。吸毒人员主动到公安机关登记或者到有资质的医疗机构接受戒毒治疗的,不予处罚。"这本是保护公民身体乃至生命安全的重要措施,但由于公安机关有强制执行权力,有人就会借此机会大肆敛财。如2011年有媒体报道,陕西省吴堡县就发生过协警私自拷打吸毒者并敲诈抢劫7万余元案件,罪犯以受害人吸毒、贩毒为由要进行处罚,强行用手铐将郝某铐起来,带到榆林市开发区一酒店房间内进行殴打、辱骂,并向其索要现金5万元。郝某家人将5万元现金送来后,他们又将郝某车内存放的现金、首饰、相机等物品拿走,价值24000余元。同样的案件,在呼和浩特市也发生过。又如,2014年初至2016年7月期间,上海市疾控中心韩某利用其工作便利登入系统内查询新生婴儿信息并下载于电脑中,窃取上海疾控中心每月更新的全市新生儿信息,每个月将1万余条新生儿信息发至张某的个人邮箱,并通过张某之手,将上述信息转卖给专做婴幼儿保健品生意的女子范某,并由范某出售给同行女子李某、黄某等人。前后共出卖新生儿信息20余万条。

② Peck 案中,Peck 因为个人及家庭原因感到非常沮丧决定割腕自杀,于是某晚深夜,他手握一把尖刀,独自走在 Brentwood 市中心的大街上。监控图像的操作员及时捕捉到了这一情景,并马上报警。Peck 被带回警局并接受了治疗。Brentwood 市在出版"监视系统新闻"时,为了说明监视系统具有阻止危险的功能,引用了两张 Peck 手持尖刀的照片,照片未经处理,可辨识身份。后来照片被一些地方报纸转载。甚至英国的 BBC 在其"犯罪直击"节目中播出 Peck 自杀的录像,同样其图像没有特别处理。Peck 周围的亲戚、朋友将其认出。Peck 认为 Brentwood 市公布其录像是违法的,侵犯了其隐私,但是英国法院判决 Peck 败诉。于是 Peck 向欧洲人权法院提起诉讼。欧洲人权法院认为当事人的私生活权遭到了严重侵犯。虽然该录像是在公共道路上拍摄的,但当事人不是公众人物,没有参与公众活动,更没有从事任何犯罪行为,其私人生活不应该被披露。然而当事人的图像信息被行政机关引用,被报纸及电视媒体广泛使用。

女性戒毒者而言,会产生莫大的心理障碍,不仅会使其产生严重的被侮辱感、被歧视感,造成心理伤害,而且会影响她们甚至其他人员对戒毒康复场所的认知。另一方面,可能会给一些无辜的公民贴上标签、污名化,伤害其尊严。私域危机预防前提是将对象分类,并对其定义,这种定义实际上是给工作对象贴上身份标签,这个标签已经给对方进行了否定性的定性,使其与其他社会群体区分开来。这种定性不仅可能会导致一种负面的"标签效应"产生更为严重的效果,而且肯定会侮辱当事人的人格。如 2010 年福建省南平市"屠夫"郑民生残忍杀害 13 名小学生被捕后,全国各地都启动实施了"校园安全计划",部分地区甚至将其延伸到社会管理之中。前者如湖南省长沙市教育局要求中小学、幼儿园及时掌握了解学校及周边不稳定、不安全因素,并将学校周边的精神病人、失意、失败等群体都纳入了不安全因素范围。这个措施本意是为了有预见性地保护孩子,但该规定并没有规定什么叫不稳定不安全因素? 什么叫精神病人、失意、失败等群体? 更重要的是,该通知将精神病人、失意、失败等群体等同于不安全不稳定因素,将这些人贴上可疑的、危险的、极端的标签,对其进行赤裸裸的歧视、孤立,是一种明目张胆的侮辱。更有甚者如山西娄烦县将全县具有"郑民生"特点的重点人员分为 8 类,不仅将贫困人员纳入其范畴,而且还派专职警察随时跟踪监控相关人员思想动态。虽然当地认为此举能对危险因素做到"发现得早、掌握得了、控制得住",但"分类贴标签"且派专职民警防控,不仅造成当事人困扰,而且严重违法。将极度贫困者视为危险分子,视为对社会构成潜在危害,甚至认为其会采取激烈方式报复社会,这纯粹是一种想当然的判断和对穷人的偏见,既缺乏科学依据,又不符合现实。这种贴标签行为将会引起社会对被污名化的人警惕和反感,人为地加重社会隔离和分裂,极有可能造成新的矛盾,加重社会冲突,造成更多的社会危机。[①] 更重要的是,这种污名化行为,伤害的不仅是当事人,还有其家人,把人分为三六九等最终会伤害整个社会。

---

① 曹林:《凭什么给公平贴"危险"的标签》,2010 年 5 月 28 日,见 http://www.bjnews.cn/opinion/2010/05/28/37897.html。

(二)私域危机预防与私域权利的一致性

安全与隐私之间的博弈,体现了一个社会的文明程度和价值取向。从生命权的基础性、优先性来看,私域危机预防与隐私、自由等基本人权非但不会互斥,反而相辅相成:政府通过保障人们的安全进而为基本人权的实现提供基础和保障,间接地支持人们实现隐私权、自由权等基本权利的根本目标。

1. 生命权具有当然优先性

无论是自由、隐私、言论还是尊严等基本人权都是绝对的、与生俱来的、必然的权利,不能被任何外力所取消。但这并不是说,在所有情况下,这些权利实现的程度和方式都是一成不变的。事实上,与生命权相比,这些权利并不具有优先性,即当其中任何一种权利与生命安全发生冲突时,都必须尊重生命权的当然优先性,把保护生命安全放在第一位。私域危机预防是基于经验或已发生的危险征兆而采取的一种管控行为,虽然可能引起不快、反感甚至抗拒,但基于生命权的优先性,权衡生命与自由、隐私、尊严等人身权,公民应当承认在特殊情况下,政府适度克减自己的部分权利是正当的、合法的,唯有如此,自己的权利才能真正得到保全。

2. 人权构架赋予了政府克减基本权利的权力

限制公民隐私权是为了更好地保护和实现公民的隐私权。要保障人权,首先要保证人的生命存续,一旦失去生命,人权失去其可靠的基础。由于私域危机的征兆具有短暂性,导致危机防范的时机稍纵即逝。因此,只有降低基本权利的保护程度,对相关征兆进行追踪、收集、研判,掌握事件前因后果,看清事件背后的真相,才能对公民各种危险活动实施有效预防和准确救援。

3. 限制和克减权利并不是无节制的

对隐私权的限制和克减有着严格时限与程序要求,并不会构成对人权的威胁。限制与克减是指出现紧急状态时,可以对某些权利进行限制,但这种限制和克减并不是无限制的。

（三）私域危机预防与私域权利协调的基本原则和措施

在进行私域危机预防时,必须考虑到两个问题。一个问题是,基本权利之间的关系,就是在安全与自由发生冲突的情况下何者优先的问题,结论不难得出;另一个问题是,政府在私域危机管控中保障生命安全的责任有哪些,虽然公民为了安全而不得不选择牺牲部分个人自由和权利,但这种牺牲也并不是无限度的,需要对预防危机的行为和克减基本权利的原则有明确的规定。

1. 依法限制原则

限制公民权利必须依法有据,即便是为了维护公民的生命安全,也必须遵守这一原则,这是现代法治国家协调政府权力与公民权利之间冲突的重要前提和基本方式。私域危机预防并不是权宜之计,而是个长期战略性的工作;不是某一个部门的职能,而是涉及政府工作的方方面面。规范私域危机预防工作,不仅有利于保护人民群众的基本利益,而且集中体现了服务型政府建设的核心要义。依法限制原则本质上是防止国家意志对公民的基本权利随意进行限制和克减,要求限制和克减公民权利必须制度化、规范化、合理化,目的、程序、范围、标准、途径等都应当是清晰准确的。依法限制的意义十分重大,一方面,这不仅意味着使得政府预防私域危机的各种行为有法可依、有章可循,避免政府行为的随意性,防止对公民权利造成过多和不当的限制,可有效保障公民的权利,而且意味着政府应该积极地做好私域危机预防工作;另一方面,能够让公民知道何种情况下,个人的权利将会受到限制和克减,政府有权干涉自己的私人生活,从而提醒公民应该接受并配合政府的工作。

2. 比例原则

比例原则是指,私域危机预防措施对公民权利的限制必须遵守一种比例关系,确保目的和手段之间存在一种平衡。比例原则的核心是防止政府为了目的而不择手段,片面强调维护公民的生存权的重要性,而无视各种预防措施对个人自由、隐私、尊严等公民权利的侵犯。比例原则实质上是平衡公民自由与安全权利、平衡当期利益与长远利益原则的具体化,本质上是衡量各种彼此冲突的利益之后的倾向和选择。政府有若干种方式可以达到私域危机预防目的时,应该选择对公民权利损害最少的那种措施,从而获得生命权与自由、隐私、尊严等权利之间的最大平衡,尽可能地减少对公民基本权利的损害,危机预防的目的与所造成的公民的隐私权的损失方面也必须平衡。

3. 法律保留原则

法律保留原则是指法律在政府采取限制公民自由的行动中并不是完全被动的,相反,无论何种情形下,政府在处理涉及公民、组织重大权益的事项时,特别是关系到公民的人身权等基本人权时,都是有严格限制的,相应的权力仍保留在代议机关(在我国是全国人大及其常委会)。该原则具有双重意义:"一是允许立法机关对基本权利加以限制;二是排除其他机关的限制,即限制行政机关和司法机关在没有法律授权的情况下限制公民基本权利。"法律保留原则的根本依据在于,自由、隐私、尊严等虽然是一种相对权,但由于其几乎关系到公民生产生活的一切方面,关系到生命意义的实现,无法也不应该全盘限制或克减,即便出于保护公民的生命安全的目的,政府也得认真平衡安全和自由两种价值,限制和克减可以限制和克减的,保留那些必须保留的。

4. 司法救济原则

没有救济就没有法治。私域危机预防中,也应该明确公民的司法救济权利、救济主体和程序途径。一方面,当公民权利遭到非法侵犯时,如个人信息遭出售等,享有司法救济权利,从而对被侵犯的公民隐私权进行补救性的保护;另一方面,政府必须依法预防私域危机,否则,其行为就有可能转变成违法或不当的行政行为,当这种行为的对象是公民时,就很有可能会造成防范过当,侵犯或限制公民的隐私和自由。

5. 最低限度宣扬原则

私域危机会造成人员伤亡,但这种伤亡并不是危机的最终结果。前面已经谈到,不适当的宣传可能会造成一种负面的社会效应,引起更多的私域危机,特别是那些美化死亡的报道,可能会产生错误的引导,鼓励更多的危险行为。所以,当私域危机发生以后,要采取正确的沟通策略,特别是媒体要尽量做到适度宣传和正确解读,不仅要避免过度宣扬私域危机、美化危机,还要避免过度报道当事人的生活状态和心理历程,过度渲染往往会增加人民的认同感。从另一个方面说,如果过度地谴责危险行为,可能会给当事人造成严重压力,触发二次危机。有鉴于此,在私域危机预防中,应当遵循最低限度宣扬原则,即除非必要,尽量减少事件曝光的程度。

第二节 私域危机处置

私域危机的随机性决定了其不可能被完全预测并被化解,且不是所有私域危机的发生发展都会与预防方案的预设方向相一致。政府必须建立有力有效的危机处置机制,时刻准备回应那些突发的、现实的危机,最大限度地降低危机影响,减少生命损伤。这是政府私域危机救援的关键实施阶段,也是检验政府私域危机救援能力的关键标准。

一、私域危机处置的内在要求

私域危机处置,是应急管理工作的关键阶段、实战阶段,是政府采取行动以应对威胁的过程,考验着政府应急处理能力。私域危机预防要求政府从思想层面高度重视公民的生命安全,强调政府的危机意识、责任意识和预见能力,而私域危机处置则更加强调行为的有效性,突出的是政府在紧急情境下的决策水平和行动能力。保护当事人的生命安全是私域危机处置理所当然的首要目标,但私域危机处置是一种综合性的协调与支持的行为,除保护当事人的生命安全以外,私域危机处置还应该尽可能地增强成长的可能性,即通过救援行动增强社区危机防范意识,提升危机处置能力。

（一）私域危机处置的基本特征

仅仅从响应和处置环节来看,私域危机与公共危机处置的方式方法方面的差别并不明显,最大的差别主要体现在救援的条件上。

1. 私域危机处置背景条件复杂多变

公共危机不仅影响巨大、涉及面宽而且通常会发生在一些开敞的环境之中,相对而言,救援条件要好得多。但私域危机则不同,可能发生在高层建筑之上、峡谷之中、悬崖之上,还有可能在深山之中、大海之上,这些地点要么空间较为狭小,要么环境较为幽闭,要么地形险峻,如果遇上恶劣天气,救援很难开展甚至根本没有救援条件。如有些偏僻山区,根本不通公路,一旦登山者发生意外,仅仅将伤员从山上送到医院就得花很长时间,如果地形复杂,搜救困难,救援就很难及时展开,延误救援时间。

2. 救援对象自我保存能力较弱

救援对象自我保存能力既指自救能力,也指推迟危险发生的能力。这种能力既包括一些生理条件,如身体素质;也包括一些生存技能,如食品、装备、药品准备以及寻找道路、合理分配体能和物资等方面的训练。在私域危机处置过程中,救援对象一般已经受伤、迷路、疲惫不堪或面临食品药品匮乏等问题,自我保存能力已经大大削弱了,极大地增加了私域危机处置失败的可能性。影响救援对象自我保存能力的因素包括:当事人本身有自杀的意图,缺乏自救和自我保护常识,团体内部缺乏协调、缺少互助精神;危机持续时间太长。如2010年12月"野黄山"事件中,18位"驴友"只带了一台GPS和登高地图,有人连基本的雨衣都没带。

3. 救援对象定位难度较大

私域危机处置有时还会面临救援对象定位难题。所谓定位可以从两个方面予以理解,一方面,指的是空间位置的确定;另一方面,也包括当事人的辨别。前一种情况一般会发生在野外,在人迹罕至的高山深谷中,特别是恶劣的天气下,即便有通讯设备也很难顺利找到救援对象,一切只有靠漫无目的的搜救,在数次发生的"驴友"失踪案件中,均是由于无法准确定位,无法及时救援而造成发生死亡事件。后一种情况一般发生在对于艾滋病、吸毒等人员的确认中,当事人一般羞于承认,特别是在一些较为传统的文化中对此进行甄别困难更大。如 2006 年有媒体报道,台湾发现一名罹患艾滋病的应召女郎,5 年内接客上万名,警方推断,因此而感染艾滋病的可能有上万人,政府无法一一进行甄别,只能呼吁曾与其有性接触的民众立即到医院检查。

(二)私域危机处置的基本原则

私域危机处置要求在极短时间内对危机发展作出迅速判断,并采取有效行动控制事态,降低损失,减少伤亡。要提高私域危机处置的效率和效果,必须在处置过程中遵守一系列的基本原则。

1. 积极回应原则

危机应对能力与成效既与技术、制度有关,也与责任、勇气有关。在私域危机爆发后,政府应积极主动地面对危机,而不能消极回避,否则可能会导致事态进一步恶化,甚至出现意想不到的结果。一是树立强烈的风险意识,正确做好面对私域危机的准备。二是摈除宿命论和失败主义。虽然从整体上来看,私域危机并不能完全预防和消弭,救援行动也可能会失败,但一个个具体的私域危机并不是不可以战胜的,积极行动,主动作为,不仅可以挽救生命,而且可以增加人类战胜困难的经验,锻炼人类面对挑战的意志。三是始终坚持生命优先。当公民身陷生命危机时,应该属于优先处理范畴,要坚决反对面对私域危机时相互推诿、麻木不仁。当然,积极回应不仅要克服对危机的冷漠态度,还要避免重复错误,从危机和危机处置中吸取经验教训,主动提升危机处置能力。

2. 快速反应原则

私域危机后果的严重性,特别是突发型私域危机发展的迅速性,使得危机的回应必须快速及时,坚持时间就是生命的原则,果断决策、及时行动。快速反应的前提是信息的准确、及时和全面,特别是信息的及时性和准确性尤其重要,决定了决策的质量、行动的方向和准备的全面性,否则救援行动就会面临二次决策、方案调整、准备不足、力量不够等问题，从而延宕救援时间。但比信息不及时、不全面更忌讳的情况是久拖不决，在面对危机时，信息不准确、不全面、不及时并不是耽误危机处置的借口，即便信息不足，也必须在第一时间克服重重困难，当机立断，雷厉风行，避免贻误最佳时机。

3. 属地管理原则

属地管理，就是在私域危机处置过程中危机发生地政府负主要责任。在现有的条块结合的行政管理体制下，为了避免决策层次过多、最高决策者不熟悉情况而贻误危机处置时机，必须坚持属地管理原则，支持和强化基层政府在应急管理中的责任与权威，充分发挥其主导作用，下沉指挥中心并形成扁平化的应急管理网络，以提高应急救援时效。坚持属地管理原则，不仅有利于防止地方政府将本应属于自己责任范围内的问题推给上级政府和社会而损害危机处置效率外，还有利于地方政府因地制宜、因情施策根据实际需要及时调整完善救援策略。

4. 统一指挥原则

在正常情况下，私域危机处置一般需要动员多个部门甚至众多社会机构，由于参与者众多，职能交叉，责任不清，很容易造成管理混乱，浪费资源，贻误战机。因此，在面对突发型私域危机时，应采用项目负责制，即以事件为导向，打破应急救援单位的行政级别和隶属关系，围绕救援工作需要，重新配置资源，服从救援指挥中心调度，切实做到统一号令、步调一致、令行禁止，既充分发挥参与单位的独特功能和优势，更要通过有效相互配合提高救援工作的整体效能。

5. 全面考量原则

危机触发因素的多样性、危机发展的不确定性，决定了危机处置必须面对随时出现的新情况、新问题。虽然面面俱到是不现实的，但进行危机处置时还是应该尽量将各种相关因素纳入考察范围，确保回应方案尽可能地做到"四个全面"：全面掌握危机信息，全面分析危机发生过程，全面妥善地处理各方关系，全面整合可得资源。

（三）私域危机处置的能力要求

任何危机处置策略都不会自我实施，也不会无条件地实现其目标。要保证私域危机处置策略顺利实施，必须拥有一定的能力。从客体要素组成来看，私域危机处置策略的保障能力一般包括三个模块：行动模块，即行动能力，包括搜索、救援、医疗等具体能力；技术模块，即技术能力，具体由技术、装备、专业人员等组成；支援模块，即保障能力，包括交通、通信、物资保障以及组织协调等能力。从主体能力构成来看，私域危机处置策略的保障能力一般包括下列三个方面：

1. 快速反应能力

即这些策略能够被迅速执行。快速反应能力不仅体现在危机响应阶段，而是体现在危机处置的各个阶段和每一个子任务当中。快速反应能力，要求危机处置策略是与任务相符合的，是可执行的，否则快速反应能力再强都没有意义。

2. 攻坚克难能力

攻坚克难能力是对执行策略的队伍而言，这是衡量救援队伍能力高低的重要表现。并不是所有的策略都能够顺利实现，危机意味着困难和挑战，如果执行者没有攻坚克难的能力，就很难将策略落实到位。提高攻坚克难能力意味着救援队伍具备较高的素质、较丰富的经验、坚强的意志和良好的装备，能够完成难度高、任务重的救援使命。

3. 随机应变能力

随机应变能力是指救援组织者和执行者必须有机动性。私域危机规模虽小，但也存在情况变化和影响扩大的可能，如果各种策略和执行方式不具有机动性，就很难应对危机不断发展的形势。随机应变能力主要是一种形势追踪和研判能力，核心是一种能够随着形势变化而组合救援要素的能力，而标志则是反应速度，除速度外判断还必须准确。

表 4-6　危机处置方案的基本内容

处置内容	危　机　处　置
诊断	快速进行三向度的危机评估
计划	针对个案特定问题,规划出解决的处置方案,并且主要聚焦在缓和危机症状的立即性需求
方法	运用"时限短期咨商"的理论与技术,以立即控制与阻遏危机个案的创伤
结果评估	以个案能够重新回到危机发生前的平衡状态,为确认处置成效的指标

二、私域危机处置的基本过程

私域危机的性质和特征决定了其处置过程比公共危机简单得多。总体上,私域危机处置过程可以分为两个阶段:响应和行动,但如果对这两个层次进行细分,整个过程可以分为危机定义、安全确认、险情处置、扩大应急、信息发布五个具体环节,其中,前两个环节为响应阶段,后两个环节属于行动阶段,而信息发布则贯穿全部过程。关于私域危机处置的过程还可以有其他阶段划分方式,而且就具体危机的处置而言,这些处置环节并不一定按照某种顺序发生,甚至可能某些环节并不会发生。

(一)危机定义

危机定义也可以称为危机识别,是一种初期研判。处置私域危机之前对其进行识别十分必要:从客观因素来看,私域危机发生的原因、环境、阶段本身比较复杂,如果不对其进行研判,就无法做到有的放矢,提高处置效率;从主观因素来看,向政府求救的人可能是当事人也可能不是当事人,很多时候仅仅是推测危机发生了,也可能事情已经发生了,只有对信息进行认真识别,除了能够更好地提供救援行动外,还可以避免一些不必要的行动。危机定义包括真实性识别和救援能力评估两个方面内容。

真实性识别,即确认危机是否发生。确定危机发生是危机处置的前提,并不是每一个救助信息都必须启动应急预案。根据各地公安部门的统计,各地 110 每天接到的电话中有 4—6 成为虚假报警。如 2016 年,6 名"驴友"违规穿越四姑娘山时,由于在把玩北斗卫星救援设备时误发 4 次 SOS 求救信号,四川四姑娘山管理局立即组织两个小队的救援人员前往搜救,结果发现并未出现"驴友"被困或伤亡、不适等紧急状况。又如 2014 年 2 月,余杭一女子拨打 110 谎称自己男友要跳楼自杀,当民警找到其男友时,该男子正在睡觉。

救援能力评估是一种供给评估,主要是评估当下资源和能力是否与救援规模相匹配,包括人员、物资、技术以及经验等条件。由于危机的发生并不完全与预测一致,因而评估能力是否与救援要求匹配就显得相当重要。特别指出的是,一般的应急管理预案考虑的是在正常天气下的工作要求,对于在恶劣天气进行救援活动的考虑较少,更应该加强能力评估。

总体来看,私域危机定义并不如公共危机那么复杂,不用采取"控制式升级"等模式,一般只要通过简单的协商便可以确定情况。但在很多时候私域危机发生具体地点不清、人员伤亡情况不明、地理环境险恶,根据现有信息无法对上述内容进行一一确认,在这种情况下,应本着"就高不就低""宁信其有"的原则,对发生在敏感时间、敏感地段的突发事件给予特别的重视。

(二)安全确认

安全确认主要目标是确认救援对象当下和未来所面临的具体威胁。安全确认实质上是对危机本身进行分析,是对危机主体、客观环境和心理状况的研判,是包括灾情评估和需求评估在内的综合性评估,据此可以确定危机规模和响应等级,包括问题确认、场景确认和行为确认三个方面。

问题确认,即灾情评估,确认当事人面临的问题、可能的结果和产生的影响。危机处置前要对当事人脆弱性和自我保存能力进行研判,确认伤亡人数,伤病类型,影响特征与条件,医疗、健康、营养、水、卫生情况,并据此确定危机的紧急程度和回应等级。

意图确认,即特殊的灾情评估,确认当事人自我伤害行为。就一些自杀、自残行为而言,详细深入了解其意图对于危机处置非常重要。实践中,很多警察在处理此类突发事件时,一方面切实加强安全保护,防止意外发生;另一方面会根据当事人的心理特征,做好心理疏导,避免当事人在冲动下伤害生命。

场景识别,即确认危机发生场景和风险源,也可以称为需求评估,主要是确认危机发生的时间、地点、地理环境和气候状况,以及可能面临的新威胁,如雨后山洪暴发、雪崩等问题。前面提及110接到的无效报警情况并不完全都是恶作剧,很多都是因为报警人不能清楚地说明地点、环境等一些基本要素,导致无法及时到达现场,甚至无法采取行动。

安全确认的依据并不完全依赖当事人提供的信息,危机管理者及时而充分地掌握当地的地理情况、生态特征、天气信息以及物资构成等也十分重要。经过灾情评估和需求评估,应急决策者可以对危机的情势进行准确把握,从而做出清晰、正确的判断和应急决策。对于危机决策者而言,正确响应比快速响应更加重要。因此,危机管理应根据评估结果,不断矫正行动方向,切不可一意孤行,只顾蛮干。

(三)险情处置

险情处置是危机处置的具体行为,是指通过一定的方式控制或终止某种环境或行为对生命的威胁。所谓控制,是指控制威胁发展的进程和影响范围,即延宕最严重后果到来的时间,避免更多伤亡,为救援争取时间,这是针对危机情境较为复杂、救援对象较多的情况;所谓终止,是指使生命摆脱威胁,这种终止只是阶段性的,且只是就某个具体对象而言。险情处置主要包括:

先期处置,即在确认真实性后,立即启动相关救援程序,准备相关物资。先期处置主要包括:第一时间派出当地熟悉情况的人员前往事发现场,就近组织救援并观察、核实、报告现场情况,防止事态扩大;调度资源,组织救援队伍并准备好救援对象所需要的食品、保暖、医疗药品资源;救援人员暂时无法到达事发地点的情况下,要及时将救援进展向救援对象通报,让其感受到一个有力的生命支持保障,这种信息通报应该能够表达对救援对象的关心和接纳,是正向、非被动的,不做行为评判。

危机搜救。很多野外救援都有一个较为艰难的搜救过程,主要目的是寻找被困者,确定被困者位置。危机发生的环境一般较为复杂,搜救人员除做好充分的自我防护准备外,必须对搜救环境要有清晰的认知。另外,危机搜救从某种意义上说就是与时间赛跑,在方案制定后,搜救活动必须尽快开展。

现场处置。现场处置是指救援到达现场开展救援活动的过程。私域危机现场救援相对简单,主要是对当事人提供简单的生命状况检查、初步的急救处理和解决饮食、保暖等问题并向指挥部报告现场信息。在特殊情况下,还要帮助救援对象尽量远离危险环境,并发出危险警告。

转移撤离。当现场处理结束后,应尽快撤离现场,将救援对象从危机发生地或影响区域撤离出来,特别是在有人伤亡的情况下,应该尽快帮助救援对象接受治疗。当然,有时候条件限制下,撤离并不能一次完成或不能直接撤离到安全区域,必须寻找较为安全、便捷的区域等待救援。少数情况下,先期到达的救援人员人手、经验、技术和设备无法完成救援对象撤离或转移,必须等待专业救援队伍到来,并做好现场安全维护。

表 4-7　现场处置基本内容

基本内容	具　体　要　求
情境	危机发生地点情况、受害者情况、应急资源准备与分布
任务	当前最紧迫任务、任务优先次序、目标与时间
执行	执行人、执行方式、备用方案与团队
管理与后勤	交通、燃料供应、食宿安排、装备补充、人员组织
控制/协调与沟通	决策者、信息报告制度、反馈制度、团队沟通制度

(四)扩大应急

扩大应急本意是指随着公共危机的危害、影响程度、范围的扩大而扩大应急等级和范围。对于公共危机而言,其内涵包括以下几个方面:一是危机的规模和范围超出事发地政府管控能力,依靠事发地政府的资源和能力已经无法遏制危机,这是其前提;二是所谓扩大是指在更大范围内组织物资、人员并扩大应对范围,其形式是事发地政府向上级人民政府请求增援过程;三是应急扩大后,危机处置的指挥权会发生转移,上级政府既可以直接指挥也可以授权事发地指挥。

私域危机规模较小,基本上所有面对的问题都可以由基层政府解决,不存在扩大应急的需要。但在有些情况下,现实要求必须改变原来的危机处置方案,扩大应急。如前面提到的"野黄山事件"中,事件发展超出黄山风景区管委会管控能力时,黄山市应急管理系统便接手管理,与此同时,上海市公安局也做好了加入支援的准备。私域危机处置应急扩大的内涵主要包括以下三种情况:一是扩大搜救范围。如2014年9月,四川峨边县为了搜救在黑竹沟失联的3名驴友,在第一轮搜救无果的情况下,决定开展第二轮为期3天的集中搜索,并将搜救范围扩大至250平方公里。二是延长搜索时间。还是前例,搜救工作前后持续了47天。三是提升搜救装备水平。如2006年,浙江温岭山区有一林姓男子攀上石夫人峰,结果上去了下不来,救援人员先后采用热气球、消防抛绳枪、搭脚手架等救援手段都没有成功,当地政府只好向东海舰队航空兵某部请求直升飞机支援,被困了16个小时后的林某终于获得了成功解救。

鉴于存在扩大应急的可能性,在私域危机处置过程中,必须做到以下几点:一是信息的报送。一方面是纵向报告,即让上级政府应急管理部门做好心理准备;另一方面是横向通报,即向相关部门甚至邻近地区政府做好信息通报,引起重视,做好应对。当危机处置结束,即便没有扩大应急处置范围,也应该将结果上报上级政府并通报相关部门和地区。二是在危机处置过程中,不断加强形势研判,当面临搜救队员失联、天气变坏、地质灾害爆发等突发情况时,特别是当救援对象失去联系时,要考虑做好扩大应急处置。三是提前采取行动,要提前做好扩大应急准备。

（五）信息发布

信息发布是危机处置的重要组成部分。及时发布信息既是政府满足公众知情权的有效手段，也是法律法规要求的必要行动。《国家突发公共事件总体应急预案》规定："突发公共事件的信息发布应当及时、准确、客观、全面。事件发生的第一时间要向社会发布简要信息，随后发布初步核实情况、政府应对措施和公众防范措施等，并根据事件处置情况做好后续发布工作。信息发布形式主要包括授权发布、散发新闻稿、组织报道、接受记者采访、举行新闻发布会等。"

政府部门高度关注、及时解释和公开相关的准确信息能够有效避免私域危机升级或转化为公共危机：一是能够有效防止谣言传播，只报喜不报忧、封锁消息，老百姓就会不明真情，不了解预防和防范的知识，听从各种谣言、小道消息，从而引起恐慌，造成更大的不稳定。二是让社会公众了解、监督政府在突发事件处置过程中的行为。三是能够有效地转化危机负面影响，使社会公众掌握突发事件的前因后果，避免发生同样的事情，从而实现危机处置效果的成长性，使危机处置与危机教育融为一体。此外，充分的信息沟通有利于公众理解和宽容政府的行动甚至失误，便于政府采取一些紧急措施，提高救援效率。

政府可以通过多种手段或平台发布私域危机救援的信息，但无论哪种手段或平台都务必做到充分、及时、可控，即能够充分和及时沟通，能够保证政府对舆论的主导地位。因此，在选择私域危机救援信息发布手段的过程中，政府应综合考虑突发事件的性质、程度、范围等情况，传播媒体的特点，目标受众的范围及心理接受能力等，以实现信息沟通的全部目标。公共危机的信息发布包括发布政府公报、举行新闻发布会等非常正式的方式，但私域危机救援一般不用如此正式的形式，电台报道、网络发布以及微信发布即可实现沟通目标。政府私域危机救援信息发布的内容也应该有所选择，要充分考虑被救对象的隐私，除了发布时间、地点、原因、现状以及政府的行动外，不能对当事人的情况过度解读，更不能妄加揣测。

政府私域危机救援的信息发布也是一件非常严肃重大的事情,政府部门应对社会公众的风险承受能力以及公众行为特点有一定的了解,一方面可以做到有的放矢,另一方面可以避免激发潜在的社会矛盾。一般要遵守以下原则:一是一致性原则,即信息发布的部门、内容、数据、前后都要一致,不可前后矛盾;二是真实性原则,信息应该是关于危机的性质、原因、危害、影响、趋势以及政府应对措施的真实、准确描述,坦诚通报,既不能有猜度和臆想,更不能有隐瞒和捏造。三是通俗性原则,就是让普通公众能够听得懂、能理解,在做到清晰、充分、及时发布信息的同时,避免过多的技术语言和专业术语影响社会公众的理解。四是连续性原则,即根据事件的进程和社会关注的点,及时地、不断地发布危机发展趋势和政府处置进展,防止政府在关键问题上失语。

表 4-8　私域危机处置的基本步骤

重点	步　骤	工作内容
倾听	1. 找准救援对象问题	找准当事人面临的具体问题,并客观地予以报告反映
	2. 评估救援对象的安全和健康状况	评估当事人的身体健康状况;评估当事人面临的环境威胁;评估当事人自己的心理状况
	3. 传递正面信息	让当事人感到来自救援者和政府的关心和帮助
行动	4. 提出现场问题解决方案	针对现场问题提出解决方案和备用方案并获得救援对象及决策组织的认可
	5. 实施处置方案	执行现场问题解决方案
	6. 及时评估方案的可行性	在执行过程中及时评估方案的可行性,必要情况下启动备用方案

三、私域危机处置的策略导向

私域危机处置策略是指,为实现生命安全目标而实施的系列行动方案和方式方法。针对不同的危机采取不同的策略,有助于改善危机处置的效果,最大限度地减少人员伤亡。

（一）私域危机处置策略的基本导向

导向是一种行为依据和最终目标。私域危机处置策略是针对复杂、多变的危机需求作出的系统反应，采取何种策略并不是一种随意的决策，主要基于以下几种导向。

1. 事实导向

事实导向是从客体角度来审视私域危机处置的基本取向的。所谓事实导向是指根据私域危机本身需求来决定采取哪种危机处置策略的方式。这种导向主张，私域危机发生的原因、发展的进程以及未来可能造成的伤亡，是决定危机处置策略的最根本依据，即正确地认识、了解和评估危机事实，并在此基础上采取有效沟通、组织力量、控制形势。事实导向是一种理所当然的行动取向，是指导政府行为最直接、最基本的要求之一，也是决定私域危机处置能否成功的最直接因素，关键在于信息沟通：一方面要与危机现场保持信息沟通，确保信息的充分、准确和及时；另一方面要与公众保持信息沟通，做好危机有关事项的答疑解惑，避免猜测、误解和干扰，使救援行动更加主动。

2. 价值导向

价值导向是从主体角度来审视私域危机处置的基本取向的。政府私域救援是一系列社会价值观念的体现，也是维护政府自身形象、声誉以及公众对政府信心的重要举措。价值导向主张，政府的任何行为都应该与自己的价值主张相符合，在面对私域危机处置需求时，政府应该检讨自己的策略，强化自己与利益相关者的价值契约关系，进一步实现政府自我价值体系的再造，强化利益相关者对社会价值观念的认同。为此，在私域危机处置中，政府的行为可以有三种形式：一是迎合，即以理解、同情和支持的态度，满足公众对政府的希望，更好地将自己塑造成社会价值维护者和公众利益的维护者。二是引导，引导是通过动之以情、晓之以理，将公众的需求引导到政府能够承担的期望上来，使得政府策略能够保持科学、务实、适度，实现价值主张与现实承受能力之间的平衡。三是重构，即将私域危机处置作为一种社会教育机会,引导公众重新思考自己与政府的关系,从而重塑政府的角色和价值功能。

3.行为导向

行为导向是基于主客体之间关系的一种行动取向。在前两种导向的支配下,政府私域危机处置策略往往被视为一种主动的、系统的、深思熟虑的、能够预设的方案。但行动导向则不然,将私域危机处置视为一种刺激—反应过程,政府的一切行动和策略都是一种单纯的技术反应过程,不涉及价值取向。这种导向下,政府行动被视为一种被动的、局部的、针对性的措施。但这并不意味着政府策略是头痛医头脚痛医脚、只见树木不见森林,相反,这十分符合危机复杂多变的特征。由于牵涉的主客观因素较多,具体危机的发展往往并不会遵循人们的假设、猜测和预设,事实往往超乎想象之外,如果不保持刺激—反应状态,政府的行动就不能实事求是、有的放矢,从而偏离方向,最终无论是事实导向和价值导向都无法真正地实现。

(二)私域危机处置基本策略

私域危机处置策略是一种形式化的方案,根据危机形势发展和变化,不同阶段有不同的目标,处置策略也各不相同:

1.终止策略

终止策略是指及时到达危机现场,找出危机根源以及救援对象所受的威胁,并采取积极有效的手段终止威胁。终止策略主要是针对那些问题原因明确、环境较为简单的危机事件,如将跳河自杀的人救起。一种方式是将当事人转移出危险环境,转移到安全地带;另一种方式是消除威胁救助对象的因素。

2.控制策略

控制策略是指通过对救助对象行为进行干预或者对危机现场进行管控,延迟威胁爆发的时间,减少损伤的范围,甚至通过连续不断的干预最终消除危机。如在危机现场对受伤人员进行救治并等待进一步救援的到来,或转移救援对象至相对安全的地点以便于进一步进行救援,或对艾滋病患者进行帮助以延长其生命。

3. 隔离策略

隔离的意思是将救助对象与影响其行为的情境分离,也用于防止危机扩大。前者也叫人员隔离,如将一些自杀者与一些更充满消极氛围的空间或一些极端群体隔离开来。后者也叫危害隔离,隔离危机的"涟漪效应",控制危机影响的范围。

4. 利用策略

利用策略就是变坏事为好事或者将私域危机救援过程中的有利因素提炼强化,形成支持政府工作或减少同类危机发生的有利因素。私域危机救援是对基层政府组织体系、整体素质、综合实力以及责任意识等因素的综合考验,综合实力较强的政府除了能够有效负责地处置危机,还能够将坏事变为好事。利用策略就是在危机处置时,充分考虑是否可以利用危机进行社会教育,提高公众自我保护的意识,从而减少危机,或者以此为契机塑造和提升政府形象。

四、私域危机处置的重点问题

私域危机处置虽然相对简单,但涉及的因素却多种多样,必须正确处理好重要问题才能保证危机处置的有序和有效。

(一)危机处置人员的安全保护

私域危机处置的根本目标是为了拯救救援对象的生命,但实现这一目标的前提是确保危机处置人员的安全。私域危机一般发生在较为特殊的环境中,救援难度较大,甚至需要冒着很大的风险。处置私域危机是一种风险很高的工作,实际工作中,也时常发生救援人员伤亡事故。前面提到的"野黄山"事件,就因为一名年轻的警察牺牲而引起了广泛的关注和争议。有鉴于此,政府和社会在大力倡导忠诚、英勇、献身等英雄主义价值理念时,还应该将"以人为本"作为一切工作的前提条件,不轻言"不惜一切代价",在面对特殊的地理条件、建筑环境和天气情况时,不轻易让危机处置人员涉险。一方面,危机处置人员的生命同样宝贵,并不会由于其肩负着特殊的职责而损减;另一方面,简单的以生命换生命的做法并不能确保救援成功,相反,只会增加危机处置的复杂性。更加冷静的决策、更加科学的方案、更加谨慎的行动、更加专业的防护,是确保危机处置人员生命安全的重要保证。为此,应该立法保障危机处置人员的生命健康,防止决策者滥用应急决策权置危机处置人员的生命健康安全于不顾,如在帮扶艾滋病患者过程中尽量避免工作人员感染,等等。还应该切实加强危机处置人员的心理干预,有意识地加强心理疏导,帮助危机处置人员舒缓和释放心理压力。

(二)次生危机防范

私域危机引起次生危机的可能性并不大,但只要有合适的环境,同样会触发环环相扣的危机链,引发新的危机,造成新的麻烦。更重要的是,由于私域危机触发次生危机的几率较小,更容易受到忽视。私域危机引发的次生危机有两类,一类是新的可能对当事人甚至其他人造成危害的危机,这类危机极少发生;另一类是对政府信誉造成影响的危机,这类次生危机往往是伴随政府救援不力、造成人员伤亡甚至救援失败而引起的。如 2014 年广西藤县西江大桥有一女子在警察苦劝无效后跳江并在江面漂浮 10 分钟左右后失踪,对此,有网友质疑警察救援不力,两次失职。虽然此次事件并未引起大的风波,但并不应就此小觑次生危机的危害,长期累积就会使居民对当地政府失去信心。如某地有一制衣企业老板自己组织了一支消防队员,既做好附近企业的消防安全,又积极参加溺水等突发事件的营救和搜救工作。有媒体针对此事,专门发文《政府不作为 老板自组消防队 9 年出警1531次》,将当地政府的工作全盘否定。为了防止在私域危机处置过程中发生次生危机,必须坚持以动态发展和普遍联系的观点来看待私域危机,系统性、前瞻性思考危机处置方案,关注危机处置过程中的风险,并尽量考虑风俗、环境、法律等后果。需要强调的是,私域危机触发的次生危机不一定仍然是私域危机,很多时候会引起公共危机,级别不同而已。

（三）特殊群体的照顾

特殊群体照顾是私域危机处置题中应有之义，很多私域危机的救援对象就是特殊群体。一般而言，私域危机处置过程中常常面对的特殊群体包括青少年、艾滋病患者、吸毒者、孕妇等，这些群体不仅需要特殊的保护，而且涉及这些群体的危机往往会受到更多的社会关注，更需要谨慎应对。做好特殊群体照顾应该做到以下几点：一是事先做好准备。除了做好信息沟通、详细了解救援对象组成情况外，还应该有针对性地做好设备、物资和人员准备。二是优先处置特殊群体问题。在危机情境下，特殊群体更容易受到伤害，只有优先处置其问题，才能赢得更多的时间，极大地提高危机处置成功的可能性。三是提供专业救助服务。除做好人员和物资准备外，还应该提高救援工作的专业性，无论是艾滋病患者还是吸毒者、孕妇等群体问题的处置都必须要有专业人士参与，即便当时无法派出专业人士随行，也应该与其时刻保持联系并及时咨询。四是重视特殊群体情况的发布。由于特殊群体的情况更容易受到关注，如果不能及时、连续向社会公众通报其信息，极容易造成误解。

（四）伤亡问题应对

私域危机处置常常不得不面对伤亡问题，处理好伤亡问题是私域危机处置的重要内容。私域危机中伤亡的种类一般包括摔死、饿馁、创伤、中毒、骨折、挤压伤、溺水、冻伤等。一是首先要确认伤员。救援人员应及时对被救援对象的伤亡情况进行确认，如果有人受伤应首先做好伤员的现场紧急救护。与此同时，应立即与最近的医疗机构取得联系请求支援或做好急救准备。特别要指出的是，未经过专业医务人员的确认之前，不应放弃现场救援，不能凭救援人员的经验或者其他情况就对一个人的生死作出判断，或者放弃现场抢救直接送医院。二是抓紧时间做好伤亡情况的上报，上报的情况应该包括受伤人员受伤部位、严重程度、典型症状，伤员情况、人数等，已采取的控制措施及其他应对措施，等等。三是保护现场，尤其是事故现场,防止对现场的破坏,以利于调查危机和造成伤亡的真实原因。四是后勤保障。如对死者的运送、整理和保存,均需周密细致的后勤工作。五是家庭关怀。要充分考虑如何通知死者家属,认真考虑家属会有什么样的困难、想法和需要,做好心理疏导和现实帮扶。六是文化与宗教事宜。应考虑不同的国家、地区、民族和宗教在伤亡问题上的不同习俗,并尽量予以尊重。

第三节　私域危机救援善后

危机善后是一种消除危机短期和长期影响的过程,主要目的是妥善处理危机及救援行动衍生出的一些问题,不仅要恢复正常的社区生产生活状态,巩固危机处置成果,进一步解决和管控可能导致危机再度发生的相关因素;而且要积极努力从危机及危机救援工作中获益,对政府而言,不是为了获得物质利益,而是通过细致分析危机的原因、危机处理过程,特别是总结救援技术、管理、组织机构及运作程序上的教训,并进行必要的政策调整,具体包括调查评估、社区恢复、责任追究、学习改进等内容。

一、调查评估

科学、客观而全面的调查评估是危机善后的前提和基础。与公共危机相比,私域危机善后前的调查评估要简单得多,但重要性同样不能忽视。特别是由于私域危机的私人属性和政府救援行动的公共属性之间存在着根本性的冲突,如果没有客观而准确的调查评估,不仅会影响到责任追究和成本分担等问题的处置,而且会影响社会对政府的观感。

(一)私域危机调查评估的内涵

私域危机的调查评估是指在私域危机得到有效控制、危机处置已经结束的情况下,政府为危机预防、社区恢复、改进行动和责任追究提供依据,而对私域危机本身和政府救援行动进行的系统的调查和评估过程。一方面，能够科学确定社区恢复的重点工作，尽快开展工作，并避免反应过度，浪费大量的人力、物力、财力；另一方面，能够及时查找危机管控中存在的漏洞和缺陷，及时总结经验、改善管理，避免因忙于问责而忽略汲取教训、积累经验。

（二）私域危机调查评估的主体

随着社会治理主体的多元化和法治政府、责任政府建设的深度推进，私域危机调查评估的主体已经十分多元化了，可以是不同级别的政府或相关部门、具有相关评价能力的高校科研院所、有资质的市场主体、公益性的社会组织甚至是受委托的社会公众。但无论是哪种主体，都必须具有一定的公信力，调查评估活动必须忠于事实、客观公开，特别是涉及责任追究和成本承担等问题时更应该如此。当调查评估结果引起争议时，各方应该依法进行协调，如果调查评估活动中存在违法行为，相关主体应该承担法律责任。

（三）私域危机调查评估的内容

私域危机的调查评估是围绕四个方面来进行的：主体行为调查，即政府救援的组织、过程、成效和成本等内容的调查评估；客体行为调查，即危机的起因、经过、结果和影响的调查评估；危机环境调查，即危机发生地的自然环境、社会环境、文化环境和经济条件对危机管理结果影响的评估；救援成效调查，即救援行动的经济性和社会性影响评估，具体包括：一是损失评估。主要是评估私域危机造成的直接和间接损失，直接损失包括人员伤亡和财产损失，间接损失包括救援成本、环境成本以及其他损失，为赔偿等做准备。二是恢复评估。即初步评估社区恢复的成本，为恢复重建一些设施做好准备。私域危机造成的社区损失一般较小，恢复重建的成本一般也不大。三是影响评估。评估私域危机可能造成的社会影响、心理影响以及对政府公信力的影响，为防止"维特效应"做好准备。四是绩效评估。通过对比危机救援目标和救援效果,评估政府危机管理的预测、决策、计划、组织、管理等水平,以及人员调配、物资保障等水平,既是对地方政府的危机处理意识、能力和业绩的评估,又为制定政府未来应急管理政策、计划提供参考。五是责任调查。责任调查包括两个方面,一方面是调查私域危机的诱发因素和当事人行为的合法性;另一方面调查评估政府是否尽职尽责并符合法律规定,为追究责任打下基础。

(四)私域危机调查评估常见问题

一是责任界定不准确。追究责任必须明确责任,即查明责任,明确责任人。问责必须以调查评估为基础,必须考虑政府部门的职能及公务员岗位职责,否则问责就不能令人信服。容易导致反应过度,浪费大量的钱财;容易导致害怕承担责任,突发事件中的临机决断不够,以致贻误战机。二是只关注物质损失而不关心非物质损失。危机损失评估的内容主要包括直接损失和间接损失;除物质损失外,还有精神创伤。三是只关注宏观问题,而忽略个体需求。危机中不同的人需求是不一样的。四是评估的角度较为单一。五是只关注成果不计算成本。

二、社区恢复

"社区"指的是私域危机发生和影响的区域,由一定的空间和人口组成。社区恢复指的是私域危机处置结束后,通过一定的措施消除社区紧张、失序和混乱状态,实现社区秩序和公共服务正常化。社区恢复内容可以分为物质恢复、社会恢复和精神恢复三个方面,包括当事人恢复正常生活,如当事人重新走上工作岗位;事发社区恢复正常生活,如景区恢复正常经营、小区恢复日常生活;社区公共服务正常化,救援者回到日常工作岗位,如医生、消防队员等就业人员回到原单位工作,危机管理部门也重新恢复日常管理状态。与公共危机相比,私域危机的恢复是一种短期恢复过程,所需时间极短。具体包括以下几个方面的工作:

（一）帮扶救助

帮扶救助主要是对私域危机的当事人及受影响较为严重的人提供各种帮助，以使其平安渡过难关。部分私域危机当事人在危机发生之前已经陷入了各种麻烦之中，危机处置结束并没有解决其面对的问题，如果不对其进适当的帮助，解决或缓和问题，可能会再次导致私域危机甚至更严重的后果。据报道，湖北一马姓男子怀疑自己患艾滋病而两次自杀失败后，由于怀疑是情妇传给自己而将情妇杀死。该男子在两次自杀后，如果能够得到及时的心理和医疗方面的帮助，这种悲剧可能会得以避免。对当事人的帮扶，既包括对其本人身心健康的帮助，也包括对其生活环境的干预。私域危机处理结束后，当事人或有关人员有可能面临家人以及社会公众的指责，生活和工作环境压力较大，甚至可能诱发新的危机。如吸毒成瘾者往往可能会面对事业失败、社会歧视、家庭破裂等来自社会、家庭的各种压力，进而会产生悲观、绝望、失落等负面情绪，为了逃避现实，很多成瘾者甚至会重返吸毒之路。

（二）环境恢复

这里的"环境"指的是物质环境，包括人工环境和自然环境。环境恢复既有物质方面的意义也有精神方面的意义，不仅意味着社区基础设施和生活设施的正常化，而且能够有效地降低社区的紧张氛围，让社区居民更快地忘记曾经发生的不愉快。一般而言，私域危机救援过程中形成的人工环境和自然环境破坏并不明显，甚至根本没有发生物质环境影响，但也不排除存在这种可能性。如砍伐树木、破坏建筑、拆除设施，等等，这些环境影响均需要进行及时的恢复。在一些野外环境中，环境恢复主要是对人类活动痕迹和残留物的清理。

（三）秩序恢复

一般而言，经历私域危机之后，社区的个人、组织甚至整个社区都会受到一定的影响甚至冲击,特别是自杀、艾滋病、吸毒等问题对社区的影响更为明显,如有居民会搬迁住所、邻里关系紧张、社区公共服务组织压力增大等,引起局部生活环境的紊乱。因此,社会秩序恢复应该成为私域危机善后的重要内容。社会秩序恢复主要包括:停止危机处置措施,即当危机带来的各种威胁和危害得到有效控制或者彻底消除后,救援领导机构应当及时地停止救援工作;有序解散和撤离救援人员,终止紧急状态,恢复社区政府机构工作;使遭受影响的社区和民众向事前正常的生活和生产秩序回归。

(四)心理干预

危机事件是指引起个体高度紧张的事件。私域危机同样伴随着心理危机,无论是处于惊吓、忧虑、抑郁、激动等情绪中的被救助者,还是被危机所影响的社区中的人们,乃至救援人员,都会面临着心理上的波动,有些甚至会出现严重的心理失衡。如自杀行为可能触发更多的共鸣,致命的传染病可能会引起无限的忧惧,各种高风险行为甚至会被赋予某种神圣意义,如果不能及时进行社会心理重建,可能会为新的私域危机埋下祸根。因此,私域危机善后过程中,及时开展心理救助,对个体或特殊群体进行心理干预,帮助人们恢复正常心理,防止和减轻潜在的、负面的心理影响甚至创伤,十分有必要。心理干预既是一项十分专业的工作,要尽可能争取专业的心理干预人员的支持;又是一项十分敏感的工作,在我国有些人将心理问题视为精神病,不适当的心理干预方式会引起社会对当事人的负面认知,因此要注意工作方法上的隐蔽性。

(五)舆论回应

舆论回应是危机处置和危机善后工作的重要内容,其主要方式和核心内容是信息通报,《中华人民共和国突发事件应对法》和《国家突发公共事件总体应急预案》对信息沟通的必要性和方式方法都有明确规定。危机处置后,应向全社会及时、准确、客观、全面地发布危机及危机处置的信息,传达正确信息。一方面,信息通报可以增强政府与社会的沟通,以最直观的方式展现政府的责任感和行动力,传递政府的价值观,更好地塑造政府的正面形象;另一方面,信息通报还可以通过发布正确全面的信息,避免谣言流传,缓解社区紧张情绪,有效避免意外情况发生。此外,信息通报还可以唤起公众的社会责任感,形成社会凝聚力,进一步树立社区居民沉着面对危机的信心,增强社区抵抗危机的能力。

三、学习改进

对政府而言,每一次危机挑战都是一次新的体验,能够为危机管理的理念、假设、制度和行动提供新的佐证或反证,发现改进工作的潜在机会。因此要将每一次危机作为学习改进的机会,力争最大限度地从危机中获益,提高政府应对危机的能力。

(一)风险源控制

风险源控制是以危机问题的解决为中心和契机,针对可能引致危机的各种因素进行进一步梳理评估,并针对性地加强控制,避免危机再度发生,既是降低公共服务成本的重要手段,也是减轻社会负担的重要途径。私域危机善后不仅要研究触发危机的根本原因,认真检查危机的源头,确保其在有力的控制之下,不会触发次生危机或衍生危机外,还应该借此机会梳理社区内可能触发危机的各类因素,重新审视社区居民的脆弱性并对其进行改进,增强抗击危机的能力。改进社区居民脆弱性是一项长期的工作,其首要任务是对社区风险源进行科学、系统、具体的调查评估,统筹解决或控制危机以及与危机相关的问题,即各种衍生危机。

(二)组织变革

作为一种刺激因素和重要契机,危机能够较好地检验和发现现有组织结构和功能是否适应异常状态下各种挑战,通过对危机发生诱因、危机管理过程进行细致分析,能够帮助发现组织运转中存在的漏洞,如制度不健全、组织结构不合理、管理不严等问题。针对这些问题,系统或局部对危机救援的组织机构、管理办法、技术和程序作出适应性修改,积极主动地开展激烈或渐进性的组织变革,更新观念、健全机构、完善制度、改进政策,增强组织系统的活力和生命力,就能够使危机管理机构适应新的环境变化,更好地回应社会系统提出的要求。危机处置也是政府工作人员能力检验和重新配置的过程,一些人表现不佳,另一些人表现优异,需要根据组织发展需要以及危机应对,对组织的构成人员进行补充、调整和淘汰。

(三)制度改进

制度是行为的规范,是正确有效行为得以不断重复的保证,无论是公共危机还是私域危机应对,都是在一系列正式或非正式制度下进行的。私域危机善后中,要系统评估现有的正式和非正式制度是否可以有效预见或解决危机、是帮助还是阻碍了危机的解决,并将结果反馈到危机管理变革过程中,指导旧制度的改进完善或新制度的建立。应该强调的是,非正式制度是一种习惯和传统,在危机处置中起到了重要作用,成为正式制度的有益补充。在私域危机处置和善后的制度还不完善的情况下,应该高度重视发挥非正式制度的价值导向和行为规范作用,并将一些经得起理论和实践检验的制度及时正式化,更好地满足危机处置的各种要求。

(四)形象改进

危机是一把双刃剑,危及的不仅是当事人的生命安全,还包括政府形象。私域危机当事人的行为一般并不被社会所认可,但这并不影响社区乃至整个社区对危机发生地政府能力的关注和评估。良好的行动力和较好的行动结果,往往能够更好地赢得居民的信任,提升政府形象,为未来的危机管理和应对乃至所有的公共行政,集聚强有力的民意基础和社会支持;相反,错漏百出的行动和失败的救援,必然会大大降低居民对政府的信心,甚至会降低自己成功应对意外事件的信心,损害政府形象,未来的政府决策和行动将面临更多的疑虑和抵触。维护和改进政府形象,应该积极采取多种沟通策略,加强与社区居民的沟通,并积极进行观念更新、服务革新、组织变革。

四、责任追究

"责任"的内涵非常丰富,就其伦理的内涵而言,指的是一个人由于其能力和身份原因而应承担的非正式的、不具有约束力的义务,本质上是一个人的自愿行为,其具体的意义受社会传统和风俗文化的影响;就其法律的内涵而言,"责任"是正式的社会契约的产物,是指"受他人权力、法律规则支配,要求做出或不做某事这样的一个法律概念"[①],意味着个人对某种权力或约定的服从,这种服从具有某种前提且受到权力机关的强制和监督。一般情况下,由于私域危机没有直接的、明显的受损对象,因而被视为一种当事人自作自受、与他人无涉的事件,没有人需要对此负责,当事人也无需因此而承担责任。但私域危机会引起其他有责任指向的事件,因而在私域危机救援善后过程中,应该对引起危机当事人以及危机救援的主体的行为责任进行分析甄别。《中华人民共和国突发事件应对法》第六章对突发事件应对中相关主体的违法行为进行了明确规定,但这种规定并不完全适用于私域危机的善后。

(一)私域危机的法律属性

私域并非是一种"法外空间",但很多"法律依其性质无法企及的"[②]事件发生于此。私域危机是由于有行为能力人的不避险行为[③]而导致的严重事件,就当事人的行为而言,并不需要承担任何法律责任。《中华人民共和国突发事件应对法》第六章"法律责任"中也没有明确对这种情况作出规

---

① ［英］戴维・M.沃克:《牛津法律大辞典》,光明日报出版社 1988 年版,第 697 页。
② 王钢:《法外空间极其范围》,《中外法学》2015 年第 6 期,第 1544—1572 页。
③ 所谓避险行为是一种趋利避害的行为,正常的人面对危险时都会采取各种避让行为。不避险行为并不是非理性行为,而是行为人的智力与生理状况正常情况下的行为。

定,只能算一种"法外事件"。

从刑法角度来看,任何一种犯罪都应该同时具备四个构成要件,即犯罪主体、犯罪主观方面、犯罪客观方面、犯罪客体。从行为主体来看,私域危机主体是成熟的、能够正常运用理性的、心理和生理均正常的人,是具有刑事责任能力的行为主体;从行为属性来看,私域危机主体的行为也是深思熟虑的,具有主观故意的属性;从行为内容来看,单纯的触发私域危机的行为并不被法律明确禁止——理性人懂得趋利避害,正常的人是不会将自己置于危险境地,对此禁止是多此一举;从行为结果来看,导致私域危机的行为目标并不是通过损害他人或社会的利益使自己获利,其结果伤害的也往往是当事人自己而不是刑法所规定的犯罪客体,其他人或社会的利益几乎不被直接触及。

总体来看,触发私域危机的行为虽然行为人往往具有法定负刑事责任的能力,其行为也属于客观故意,但并不为法律所禁止,影响的是其自身而不是其他人,因而不应该被视为犯罪行为。如自杀——一种典型的私域危机,虽然存在主观故意,但并非针对其他人或社会,也不是为了让自己获得利益。虽然有学者主张自杀应该被定罪①,一些宗教如伊斯兰教也不允许教徒自杀,甚至有些国家如印度、新加坡、马来西亚、巴基斯坦和孟加拉国也将自杀定义为犯罪,但绝大多数国家或文化都将自杀视为个人的自由的自决行为,并非刑事不法行为,"应当根据自我答责原则认定自杀者对死亡结果自负其责,同时,这里的死亡结果也不能被评价为法益侵害"②。同样的,一个人在了解对方的病情的情况下,与一个艾滋病患者发生不安全的性行为,虽然有风险,但并不违法。

从民法的角度来看,触发私域危机的行为主体也不构成民事责任。民事责任是指"民事主体违反民事义务,依照民事法律规范所应当承担的法

---

① 钱叶六:《参与自杀的可罚性研究》,《中国法学》2012 年第 4 期,第 99—111 页。
② 王钢:《自杀行为违法性之否定——与钱叶六博士商榷》,《清华法学》2013 年第 3 期,第 143—164 页。

律责任"①。民事责任是对违约行为的描述,在这个话语体系里存在侵权人与受害人这样相伴出现的两类主体,其核心是存在损害行为和损害事实。私域危机当事人的行为并不构成与其他人契约的悖离,也不会导致其他人利益的损害,不具备民事责任的特征。总的来看,私域危机中,当事人具有双重身份,即侵权者和受害者,找不到其他的受害人和受益人,只能算成一种"法外事件",即不受法律制约和调节的事件。

(二)当事人的法律责任

但"法外事件"只是对纯粹的私域危机而言的。事实上,很多私域危机并不纯粹,危机发生的过程也伴随着违法违规行为。具体可以分为两种情况:一种情况是,违法违规行为成为私域危机的前提条件。一些侵犯他人权利的行为或存在高度风险的行为已经被法律法规明确禁止,但有些人明知禁令或危险的存在,仍然采取非避险行为。在前面提及的"野黄山"事件、四姑娘山"驴友"事件、北京八达岭野生动物园老虎伤人事件等案例中,当事人都存在私自更改路线、逃票进入未开放景区、违规下车等违规行为。对于此类违法违规行为,应该坚决追究当事人的法律责任,但目前此类政策执行得并不好,如四姑娘山救援后,一开始政府准备按照规定向当事人收取罚款,但最后不了了之。应该指出的是,这里的惩罚并不是针对私域危机本身,而是针对违法违规行为。

另一种情况是,事件本身就是私域危机掩盖下的违法行为。如一些人为了某种特定的诉求,想通过一些危险行为制造影响,实现自己的目标。此时,行为人已经成为侵权者,且触发了事实损害,构成了法律责任。近年来不时发生的"跳楼秀"即属于此种情况。跳楼是一种自杀行为,属于一种纯粹的私域危机。但"跳楼秀"者本意并不是为了结束生命,而是想以极端的方式引起其他人或社会的关注,以达到具体的目的。很多情况下,"跳楼秀"甚至不惜制造一些混乱来达到自己的目的,严重扰乱社会治安和居民

---

① 陈光中:《法学概论》,中国政法大学出版社 2007 年版,第 188 页。

生活。如 2006 年 8 月,广州一男子因不服法院对其交通事故处理方式在洛溪大桥"跳桥自杀",造成洛溪大桥及周边道路堵车长达 10 公里,当地警方对其作出行政拘留 10 天的处罚。又如 2016 年,湖南一男子因其子与所在单位存在纠纷,遂来到长沙,希望通过爬通信基站塔拉横幅的方式表达诉求,当地公安部门依法对其作出行政拘留 10 日的处罚(因其年满 70 周岁依法未予执行)。但相关部门作出的惩罚并不是针对当事人的动机,而是针对其对其他人或社会利益造成损害的事实。

(三)管理者的法律责任

私域危机都是在一定的空间里发生的,这些空间有些可以视为无主之地,有些则不然,有明确的所有者或管理者,如景区、高速公路或公园;有些则是隐蔽的,如城市街道。作为这些空间的管理者,是否应该为私域危机的发生负责?实际情况比较复杂,实践中对此也不能一概而论。然而,这种法律责任与私域危机本身并无太大关系,而是私域危机衍生的法律问题。

一种情况是,作为管理者,特别是一些商业项目的经营者,如景区、动物园等经营者对于其管理责任空间之内所有的风险点进行了研判,并对进入场地的所有游客或其他人员进行了安全提醒、教育,甚至通过管制等方式禁止游客进入某些危险区域,其就已经尽到了相关法律责任,并不应该追究其责任。如前面提及的 2016 年 7 月八达岭野生动物园东北虎园内老虎伤人事件中,受害人认为,自己误判过了猛兽区而下车有一定过错,但作为经营者的动物园管理方过错明显更大,应当对损害结果承担大部分责任,因而向动物园方索赔 155 万。也有律师认为,根据《中华人民共和国侵权责任法》第八十一条规定①,只有当动物园能够证明其已尽到管理职责时,才不承担责任,且能证明尽到了警示义务不是免除园方责任的唯一依据。但根据延庆区人民政府成立的"7·23"东北虎致游客伤亡事故调查组调查取证认为,八达岭野生动物园已经尽到了提醒义务和管理责任,此次事件不属于生

---

① 《侵权责任法》第八十一条明确规定:动物园的动物造成他人损害的,动物园应当承担侵权责任,但能够证明尽到管理职责的,不承担责任。

产安全责任事故。另一个案例也有类似情况。2017年3月26日下午,南京南站发生了一起"列车挤压致死案",受到了广泛关注。据目击者声称,当有一列列车进站时,死者突然从站台上跳下。由于翻越站台未果,被进站的列车挤在了站台与列车之间。事后,死者家属认为当事人不存在逃票行为,也不是自行跳下站台,而是失足掉下轨道,铁路在管理上存在过错,因而将上海铁路局和南京站告上法庭,索赔80余万元。

如果上述案例事情均如报道所述,我们可以将事件本身定义为私域危机,即当事人在心理、生理及智力正常情况下,采取一种不避险行为导致的后果。由于行为的实施者、获益者、受害者均是当事人自己,可以是一种法外事件。就相关管理者而言,其责任应该根据危机前和危机发生过程中的行为来确定,而不应该根据危机的结果来决定,即便危机的后果非常严重。根据这一标准,上述两个案例中,律师和家属的主张应该都难以成立。虽然部分律师主张,由于事件造成了严重后果,免责协议便不再有效,但一个人或机构的责任不应该随着某种事件后果的严重性变化而变化,甚至在有人死亡的情况下成为无限责任。

第二种情况是,如果管理者的确存在管理方面的问题,则毫无疑问应该承担法律责任。但有一种情况应该加以区分:如果管理者对一些明显有危险,且一切理性的人都应该了解危险所在且予以避让的所在,未加警告或风险提醒造成危机,是否应该承担责任? 如未在悬崖峭壁边上放置请勿攀爬的警示牌、未在江边设置请勿游泳的警示牌、未在菜刀上注明安全使用方式等,造成伤亡,管理者或生产者是否应该承担法律责任?

第三种情况涉及其他人员。即在私域危机救援过程中,其他社会公民应该有什么样的社会责任。如2013年6月3日清早,福建省云霄县莆美镇水果批发市场发生坠楼事件,坠楼女子跌落在毗邻楼房屋顶,受伤昏迷。根据消防官兵现场测算,如果从3楼住户楼梯直接抬下来仅需5分钟,最为便捷。但此方案遭到屋主严词拒绝,认为女子受伤流血,从家中被救出不吉利。后消防官兵用了约30分钟才完成救援任务。事情见报后,"假如屋主不配合,影响救援,是否应该承担法律责任"这一问题引起了广泛争论,绝大多数人认为,屋主的拒绝行为是道德缺失,而不是法律问题。但也有人认为屋主此举违反《中华人民共和国消防法》,可依照《中华人民共和国治安管理处罚法》的规定处罚。

(四)政府的法律责任

善后过程中,也应该对政府行为的合法性进行研判。政府的责任包括宪法责任、行政法律责任、政治责任和道德责任。其中,宪法责任最为重要,规定了现代政府最基本和首要的责任,划定了政府责任的内涵底线与外延边界。行政法律责任是政府责任的主要内容,更为具体、更具有可操作性,仅次于宪法责任,并与其共同构成了现代政府的基本责任。《中华人民共和国突发事件应对法》第六十三条,将突发事件应对中需要追究的政府法律责任归纳为八种情形,这些情况应该可以应用于私域危机的善后处理。总体来看,法律对政府行动的要求可以分为四个方面:

一是主动预防。很多法律法规都要求政府对突发事件高度重视,对事故应急救援工作过程中消极怠工、贻误战机、完成任务不彻底的单位给予通报批评。现实中,对于如何预防私域危机发生的规定往往是十分模糊的,甚至仅仅是一种道义上的要求,但这足以构成对政府的问责。如2012年11月16日,贵州省毕节市发生5名男孩同时死在垃圾箱内的悲惨事件,后有8名官员受到处分。虽然官员对于这些悲剧不负有直接责任,但从行政伦理的角度看,政府有义务为辖区内的未成年人提供最基本的生活保障和安全保障,应该提前做好危机的预防和干预,尽最大努力避免悲剧的发生。

二是行动积极。即要求政府能够迅速地、积极针对私域危机采取相应的救援行动,未按规定及时采取措施处置突发事件或者处置不当,造成后果的应该予以追究法律责任。2013年11月14日,河南永城有一对大货车司机夫妻,因奔走两月都未能领回被扣车辆,一气之下在河南民权县当初扣下他们货车的超限站,喝下了农药,导致丈夫死亡。事后,永城市公路局流动治超大队7名相关责任人被移交司法机关并被追究刑事责任;永城市及交通运输系统17名相关负责人和责任人分别受到诫勉谈话、行政警告、记过、降级、撤职等处分;同时,河南省政府责成永城市政府向省政府写出深刻检查。

三是规范操作。即在救助过程中,必须按照规定报送和处理信息、规范操作过程,获取、使用和处理物资,处理与社会公众及媒体关系等,否则予以追究责任。2014年6月20日,江西省贵溪市白田乡兰田村黄源坞村小组3名小学生意外落水,1名学生获救,2名学生失踪。有网友爆料称,救援现场有干部为避免蹚水叫同事背其过河。针对此事,贵溪市认为当事人的行为已产生不良影响,在一定程度上损害了党员干部形象,故给予免职处分。

四是正确善后。对于因私域危机善后不力触发社会危机以及在善后过程中容易出现的一些问题也应该追究政府部门的责任。如2008年6月,因对贵州省瓮安某女学生死因鉴定结果不满,死者家属聚集到瓮安县政府和县公安局上访。由于县政府处置和善后不当,引发了严重的社会危机,后该县负责人受到处分。

此外,还有一个值得讨论的问题是,政府私域救援行动完全或部分失败,是否应被视为失职甚至追究法律责任。如2006年3月"超级玛丽"事件后,当事人家人认为造成伤亡的原因在于当事警察处置事件不力,因而状告北京市公安局朝阳分局行政不作为。从公开的资料来看,本案中存在生命权与财产权、隐私权、住宅权的紧张关系,以及拯救生命的紧急需求与其他程序性规定的矛盾,警察恪守程序并无不妥。但当面对生命至上的价值判断与生命危机的事实判断孰先孰后的问题,警察或政府部门如何进行选择,的确是一道难题,价值判断优先可能带来公权的滥用,造成居民的不安全感;事实判断优先,又可能导致政府行为不力,导致难以避免的损失,政府可能会面临不作为的指责。目前,已有地方政府针对相关情况下政府主管部门及工作人员的行为作出了明确规定,如《四川省登山管理办法》第三十一条规定:"体育、其他有关行政主管部门及其工作人员,在登山管理工作中玩忽职守、滥用职权、徇私舞弊的,依法予以行政处分;构成犯罪的,依法追究刑事责任。"

表4-9　私域危机善后重点任务

重点任务	任务目的	主要内容
调查评估	为社区重建、责任追究和成本分担等提供客观依据	损失评估、恢复评估、影响评估、绩效评估、责任调查
社区恢复	消除社区紧张、失序和混乱状态，实现社区秩序和公共服务正常化	帮扶救助、环境恢复、秩序恢复、心理干预、舆论回应
学习改进	从危机中获益，提高政府应对危机的能力	风险源控制、组织变革、制度改进、形象改进
责任追究	对引起危机当事人以及危机救援的主体的行为责任进行分析甄别，避免危机及救援失误情况再次发生	突发事件的属性、当事人的法律责任、管理者的法律责任、政府的法律责任

五、道德风险

所谓道德风险，"是指可能道德行为的不确定性，这种不确定性既可以指作为行为主体本身的可能道德行为的不确定性，也可以指一种社会措施所可能引起的社会可能道德后果的不确定性，且这种不确定性主要又是立足于其可能的结果及其潜在的危险性质而言的"[①]。政府私域救援具有丰富的道德意蕴，特别是危机及救援行为中的责任认定和追究，集中反映了两个不同领域的价值标准的冲突，极有可能引发道德风险。

（一）可能产生"信任陷阱"

所谓"信任陷阱"指的是，政府的救援行动不仅没有减少私域危机，反而会由于其产生的安全感导致更多的私域危机，即安全感会导致更多的不安全行为。从常理来看，近年来在政府和社会舆论的引导和督促下，私域危机应该会大幅下降。但事实并非如此，私域危机发生次数不降反升，而且花样越来越多。如统计显示，自2010年至2016年上半年，崂山每年救援警情总体呈上升趋势，2010年仅9次，2014年达到67次，2015年因森林防火封

山下降,但 2016 年又迅速恢复上升,上半年已达 29 次。[①] 其他知名景点如四川的四姑娘山、云南的高黎贡山等地也存在类似的情况。产生这种现象的根本原因不是因为政府或社会舆论宣传不力,相反,卓有成效的宣传在提醒、警示社会公众的同时,也强化了另外一种情绪。

关于私域危机呈上升趋势的众多解释中,理性选择学说被广泛接受。这种观点认为,对于一些不避风险的人来说,政府私域救援的特征使其能够以较低的成本甚至零成本实现自己个人目标,从而不可避免导致"搭便车"问题,符合理性选择的基本假设。但理性选择将深陷私域危机的人都视为一种"自私者",事实上有一些人甚至直接批评其行为是自私的、不道德的。但其无法解释的是,一个人会因为获利成本低而让自己面对生命危机吗,或者说,低成本或零成本是危险行为的直接原因吗? 在现实案例中,基本上没有哪一位当事人是为了占用更多的公共资源而冒险的,绝大多数都是低估风险、高估能力甚至主动追求风险而造成突发事件发生的。

事实上,私域危机不断增多与"信任陷阱"有较大关系。近年来,政府私域危机救援工作及其争论不断见诸媒体,有效地提升了相关人员安全意识、规范意识和责任意识,但对救援工作及其成效的宣传也强化了公民对政府救援能力和态度的信任,在社会上逐渐形成了一种共识:政府已经强大到足以在任何情况下保护公民的生命安全。这种"安全共识"足以使更多的人相信自己即使面对生命危险,也能够得到政府的帮助,极大地增强了公众的安全感,进而导致人们将政府的救援行为与自身的绝对安全同等视之,在进行风险评估时更倾向于低估风险,进而导致更多的私域危机发生。

(二)可能导致"老实人吃亏"

政府私域救援行为并不是一种社会财富生产行为,而是一种财富转移行为。政府通过调整财富的使用方向和方式,向特定的人群提供特殊的救

---

① 王洪智:《崂山 7 年来 704 名被困驴友获救　八成是新手》,2016 年 7 月 18 日,见 http://www.dzwww.com/shandong/sdnews/201607/t20160718_14638110.htm。

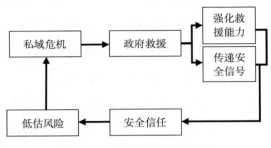

图4-3 "信任陷阱"诱发机制

援,从而完善社会安全网络。从经济学的角度来看,私域危机当事人的付出与其从社会中的收获是不对称的。从法律的角度来看,政府私域救援并不是基于权利—义务的对等性考虑,实际情况是,"公地破坏者"与其他人相比并不需要承担更多的义务却能享受更多的公共资源配置。总体来看,现有政府私域救援可能会导致"老实人吃亏"的道德风险,即由于其他极少数人滥用公共资源,遵守各项规章制度、严格约束自己行为、努力避免让自己面对危机的人不仅无法获得更好的服务,而且会因为少数人的不避险行为而增加负担。政府对极少数人不负责行为的救援,不仅挤占了应急管理部门日常的工作经费,而且造成了政府的额外支出,影响了其他公共事业的支出。要保持和提升其他公共服务水平,政府必须扩大收入来源或通过其他手段获得资金。然而,无论何种手段,都离不开向纳税人征收更多的税,从而转嫁财政压力。然而,由于这种支出是不能产生明显的经济效益的,因此,对于其他纳税人而言,自己无法从自己的付出中获益。更重要的是,政府的救援活动会导致和强化公民对政府安全保障功能的依赖,一方面,政府的救援能力会在一次次的实践中得到强化,极少数人会因此而有恃无恐、产生依赖,从而导致更多的不理性行为,表现出公共道德水平的下降;另一方面,政府服务范围的不断扩大,造成本可以由市场解决的问题也不得不依靠政府去解决,导致服务于公共安全事业的市场主体无法正常地成长。无论哪一种情况,对政府的信任和救援能力的依赖,会不断地增加政府的负担,而这种负担又会转嫁给其他社会公众,不断地强化"老实人吃亏"这个事实。

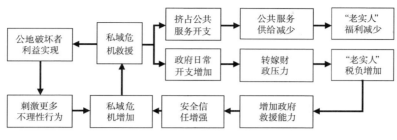

图 4-4 "老实人吃亏"诱发机制

（三）可能会诱导政府权力扩大

从公私分立的角度来看，私域自治，政府无权也不应该干预私域行为或为私域行为买单；同时，政府权力有限、责任有限，除明确授权外，政府不应该随便扩大自己的权限，避免造成对私人空间的影响。政府私域救援是典型的公共权力作用于私人领域、调节私人行为的行为，重点基于这样的考虑：当公民的生命受到威胁时，政府应该无条件予以干预，这既是政府的权力，也是政府的责任。换而言之，当面对公民的生命问题时，政府的行动不受公共领域和私人领域边界限制，政府可以越界行事。这是一项出于人道和公平正义考虑的假设，从公民权利和政府责任两个方面为遇险群众的安全提供了强有力的保障，但在实践中，这也为政府权力扩大、直接或间接损害公民权利提供了空间。

根据权责对等原则，如果政府必须对私人领域行为危险后果负责，那么就应该拥有相应的权力去避免发生灾难性后果，一方面，要有权力在危机发生后主导私人领域救援活动；另一方面，要有权力采取一些措施预防私域领域发生可能危及生命安全的行为。在此情况下，有可能导致政府权力不适当的扩展，产生与现代行政理念相反的结果。

首先，由于政府对私人领域危机负有救援责任，为了减少因私域危机发生或救援不力而导致的责难，特别是来自上级政府的监督考核压力，地方政府可能会采取一些措施避免危机发生，但这些措施有可能扩大了防范的范围，损害居民的正当权益。如为防止有人私自登山遇险，政府可能会划定一个比真正存在风险的区域要大得多的区域作为禁区,这样既可以防范一些风险,也可以以此推卸责任,但却在不知不觉中克减了公民享有的正常游憩权利。

其次,由于私域危机的多样性,导致社会各方存在不同程度的信息不对称。安全防范是一种较为专业的工作,一般情况下,普通公民并不知道哪些方面需要政府直接干预。由于政府与公民之间的信息是不对称的,对于是否应该允许政府对私域进行行为干预、进行何种程度的干预也是不确定的。这使得私域行为干预的边界界定难度很大,也增加了私域危机预防的道德风险难度。如过去的一些强制戒毒所 24 小时监控戒毒人员的居所、卫生间、厕所甚至洗澡间,对个人信息的收集从静态的个人识别性信息扩张到日常生活、社交活动,个人隐私完全暴露在监视之下。

最后,政府与公民之间的委托代理关系比较复杂。政府私域救援也普遍存在一种委托—代理关系,且所涉及的资金的筹措和运用是一个较为复杂的过程。一般而言,由于委托人与代理人二者之间的信息不对称,使得委托人不可能完全实现对代理人的全面有效监督,因而使代理人有机会牺牲委托人利益谋取自身的利益。在私域危机防范过程中,对政府的监督也不可能是全面有效的,政府防范私域危机工作无可避免地面临着道德风险,如政府有关部门可能通过渲染私域危机的严重性来逃避责任或迫使社会增加对私域危机防范、救援工作的支持力度。

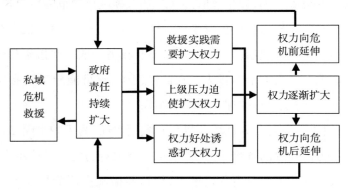

图 4-5　政府权力扩大诱发机制

（四）责任追究可能引起创新精神萎缩

一味的责任追究将会导致政府所主张的安全价值和创新意识之间的冲突。安全与创新从来都不是对立的存在，但具体情境下可能会导致两种价值理念之间的不协调。从社会管理的角度来看，安全应该是私域行为的首要原则，没有安全作为前提，不但个人的一切行为的前景都无法保障，而且必然会增加社会管理的成本。因此，政府始终将安全作为公共行政的核心价值、原则和目标。但从社会发展的角度来看，没有创新，社会就无法进步，社会目标也就无法实现，政府必须鼓励创新精神。创新的内涵非常丰富，但无论从哪个角度理解创新，都必然与风险相伴。可以说，风险是个人与社会进步都必须面对的现实，个人与社会要发展必须正视风险、拥抱风险。而创新和风险本身就意味着对某些规则、环境、条件的不认可甚至突破，或者说意味着某些人、某些行为在规则之外。如果所有行为都按照既定规则以既定的方式发生在既定领域，虽然不会导致不可预料的风险，也一定不会有创新。

此外，虽然社会对触发私域危机的行为都持否定态度，但这并不是说所有的行为都有损人利己的初衷。与此同时，有些行为虽然表面上鲁莽和愚蠢，但事实上蕴含着原始的、本能的好奇心和冒险精神，体现了特定领域的创新需要。虽然与其他创新精神表现的方式和领域不同，但这并不能否定这种精神也是人类不屈不挠意志的重要组成部分，也能展现人类精神的坚韧之美。从实际生活来看，如果没有这种精神，人类生存的领域和空间就无法扩大，人类的眼界就非常有限，很多奇诡的景色就无法发现，很多人类需要的资源就无法获得，等等。政府无条件的救援和善后工作，为这种冒险精神提供了坚强的后盾，维护推动特定领域发展的正能量，让某些领域里的冒险精神不至于熄灭无闻，让某些领域的活动不至于停滞不前。

如果因救援过程中使用了公共资源就对某些与人无害的行为进行全面否定，将会向社会传达非常强烈的信号：任何冒险都可能会受到惩罚。因此，从保护社会冒险精神的角度来说，政府应该谨慎对导致私域危机的行为进行追责。从实际操作的角度来看,政府也无法清晰地告诉公众,为什么要对某些行为进行限制,如《四川省登山管理办法》规定,将追究擅自开展海拔 3500 米以上山峰登山活动的人的责任,但没有说明为什么要定 3500 米这个标准。

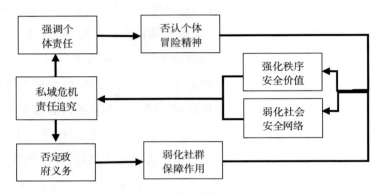

图 4-6　社会创新精神萎缩诱发机制

(五)政府必须面对非致命私域危机难题

如果可能导致生命危险的私域危机必须由政府出面予以救助的话,那么失业、企业倒闭等私域危机又该如何应对呢? 其依据又是什么? 政府私域危机救援有可能导致的是,越是忠于职守的地方政府将会面临更多的压力。

第五章　政府私域救援的
保障系统

　　系统是一种能够协调、整合、激发局部功能以实现整体目标的稳定的协作方式。政府私域救援与公共危机应对保障体系并无区别,总体上均包括组织体系、运行机制、资源保障和监督管理四大构成要素,满足危机救援决策、行动、协调、物质与技术保障、信息管理、公共沟通等功能需要,为危机救援提供物质和技术支持、行为规范,保证了危机救援的顺利进行。由于其他著作已对危机救援的保障体系进行了全面深入的阐述,本研究所论仅限于与政府私域救援相关的个性问题,其他一般性问题不再赘述。

第一节　组织与机制

　　与公共危机相比,绝大多数私域危机的影响都局限在较小的区域内,危机救援的主体基本上都是基层政府甚至某个政府部门。基层组织主要是指县乡两级政府,具有组织上的不完整性、与群众关系的直接性以及部门功能的综合性等特征。基层组织对于私域危机的态度、策略和措施直接影响着危机发展变化的轨迹及其结果,在私域危机处置中具有不可替代的作用。

一、政府私域救援组织体系

基层政府,特别是县级政府,是处在突发私域危机处置第一线的政府组织,决定着私域危机处置的成败。县级政府应急管理能力直接决定着突发型私域危机的应急救援成效,必须提高县级政府的应急管理能力,保证县级政府在面对突发型私域危机时,能够在第一时间对自身能力范围之内的问题进行处理,减少时间浪费,提升危机管理绩效。国家高度重视基层政府的应急能力建设,2007 年国务院办公厅专门出台了《关于加强基层应急管理工作的意见》,提出在 2—3 年之内推动基层政府初步建立"横向到边、纵向到底"的应急预案体系和应急管理组织体系,形成"政府统筹协调、社会广泛参与、防范严密到位、处置快捷高效"的应急管理工作机制,建立健全相关法律法规,全面加强基层应急保障能力,显著提高基层政府应对各类突发公共事件的综合能力。重点做好隐患排查整改、加强信息报告和预警、加强先期处置和协助处置、协助做好恢复重建、加强宣传教育和培训,加强基层应急管理组织体系、基层应急预案体系、应急队伍建设和加快基层应急保障能力建设,尽快制定和完善相关法规政策。

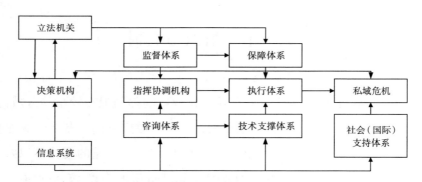

图 5-1　完善的突发事件应急机制

在《关于加强基层应急管理工作的意见》的推动下,我国基层政府应急管理体系建设取得了一系列可喜成绩,县级政府应急管理体系建设初见成效。一是形成了较为成熟的应急预案体系。目前,全国县级政府均以《国家突发公共事件总体应急预案》为蓝本,制定和颁布了本县突发事件应急管理总体预案。二是初步建立了快速反应机制。根据应急管理预案,县级政府均成立了应急管理决策机构和行动指挥机构,并建立相应的决策机制,能够更好地统领私域危机事件的处理、协调各个政府职能部门、整合社会各界力量的核心机构,大大提高决策的时效性和准确性,改变了应对突发事件措手不及的情况。三是初步形成了信息收集网络。依托现代信息技术以及信息沟通制度,县级政府已经初步形成了更为完善的危机信息收集网络,这种网络包括各政府职能部门、民间咨询机构、高校科研机构及专家、社会公众、大众传媒以及社会上的各种组织等,拥有更为畅通的信息渠道。四是初步建立了社会协作机制。初步建立了政府与社会的合作机制,鼓励和引导更多的利益相关者参与危机救援工作,极大地提高了危机决策和救援的质量。五是初步形成了危机决策责任追究制度。各种应急预案和法律规章使得政府的应急管理有章可循、有据可依,并形成了约束救援主体行为的追责机制,确保各项决策落实到位。

二、政府私域救援组织特征

经过多年的建设和发展,县级政府的应急管理能力有了较大提升。但实事求是地讲,由于我国县级政府应急管理体系的构建起步较晚特别是各地发展水平不一致,随着突发私域危机的诱发因素越来越多、范围越来越广,县政府现有的突发事件应急能力还有一定的不适应性。

(一)权力重心偏高

所谓权力重心偏高是指危机处置指挥权一般仍掌握在较高级别政府部门中。在私域危机救援中,特别是在野外救援工作中,县级政府与乡镇政府的权责划分还不十分清晰,救援工作特别是救援决策过多地依赖县政府,一方面导致了县级政府及各部门疲于奔命,另一方面使得危机处置第一现场的乡镇以及相关部门行动较为被动,缺少第一现场的处置权,在应对突发事件时较为被动,无法在第一时间采取行动,甚至会错失最佳救援时间。

(二)组织框架缺陷

根据《国家突发公共事件总体应急预案》,我国突发事件应对的组织体系由领导机构、办事机构、工作机构、地方机构和专家组五个方面组成。具体而言,一个完善的科学的危机应急组织体系应该包括决策机构、指挥机构、执行机构三大组织机构以及信息保障体系、技术保障体系、物资保障体系、社会协作体系、专家咨询体系五大保障体系。在国家、省、市三级政府应对突发公共危机时,是能够按照要求建立如此组织体系的。但就基层政府而言,区域能够集聚的技术和人才资源极端有限,在应对私域危机时不必也很难建立一个较为完整的组织体系,正常情况下,决策、指挥和执行机构是同一的,而专家咨询体系、信息保障体系以及技术保障体系几乎是不存在的。

(三)应急机制缺失

受人力和资源限制,绝大多数基层政府都没有建立起相应的应急管理机制。很多情况下基层政府应急管理机制建设仍停留在各种应急方案上,而这种方案往往是上级政府应急预案以及各类法律法规的翻版,没有结合地方政府的特点和实际,也不能反映地方自然和社会环境以及危机发生的特殊要求。很明显,身处山区、平原以及海边的地方政府面对的危机特征是不完全相同的,平时要处置的危机重点也不一致。

(四)资源整合有限

私域危机由于其规模较小,一般情况下都是采取部门牵头处理方式,协调行动不力。主要表现在:横向上看,目前采取的还是部门救灾的形式,部门之间条块分割、职能交叉重叠,横向部门之间缺乏有效的应急协调、联动,极大地影响了危机处置效率;纵向上看,上下级关系缺乏弹性,上下级政府之间信息沟通困难,合作效率不高;从政府与社会主体的关系来看,政府在引导社会主体参与应急管理的方面成效还不明显,还不能主动加强与非政府组织合作,不能有效集聚优质资源提升救援效率。

(五)管理理念落后

现代危机管理不仅强调事后救援的科学性和有效性,而且强调事前预防的重要性,同时突出社会协作的特殊意义。但在实践中,基层政府仍然以传统的灾害管理思想进行危机管理,重救援而轻预防,预见性较弱,工作较为被动。与此同时,社会协作意识仍不强,且方式方法较为传统,以命令要求为主,协商沟通能力较弱,未能与社会组织建立起较为平等的协作关系。

三、政府私域救援组织运行机制

包括法律法规在内的运行机制是激励和约束政府和个人行为的准则标准,是政府私域救援保障体系的重要组成部分。总体来看,我国应急法律建设已经初见成效,基本上形成了以"一案三制"为核心的行动机制和规范。但就政府私域救援而言,除《中华人民共和国突发事件应对法》《中华人民共和国治安管理处罚法》等法律法规外,还应该针对一些具体而微的问题进行专门立法,完善机制,为政府行为提供更为具体的指导和评价标准。重点要解决以下几个问题:

(一)政府私域救援的法律属性

所谓政府私域救援的法律属性,是指政府私域救援过程中政府与被救者的法律关系。正常情况下,政府与公民的关系是一种行政管理关系。在政府私域救援过程中,政府的行为是行政行为与私法精神的结合,虽然仍然具有公共服务的性质,但已具有行政私法化的种种特征:从主体地位来看,政府与被救者一般处于对等的主体地位,政府不得强加意志于被救者;从救援目的来看,政府行为是为了实现公共利益与私人利益的双赢;从救济方式来看,并用公法方式和私法方式,是公共治理理念的实践创新。如果不对救援行为中政府与被救者的法律关系进行界定,就无法对私域危机善后等工作提供法律依据和规范指导,特别是关于救援成本分担等问题,就会永无止境地争论下去,不利于私域危机救援的规范化、制度化。

(二)救援队员生命保护制度

无论是缓释型救援还是应急型救援,在私域危机处置过程中,一线执行任务的救援队员都面临着各种各样的风险。如 2017 年 7 月 24 日,上海浦东警察王向前在救援跳楼人员时坠地,抢救 23 天后不幸牺牲。虽然很多警察认为,危机中,如果需要牺牲应该牺牲警察,甚至有人认为危急关头警察牺牲天经地义。但警察以及其他救援人员的生命同样宝贵,不应该视为私域危机救援的当然成本,必须从法律上保护警察及其他一切救援者的生命。法律法规除了要坚决杜绝"不惜一切代价"式的盲目救援外,还必须回答一个根本性的问题:是不是任何情况下政府都必须进行施救。2010 年年轻的警察张宁海为救"野黄山"事件"驴友"而牺牲,与深夜冒雨救援有直接关系。美国阿拉斯加州迪纳利国家公园管理处就认为应该把公园管理员的生命放在首位,主张"你的危险不一定是我们的危险",如果救援风险太高,可能会放弃施救。

(三)政府与社会的合作机制

积极引导各类社会组织参与社会管理是公共治理理念的重要主张。随着我国社会发展水平的提升,越来越多的社会组织拥有特色突出的危机救援能力、技术、人才和物资,积累了丰富的实践经验,能够根据私域危机的不同需要提供针对性较强的支持,如各地登山协会在山地救援中就起到了重要的支撑作用。但目前关于社会组织参与私域危机救援并没有详细的、具体的法律和机制安排,政府与社会组织合作进行危机管理还停留在工作咨询、临时组织的层次上,没有形成长效合作机制,实践中容易引发一些问题。一方面,社会组织无法进一步壮大,特别是营利性的危机救援机构无法成长壮大;另一方面,政府仍然积极避免在自己之外树立新的权威,减少治理上的困难,因此难以主动加强与社会组织的合作。

(四)志愿者的规范管理

志愿者在危机救援过程中能够发挥独特的作用,在弱势群体关怀、专业技术支持、开展国际交流、减轻财政压力等方面都能发挥重要作用。与其他志愿行动相比,危机应对对志愿者的素质和能力要求更高。但现阶段我国的志愿者大多数为临时的、无组织归属的个体志愿者,拥有的技能较弱、资源较少、心理素质较差,应对私域危机现场环境及突发事件的能力较弱,很容易发生问题。在此情况下,不仅要进一步提升志愿者队伍的专业化水平,而且要完善志愿者管理法律法规,特别要对志愿者的安全问题进行专门的规定,提升志愿者行为的规范化水平,降低行为风险及善后处置难度。

第二节　政府与社会

政府与社会是危机救援的两类现实主体。私域危机救援不仅是对政府能力的挑战,更是对社区应急能力的综合考验。这种综合能力是以政府力量为主导、社会各方参与的全方位的危机响应能力,其他社会主体是这种综合能力的重要组成部分。推动社会力量参与危机管理和救援,实现政府主导下的危机管理主体多元化,能够最大可能地整合各种社会力量,使危机救援具有更大的灵活性,提升私域危机救援效率。

一、政府与社会合作的基础和意义

政府与社会力量相对独立却又彼此联系,二者的区别在于关注的目标多寡和责任的刚性与否,前者对社会发展的关注是全面的,对社会的责任是强制的、刚性的;后者则不然,关注的目标较少且更具体,对于社会的责任更多的是处于一种内在的、感情上的认同。但二者的根本目标都是为了实现社会的良性发展,具有高度的一致性。一方面,两者有着共同的理念。两者共同的宗旨都为公民而服务,促进公共利益最大化是政府与社会组织共同努力的目标。另一方面,两者可以实现职能互补。随着"小政府,大社会"目标的确定,政府转移的社会管理职能与服务职能需要由社会组织来承接。由于基层政府资源和能力的有限性,以及政府组织自身缺陷的限制,独立进行私域危机救援力量有限。通过政府与社会良性互动和有效合作,充分实现二者资源的优势互补、职能互补,在最短的时间内最大限度地整合社区资源,对于提高私域危机救援应对效率具有重要意义。

(一)有利于资源整合

虽然政府拥有大量的资源,但就应对某个具体的危机而言,政府的资源并不一定是充分的。首先,基层政府所能动员的资源较少,不一定能满足相应的救援任务。如高效的交通设备、先进的救援装备、能够野外工作的医疗条件等,对于贫困地区的政府而言无疑是十分奢侈的。其次,随着社会发展加速,传统的物资和技术储备不一定完全适应新的形势需要,可能会出现资源的结构性短缺。如传统的危机救援依靠的是人力投入,受自然环境影响十分明显。而现代救援更加依靠先进的搜救装备,确保救援活动能够在各种条件下连续开展,但这些设备并不是所有的基层政府都具备的。最后,政府的资源和能力储备并不一定与所有的具体的危机类型相适应。私域危机是多种多样的,危机的进程也是多种多样的,政府标准化的预防体系和物资储备工作很难适应复杂多变的危机需要。如在需要紧急转移受伤人员的情况下,很多县都难以找到一架直升机。加强政府与社会合作,实现社区资源的整合,能够有效地应对政府尤其是基层政府在资源禀赋、人员结构、组织体系等方面的局限性,最大限度地满足高效、快速、协调、灵活应对危机的要求。

（二）有利于当事人权利保护

政府私域救援是对危机当事人权利的有力保护，但这种保护并不总是有力和有效的。一方面，政府的体制决定了其行动并不总是有效率的，繁文缛节可能会导致政府错失最佳救援时机。另一方面，政府本身的利己主义可能会影响其对形势的研判以及行动决策。由于政府与社会组织之间存在监督与制约关系，社会力量参与私域危机救援，不仅能够为救援提供资源和技术支持，而且能够监督和制约政府行为，推动政府改进措施，更能够确保政府的行为向有利于当事人的方向进行，强化政府维护人民群众利益的职责和义务，避免政府的自利行为导致危机救援行动偏离正确的方向，损害当事人的利益，也损害政府的形象和合法性。当然，社会组织内部的自律监督机制也非常重要，需要接受政府的监督与管理，防止偏离社会组织公益性的功能。

（三）有利于提升社会治理能力

大包大揽虽然能够提升危机处置的效率并提高政府的形象，但也会给公众造成全能全责政府的印象，容易导致社会公众对政府不切实际的预期。但实际上，并不存在全能的政府，政府也不应该为社会公众的所有行为买单，过高的预期必然会导致较大的失望。推动全能政府向有限政府转型，依赖社会组织的充分发育，以提高社会自我管理的能力。社会组织参与危机管理既能充分展示自身的地位、作用和意义，又能检验自身的能力素质和存在的不足。在危机处置过程中，相关社会组织的动员、募捐、财务、沟通、控制等能力、技术、制度等可以得到较为系统全面的检验，在非常态管理过程中，社会组织平时难以察觉的制度和能力缺陷将被放大。值得一提的是，社会组织参与危机管理和处置，能够有效提升社会公众的危机意识和社会责任，推动政府与公众的良性互动，从而大大提高公民参与社会管理的水平和程度。

（四）有利于处理涉外危机

充分利用社会组织的各种资源能够弥补政府涉外资源不足的问题。首先,可以打破原有的单一的政府对政府模式,使危机救援的模式和路径更加多元化,增加救援成功可能性,特别是在我国公民境外遇险的情况中更是如此。其次,社会组织具有观念创新性、机制灵活性、联系广泛性等特点,有助于提高政府对外沟通的及时性,提高信息收集和传递的效率,从而惠及当事人。再次,社会组织参与涉外救援活动,以平等、中立的身份与国际组织沟通,更容易取得共识,从而减少沟通不畅甚至无法沟通的风险。最后,社会组织的专业性较强,可以有效弥补政府应急能力和知识方面的不足,加强与国际上社会组织的信息沟通,充分利用国际资源弥补本国救援能力的不足。

二、政府与社会合作的特点和方式

从社会的角度来看,政府与社会合作具有志愿性、专业性、广泛性、辅助性等特征,所谓志愿性是指社会组织和个人一般是以自愿、义务的形式参与危机救援;所谓专业性是指社会组织一般会依托自身的专业和资源优势专注于危机救援过程中某个领域的问题的解决;所谓广泛性既指社会组织参与救援工作的类型、内容非常广泛,也指参与手段、技术与方式的多种多样;辅助性是指在正常情况下,社会力量在危机救援中始终处于从属地位,在政府的主导下从事相关工作,但这里的"辅助"不是可有可无、不重要的意思,而是指在整个组织系统中位居参与者地位。目前政府与社会力量合作的方式主要包括以下几个方面:

（一）技术层面的合作

技术的专业性和多样性是社会组织最核心的优势之一。社会组织往往是由一些关注某些具体领域问题的专业技术人员构成的,在专业技术方面具有较好的积累。同时,由于社会组织的多样性,从而促进了技术构成的多样性。技术的专业性和多样性为实现社会组织与政府合作应对危机提供了基础。一方面,技术的专业性能够为危机决策提供更为科学的依据,为救援行动提供更为有力的支持,提升救援行动的精确性。另一方面,技术的多样性有效地弥补了政府行为的程序性、改革的滞后性等问题,使政府救援能力更好地适应不断变化的形势需要,提高政府救援能力的覆盖面。

(二)物资筹集方面的合作

理论上,私域危机需要动用的资源并不多,且由于政府调动资源的强大能力,几乎无需社会组织的参与。但在实践中,很多情况下政府还是需要社会组织——既包括营利性组织也包括非营利性组织的物资支持。一种情况是,在一些特殊情况下,政府需要借用企业或其他社会组织拥有的专业设备或物资如重型挖掘机、无人机等,帮助政府解决一些具体罕见的问题。另一种情况是,少数欠发达地区,政府物资储备能力就很弱,应急物资缺乏,面对突发事件时,只能临时筹集物资,特别需要社会组织的主动配合帮助,否则可能延误时机。

(三)人力资源的合作

充分而专业的人力资源是危机应对的最核心因素。私域危机救援同样需要巨大的人力投入,如2015年10月,为了搜救违规闯入广西长滩河自然保护区的17名"驴友",当地出动了近800名搜救人员和80多台次各种车辆、冲锋舟,其中民警和消防员100多名、干部群众200多名、医生护士40多名、后勤增援人员300多名;2016年5月某"驴友"独闯黑竹沟失联后,当地景区动员上千人次进行搜救。一般情况下,基层政府都会就地发动居民参与搜救,然而,当地居民虽然熟悉环境但并不一定具备相应的救援技术和自我保护能力。比较而言,依靠社会组织提供的人力支持,专业性要强得多。如一些企业消防队都主动承担起社区消防的义务,不仅成为政府力量的有益补充,而且由于距离较近,能够极大节约救援时间。

（四）信息供给的合作

信息对私域危机管理和处置的意义是不言而喻的。与公共危机不同，私域危机规模小、影响有限，政府的危机监测监管平台不一定都能够及时发现，社会组织的信息优势就有了发挥的空间。特别是对于一些缓释型的危机，如艾滋病等，很多当事人不愿意向政府有关部门报告自己的信息，但相应的社会公益组织可以充分发挥其上联政府、下接群众的组织优势，利用其广泛的社会触角和成员基础，特别是其在社会群体或边缘性群体中的广泛影响力和信任度，便捷而迅速地发现危机的苗头，或先于政府掌握危机信息、了解事情动态，能够帮助政府及时有效地对相关人员或行为进行干预和支援。

三、政府与社会合作面临的挑战

目前，我国政府与社会合作还处于起步时期，还是一种自发的行为，未形成平等的、稳定的、高效的合作互动机制，还存在一系列的问题和挑战。

（一）双方合作缺乏稳定性

目前，危机救援工作中政府与社会的合作还停留在政府号召、社会响应的层面，双方的合作一般都是临时的、随机的，合作的内容也仅仅涉及调人调物，合作的实践也只是相关成员参与政府活动而已，双方没有思路、方案等整体思路上的衔接，双方合作缺乏稳定性。其原因在于：政府虽然已经将社会组织纳入社会治理特别是危机管理主体的范畴之内，但在实践中，社会组织往往是缺席的，社会组织既无法参与危机管理方案的制定，也没有机会参与危机应对演练，更无法分享危机管理信息。值得一提的是，这种状况已经在逐步改变，特别是在某些特殊的领域，社会组织与政府形成了良性的互动关系，已经成为救援行动的重要主体。如 2006 年四川省登山协会就在四川省民政厅的支持下成立了四川省登山协会山地救援工作委员会，并同时成立四川山地救援队等多个救援分队,先后成功地在四姑娘山、田海子山、都江堰龙池风景区、都江堰虹口乡等游客或群众救援中发挥了重要作用,成为政府与社会长期有效合作的典范。

(二)双方合作范围有限

总体来看,政府对于社会力量参与危机管理的态度是积极的、欢迎的,但由于双方的合作刚刚开始,合作的广度和深度仍十分有限。主要集中于突发事件生命救援,以及主要限于危机发生后的救援活动,还没有实现危机管理的全过程参与,社会组织在危机的事前管理和事后重建过程中的作用不大。双方合作难以深入的原因在于:一是我国政府仍处于从管制思维向治理思维转型期,科学界定和接受全新的政府与社会的关系还需要一个过程。二是政府与社会关系的定位仍然不明确,政府还不能确定自己能够向社会组织让渡多少活动空间。三是出于风险考虑,政府对于社会组织的救援能力和责任心存在一定的担心,不敢太多依赖社会组织,否则自己将会被上级问责。四是社会组织的深度参与危机管理必然会暴露政府组织和行动存在的种种不足,有可能会影响到地方政府的权威性和公信力,这使得很多地方政府不愿意吸收或过多吸收社会组织参与危机管理和处置。

(三)双方合作缺乏规范性

总体来看,各级政府对于社会组织参与危机管理和处置是抱欢迎和支持态度的,并形成了一系列的法律和预案。但由于社会发展阶段和社会组织自身发展水平的原因,关于社会组织参与危机管理的法律法规还停留在意向性框架阶段,还没有形成具体的能够指导实践的可操作的行为规范,社会组织、企业以及公民参与危机救援工作还缺乏具体的、制度性的、可操作性的指导和规范,社会参与仍是一种自发的行为,很多时候是一种迫于政府压力的行为。双方合作机制的不成熟造成了一系列问题:由于没有稳定的合作关系和规范的合作行为,社会组织对于未来的行为无法形成稳定预期,参与的积极性较低。此外,由于缺乏具体的、规范性的制度保障,社会组织参与危机处理的风险无法得到合理规避,合法利益也无法得到有效维护。对于政府而言,由于缺乏制度性、规范性的操作规则,极容易造成救援过程的混乱,不仅会浪费资源,甚至会触发新的矛盾。

(四)社会组织自身能力有限性

现阶段我国社会组织的发展规模还十分有限,特别是专业化发展不足和管理不成熟,使其难以适应不断增加的危机救援需要。特别是专门以私域危机管理和救援为目标定位的社会组织则少之又少。制约社会组织参与危机管理和处置的因素还包括现有制度,如社会组织的审批注册、募款资格、身份地位等都极大地限制了社会组织发展的动力,使我国社会组织与政府合作的机会和空间都受到了极大限制,完全取决于政府的意愿,而社会组织只能在政府不愿触及或无暇顾及的空间内活动,政府主动让渡的空间十分有限。当然,这与当前基层政府所面临的追责压力有直接关系。

四、深化政府与社会合作的努力方向

(一)进一步转变危机管理理念

政府的危机管理理念,是决定政府与社会合作水平和成效的最根本因素。面对复杂多样的私域危机和不断提高的危机管理要求,政府必须彻底改变传统危机管理理念,真正树立适应危机救援需要的新理念。一要充分认识政府自身存在的制度性缺陷,特别是基层政府要勇敢承认自身的先天不足,摈弃管理意识、防灾救灾思想,树立治理思想,以提升危机管理效能为目标,正确认识自己的权力和能力边界。二要客观认识社会组织在危机管理中的重要作用,立足发挥好促进者、合作者和管理者的作用,积极引入社会组织参与危机管理。三要承认社会组织在促进政府职能改革和完善中的作用,主动推动社会组织承接政府部门社会职能,增强其能力,帮助政府治理社会。

（二）稳定合作平台和渠道

所谓合作平台和渠道是指引导社会组织有序参与危机管理的工作机构和工作机制。通过合作平台和渠道，使得危机救援的各种需求能够及时被社会组织获悉，同时政府也能够全面掌握社会组织的专业能力和资源储备，形成相对稳定的危机应对队伍和资源储备。目前国内各级政府都建立了相对稳定的应急管理机构，负责指导实施专项计划，强化政府与社会组织的日常联系，提供正式的合作渠道。但由于基层政府的应急管理机构工作人员往往是以兼职方式任职，平时不在位，可以考虑将相应的合作平台和渠道设在公信力高、危机管理能力强的社会组织中，如红十字会等，开展社会组织危机管理能力专项培育计划，提升社会组织的专业能力，不断摸索具体可操作的合作方式，避免出现危机应对中社会组织以及志愿者热情有余而能力不足的问题。

（三）积极完善相关法律法规

法律保障是保证社会组织参与危机管理有序性的重要途径，从法治化建设入手，可增强社会组织参与危机管理的责任感和安全感。一方面，必须完善支持和保护社会组织发展壮大的法律法规，支持社会组织自身能力提升，扫除社会组织发展的体制机制障碍，引导社会组织不断增强自身的组织、动员、筹资、议政和执行能力；另一方面，要完善促进政府与社会合作的法律规范，为社会组织参与危机管理和处置提供明确而有效的法律依据和行为规则，提升社会组织参与危机管理的法治化、制度化，防止参与的形式化和无序化水平。

（四）努力提高社会组织自身能力

一是简化社会组织注册流程。增强社会组织的合法性与公信力。二是加大资金支持。设置财政专项，引导公众捐赠，保障社会组织合法正常的经济来源。三是加大物资支持。如龙华公安分局在推动企业消防队积极参与社区义务消防任务的同时,两个现役消防中队,向辖区企业提供空气呼吸机免费充气服务。四是推动社会组织加强与政府、企业、学界等多方合作,建立组织间的信任以及信息共享和资源共享网络,才能增强参与救灾的资源协调和整合能力。五是加强社会组织的内部治理。重点是完善社会组织内部治理结构,规范治理活动,切实增强项目运作能力。

(五)切实加强资源和信息共享

资源和信息是危机应对的重要基础。对于基层政府而言,有效应对紧急状况更必须有效地整合社会资源,建立资源快速统一调度管理的体制机制、标准和程序,尤其是要积极做好辖区范围内专业技术人员的分类管理,以保障特殊时期的人力资源需求。同时,要建立政府与社会组织之间高效、畅通的信息共享系统,确保社会组织能够及时和准确地掌握危机信息,研判危机的需求和自身能力,及时为政府救援工作提供针对性的支援和建议。

第三节　成本与补偿

物资保障是危机救援的基础。私域危机救援物资保障的难度要比公共危机物资保障的难度小得多,即便是基层政府也能够依靠自身的应急物资储备或在社会组织、企业甚至公民的支持下,确保救援工作顺利进行。但由于私域危机的"私"的属性以及政府行为的"公"的要求之间的不一致性,使得动用公共资源进行私域危机救援充满争议。

一、公共资源与私域危机救援

关于政府私域危机救援的争议中,最为核心的是公共资源能否用于维护私人利益。这种争议的根源在于看待"公""私"关系的不同态度,同时也来自于对政府职能定位的不同理解。

（一）反对公共资源用于私域危机救援

随着时间的推移，反对政府无偿运用公共资源进行私域危机救援的人越来越多。持反对态度的人都坚持"公""私"二元分立的基本原则，把公私界限视为严格的红线，要求政府和公民严格遵守，不能越雷池一步。否则，要么会造成政府对私人利益的侵犯，要么会导致私人对公共利益的侵蚀。私域危机是一种私人事件，应该依靠个人或市场的力量予以解决。即便可以动用公共资源进行私域危机救援，事后也应该予以补偿，保护公共利益不受侵犯。实践中，的确很多私域危机可以通过各种营利机构予以解决，即便是危及生命的风险也可以在政府不参与的情况下予以化解。

人们反对政府对私域危机进行救援，并不仅仅是认为某次救援行动成本过大，更重要的是担心这种行为会形成惯例，导致更多的侵犯公共利益的行为发生，引发更严重的问题。第一种担心是怕引发"公地悲剧"，认为无成本获得政府的支持会刺激更多的人无休止地侵占公共资源，必然导致公共资源的枯竭，进而影响公共福利的增进。第二种担心认为，在公共资源消费中存在一种"囚徒困境"，由于社会成员无法判断其他人的选择，只能根据自我利益最大化原则选择尽可能地增加对公共资源的消费，进而导致一种集体的非理性行为，最终导致公共资源的低效甚至无效配置。第三种担心是怕引起"搭便车"行为，在缺乏制度和规制约束下，无偿地政府救援行动会引诱一部社会成员"搭便车"——坐享其成分享其他人创造的价值而不会自觉主动地促进社会共同利益和共同目标。为避免公共资源悲剧，必须建立相应的制度约束个人的理性行为，确保公共资源这种稀缺资源不被无节制地侵占和浪费，维护好公共福利。

（二）支持公共资源用于私域危机救援

目前，绝大多数人还是支持使用公共资源对身处私域危机中的公民进行救援。持这种态度的人，既有情感上的考虑，也有理性的思考，还有现实主义的选择。有些观点前文已经详细论述，此处仅强调几点。

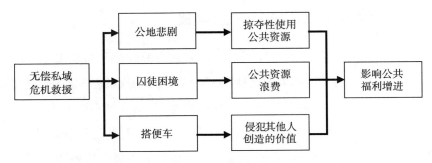

图 5-2　政府无偿私域救援负面影响发生机制

首先,绝大多数人对于政府私域救援的认同仅仅从一种朴素的、自发的情感出发,认为社会是一个整体,人与人之间应该有一种亲密合作、相互帮扶的关系,这种关系决定了人类的本质属性,也决定了人类与其他动物的根本区别。与此同时,这种态度还视政府为一种人格化存在,应该接受、维护和促进人类的基本情感和价值标准。生命是人存在的表现和基础,其重要性超过了一切现实的理论意义。对身处危机中的人袖手旁观,不仅违背了人道主义基本原则,而且会伤害社会的基本价值观,做出了坏的示范,影响社会的团结。政府对身处危机的公民甚至外国公民施以援手,维护生命尊严,增进社会团结,即便滥用了公共资源也是非常值得的。

其次,部分人担心的"公地悲剧"也不会因政府对公民施以援手而发生。第一,理性不仅是推动人们主动追求利益的动力,也是一种天生的内在的行为约束机制,这种机制会让人们认真衡量利益和生命孰轻孰重,绝大多数人都不会因为政府一句承诺而拿生命去冒险的。第二,"公地悲剧"或"搭便车"等问题中所强调的利益都是实实在在的物质利益,而政府私域危机救援中政府的付出与个人的所得并不相等,个人除了保全生命外什么都不会得到,没有人会为了看不见摸不着的利益去冒险的。更重要的是,私域危机发生后带来的家庭和社会压力,也可能会让其他有此念头的人放弃类似行动。第三,"公地悲剧"的假设前提是资源的稀缺性,但如果牺牲局部的稀缺性而维护整个社会生产生活的稳定性,却是非常值得的。因为人不仅仅是稀缺性的消耗者,也是社会价值的生产者,维护生命安全就是维护社会价值生产的安全。政府拯救的不仅仅是某个人的生命,而是通过拯救某个人的生命维持了社区系统的稳定,进而维护了整个社会生产生活系统的稳定性,确保了整个社会价值生产持续稳定进行。

最后,市场化的救援机制并不总是有效的。目前,在山地救援中市场化的救援行动效果较好,但这是有一定前提条件的:山地活动遇险情况相对较多,形成了相对稳定的市场;山地救援机构较少,可以形成实质上的垄断,能够保证持续经营(当然并不一定是为了营利);山地救援情境较为统一,可以形成专业的、高效的队伍和设备;等等。但其他地区并不一定具备这些条件,一方面,高度发达的区域经济是救援市场化的客观条件。我国区域经济发展极不平衡,且经常发生危机的地区多远离中心城市,经济实力弱,难以支持市场化的救援机构生存发展。强力推动救援行动市场化,不符合我国的国情。事实上,即便是西方发达国家也做不到这一点。另一方面,从主观来看,我国居民对政府的信任度较高,且已经习惯了有困难找政府,形成了一种信任—行动封闭循环,政府之外的社会机构难以获得同样的信任。

(三)主张有偿的政府救援

这种主张一方面强调政府对于公民生命安全保障的意义和职责,另一方面也承认公共资源的稀缺性以及政府行政的公共性要求,认为要求被救者补偿政府救援成本是一种合理的选择。但这种主张并不是前两种主张的简单调和,不是为了平衡两种观点之间的冲突,而是公共治理理念实践和发展的一种必然结果。

公共治理思想将政府视为一种以维护公共利益为目标的社会组织,与其他社会组织甚至企业在本质上并无不同。政府只是社会治理的主体之一,与其他社会治理的主体之间是一种平等关系。在这种理论支持下,政府被视为一种特殊的企业,虽然其任务是维护公共利益,但也必须追求效率,实现效率与公平之间的平衡。根据效率优先原则,政府应该关注投入和产出,即争取用最小的公共资源投入获得最大的公共利益。如果某种行动无法促进公共利益,就不应该对其进行投入。为了实现效率,政府可被视为一种普通的民事主体,其行为可以被视为私法行为,亦即行政私法化。

所谓行政私法行为是"行政机关或法律、法规授权的组织直接利用私法上的形式以实现行政法的目的或者任务的兼具公法私法双重性质的新型行为"①。行政私法化是指以私法精神为行政原则,并以私法规则调节政府与其他社会主体之间的关系,根本目的还是为了促进公共利益,但私法规则的引入带来了行政行为的变化,特别是在追求效率的目标推动下,政府必须主动追求收支平衡,必须调整自身行为方式。除了改变行政行为方式,将私法引入公共管理还为调节政府与其他社会主体之间的关系提供了新的思路。

如果强调政府的"公共性",政府向被救助过的人收取费用就很难接受;但如果承认行政私法化,这种行为就变得容易理解。由于公共资源必须用于改进公共福利,用于私域危机救援不仅损害了公共利益而且会造成公共资源的短缺,换言之,政府必须实现收支平衡才能维护好公众福利,但不能通过增加其他社会成员的负担来实现收支平衡,否则就违背了公平公正的原则。政府仅仅是维护社会正常运转的机构之一,虽然在职能定位上有其特殊性,但在危机救援中政府与被救者之间的关系仍可以视为普通的民事关系,可以通过私法予以调节。据此,政府必须也能够根据私法的原则,向被救者收取一定的费用来实现成本补偿。

虽然政府与其他社会组织或个人处于平等地位,且可以用私法来处理政府向被救者收取费用的问题,但政府仍是特殊的民事主体,其目标仍是为了促进社会公共利益而不是追求组织利益,其行为仍受到公法原则的约束。如政府收取的费用应该仅限于救援的成本,而不是营利。当然,在我国这种主张也没有得到真正实践。

二、行政应急权与私域危机救援

政府私域危机救援的物资保障不仅依靠政府的资源储备,而且有赖于

---

① 邹焕聪:《行政私法行为的价值阐释》,《天津商业大学学报》2006 年第 5 期,第 55—58 页。

社会资源的集聚能力。行政应急权赋予了政府在紧急情况下调动社会资源应对挑战、维护社会稳定的权力,不仅为解决危机应对资源保障问题提供了依据,而且为特殊情境下化解维护公共利益的迫切性与保护私人财产的神圣性之间的矛盾提供了准则。虽然私域危机是一种特殊的突发事件,但行政应急权的基本原则仍然是适用的。

(一)行政应急权的基本属性

一般认为,行政应急权是指紧急状态下,政府可以通过扩大政府权力或克减公民权利以平息事态、恢复社会秩序。行政应急权是一种非常规的权宜之计,与常态下政府权力以及相应的行为不同:一是行政应急权具有强烈的集中性。权力的集中性是指危机处置权集中于行政部门,包括水平方向上的权力集中和垂直方向上的权力集中,前者是指将司法、社会组织的权力集中于行政部门,后者是指将各级政府的权力集中于承担危机处置责任的政府机构。二是行政应急权具有明显的扩张性。行政应急权的扩张性是指在紧急状态下,行政机构拥有更大的裁量权,行权程序具有简化性,行政权力范围更广,行政机关通常会延伸到公民自治领域,同时公民的权利和自由不得不缩减。三是行政应急权具有严格的强制性。危机状态下,政府拥有一定的强制权力,可以在一定范围内限制甚至牺牲某些人的权利来实现某些特定的目标,特别是在维护国家安全统一和公民的生命安全的情况下,政府有权采取一定的措施进行紧急避险和紧急防卫。当然,这些权力受到宪法法律的严格限制。四是行政应急权具有严格的时效性。行政应急权是国家面临危机情况下才能行使的一种权力,一旦突发状态得到有效控制,行政应急权即失去效力。

(二)私域危机救援中的行政应急权

行政应急权被视为一种"迫切需要的大义"(The Dictrine of Immediate Necessity),其理论基础包括:主权稳定说,认为紧急状态下维护公民的权利是维护主权稳定的重要基础;统制干涉理论,主张政府在面对危机时应该积极作为保全公民利益；排除妨碍说，认为政府的最终目的就是消除国家和公民未来发展中的阻碍，在突发事件发生后必须授权政府运用行政应急权力予以扫除；紧急自卫说，认为国家和人一样，当受到生存威胁时，可以不受现有法律规定约束进行自我防卫以保证自己存续；国家理性说，认为"自保"是国家理性的核心观念，属于应当受到保护的绝对价值。

上述理论解决了行政应急权的合法性问题，总体上视应急行政权为维护国家或主权稳定的内在需要，同时，将个体利益视为国家利益的附属物和衍生物，认为国家利益实现了个体利益就随之得到了保障。然而，上述理论都没有关注个体的需要，也没有试图解释政应急权与个人利益之间的关系。事实上，行政应急权并不必然是宏大事件的产物，而是特殊情境使然，同样适用于私域危机救援。

从维护公民权利的角度来看，行政应急权的意义在于承认人的多样性。所谓人的多样性不仅是指人类存在多种多样的生活，而且存在不同的道德观念和价值追求。行政应急权本质上也要求政府追求个案的正义性，即在承认人的多样性的前提下保障个体最低限度的权限。在私域危机情境下，社会个体的行为与政府及社会的价值要求不一致，与理性行为假设不一致，但却符合人的多样性现实，政府必须认真承认并尊重这种多样性现实，必须维护这些身处危机中的人的最低权利，维护个案的正义。

从政府的角度来看，行政应急权可以弥补大量制度空白。如同人的理性不完善一样，政府理性或国家理性也是不完善的，不可能全面准确理解人的多样性，并依此进行相应的、超前的制度设计。很多私域危机超出了政府理性预期，传统的、标准化的处理问题的方式已经不再适应新的社会发展趋势和社会个体多元化发展的要求，必须建立能够弥补现有制度缺陷、使政府能够灵活应对各种危机的制度，弥补制度空白，确保政府行动及时有效，避免因制度缺陷而导致人权危机和政府危机。

从法律实践的角度来看，现代法治理念已经缓解了依法行政与行政应急之间的冲突。传统的法治原则是建立在"法律供给主义"基础上的，即国家通过事先立法为政府行动提供规范。但行政应急权强调的是情境管理，含有见机行事、自由裁量的意思,是建立在"法律进化主义"基础上的实践,认为法律是社会自生自发的演化结果,假设能通过预先立法规范一切社会活动或政府行为在实践中是行不通的,以僵硬的法律应对私域危机的多样性和不可预测性是不现实的。

(三)私域危机救援中的应急征用

应急征用是指紧急情况下,为弥补应急物资不足,政府强制获得公民的财产和劳务使用权并在事后返还财物或对使用的财产和劳务进行合理补偿的具体行政行为,是行政应急权的一种具体表现形式。一般认为,应急征用只适用于紧急情况下维护公共利益,几乎所有的法律关于"征用"的规定,都以公共利益为目标,"所谓公共利益,指公共道路交通、公共卫生、灾害防治、科学及文化教育事业、环境保护、文物古迹及风景名胜区的保护、公共水源及引水排水用地区域的保护、森林保护事业,以及国家法律规定的其他公共利益"①。很显然,私域危机中受到威胁的不属于公共利益,但这并不影响应急征用在私域危机救援中的适用性。一方面,应急征用是行政应急权的重要内容,具有理论上的合法性。另一方面,应急征用也有一定的现实考量:首先,由于私域危机的不可预测性,政府现有的应急物资储备不一定完全适应救援需求,如果缺乏应急征用的权力,会使得工作措手不及。其次,考虑到部分地区政府财力有限,事先无法为可能发生或可能不发生的事情准备物资或人员。再次,考虑到储备物资的难度,如果应急物资储备不当,不仅浪费物资而且会造成巨大的储存成本,很多地方政府承担不起。因而,目前政府的应急物资储备主要着眼于大概率的且影响广泛的自然灾害应对,一些对公民个人影响较大但发生概率较小的事件并没有纳入关注的范畴,只能根据需要即时配置。最后,由于信息沟通有限或者极少面对危机,很多地方没有建立起集中的应急物资储备制度或应急物资储备信息共享机制,因而在紧急状况下,即使政府手里掌握了大量物资,也不能及时予以调拨使用。

---

① 《中华人民共和国物权法》。

表 5-1　我国现有法律对应急征用的规定

法律名称	内　　容
宪　法	国家为了公共利益的需要,可以依照法律规定对土地实行征收或者征用并予以补偿 国家为了公共利益的需要,可以依照法律规定对公民的私有财产实行征收或者征用并给予补偿
突发事件应对法	有关人民政府及其部门为应对突发事件,可以征用单位和个人的财产履行统一领导职责或者组织处置突发事件的人民政府,必要时可以向单位和个人征用应急救援所需设备、设施、场地、交通工具和其他物资,请求其他地方人民政府提供人力、物力、财力或者技术支持,要求生产、供应生活必需品和应急救援物资的企业组织生产、保证供给,要求提供医疗、交通灯公共服务的组织提供相应的服务
物权法	因抢险、救灾等紧急需要依照法律规定的权限和程序可以征用单位、个人的不动产或者动产
警察法	公安机关因侦查犯罪的需要按照国家有关规定,可以优先使用机关团体、企事业组织和个体的交通工具、通信工具、场地和建筑物

应急征用在私域危机救援中应用有其特殊的一面。一是目标价值双重性。与公共危机救援不同,私域危机救援中应急征用的直接目标是为了维护私人利益,但同时也实践了公共行政的基本价值,如公平正义以及保障人权等目标。二是征用的小规模性。与公共危机救援需要大规模的征用物资相比,私域危机救援物资需求要小得多。三是行动上的非强制性。对于私域危机救援中的征用行动而言,其强制性要弱得多。这是由于物资的需求较少,如几台设备或食品等,可选择性范围要广得多。四是私人财物的非侵犯性。征用本质上是对私人财物的侵犯,但私域危机由于规模小,很多时候政府会以赊账的形式甚至会要求相关部门当时就支付费用,能够使对公民财产的侵犯降到最低,更不会侵犯到行政相对人的最低生活保障。五是争议解决的简洁性。鉴于上述特征,私域危机救援中应急征用行为产生的争议要小得多,特别是关于征用物资价值的争议几乎不存在,解决相关争议的难度要小得多。

当然,由于我国征用制度和工作机制还不完善,必须从价值层面、制度层面、技术层面这三个维度着手解决应急征用中存在的主体繁多、行为不规范、适用范围不统一等问题,其中,要重点解决和防范应急征用的便利性带来的权力扩张倾向,在实施应急征用过程中坚持法律优先原则、法律保留原则、比例原则以及公开原则,划定行政应急权的行使范围,明确行为规范,实现公权力与私权利、公平与效率的动态平衡。

三、救援成本及其监管

理论上,生命价值的绝对性决定了私域危机救援意义的绝对性。然而,资源是稀缺的,公共资源更是一种有限的存在,政府无法长期以巨大的代价为拯救公民的生命买单,私域危机救援成本太高必然会造成政府和社会的沉重负担,不仅不利于政府的运行而且不利于社会福利的持久改善,影响其他公民的利益。因此,即便私域危机救援的相对成本较小,政府也应该对其进行科学统筹安排,努力以较小的代价实现救援目标。

(一)私域危机救援成本及其构成

救援成本指的是为解决或缓解危机而投入的各种有形和无形资源的总和,是衡量政府危机处理能力的重要维度之一。按照表现形式,私域危机救援成本可以分为绝对成本和相对成本,前者是指救援实际发生的成本,后者描述的是救援成本与其他地区同类救援成本比较情况以及与当地财政收入的比较情况;又可以分为显性成本和隐性成本,前者是一种物质成本,以各种实物表现出来,后者是非物质的资源以及长期的、潜在的负面影响。比较而言,单个私域危机救援的总成本要远远低于公共危机救援成本,但考虑到私域危机总数要远高于公共危机、人均救援成本较高以及发生的频率较高等因素,政府私域危机救援的总成本并不低。如果不能有效降低私域危机救援成本,不仅会增加政府的眼前负担,而且会形成恶性循环,影响当地经济社会良性发展。

显性的、绝对的成本视为救援过程中所消耗的人力、物力、财力、时间等的综合价值体现,是所消耗的活动和物化劳动的货币表现。具体可包括四个部分:物资成本,是一种可见的物质消耗,主要包括食品、药品、卫生用品、机械等救援物资的生产成本和采购成本。运输成本,即救援人员及物资到达现场产生的交通成本,与灾情不同、区位条件、交通条件、运输方式等因素直接相关。人力资源成本,是一种人力投入,包括专业人员、志愿者以及所有的官员和群众。与公共危机救援不一样,很多情况下,私域危机救援是必须计算人力成本的,特别是营利性机构和专业人士参与情况下,更需如此。如 2015 年 9 月重庆李某在黑竹沟失踪后,其家属为了发动广大村民、群众,把悬赏金额提高到 8 万元,同时还会额外支付工资。无独有偶,2016 年 5 月,江苏邹某在黑竹沟失踪后,其家属也提出只要有人找到邹某并带出山林,愿支付 10 万元酬谢金。协调成本,包括政府为解决危机而产生的额外的行政成本,各种企业、居民为救援提供了各种便利,虽然不直接用于救援现场,但仍有人力物力消耗,应该纳入救援成本。

(二)资源配置效率低下及其根源

除受救援规模影响外,救援成本高低还受资源配置效率影响。在政府主导救援资源配置情况下,由于没有较为客观的评价体系,政府乃至个人的意志在资源配置中起到了决定性作用,很难保证紧急情况下稀缺资源得到有效配置,实现人尽其才、物尽其用,降低救援成本。目前,私域危机救援效率低可以从人力和物力两个方面予以考察。从人力投入角度来看,一是过于严重地估计形势,造成过多的人力投入;二是舍近求远调配人力;三是体现在救援人员结构上,专业人士过少,增加了人力资源成本。从物力投入角度来看,一方面存在数量上的浪费,如救援现场本来仅需 10 个帐篷,但因为错误估计形势,购置了 20 个帐篷;另一方面存在质量上的浪费,如放弃物美价廉产品而选择价格昂贵的品牌,增加不必要的成本。

造成私域危机救援成本高企的原因既有主观方面的,也有客观方面的。首先,压力情境导致基层政府不敢计算成本。危机的紧急性、失败的责任以及群众对"救民于水火"的期盼等形成的压力情境,使得基层政府往往抱定"只许成功不许失败"的信念和"从严、从重、从快"的原则,不计成本、不论代价处置危机,即便以最沉重和最剧烈的手段实现救援目标也在所不惜。

其次,成本管理意识缺乏。由于几乎所有的政府都重视算政治账而较少算经济账,成本意识淡薄,缺乏成本管控机制,使得在面对危机时往往只讲成绩而不讲究方式方法,即便一些方式方法不尽合理、有待改善都会被视为成功的经验,甚至将巨大的浪费看成是"为了取得胜利而必须付出的代价"。再次,危机管理制度缺陷。最大的问题在于将常规管理与危机管理分开,未能做到常规管理与危机管理的有效统筹,一旦出现危机,临时救援机构在危机管理资源的整合上会发生协调失灵、调度失措乃至处置失当等问题。最后,危机救援事后评估缺位。重行动、轻评估,重结果、轻过程,现有的监督、审计、评估的相关制度措施与技术手段虽然已经较为完善,但在面对危机救援时就容易流于形式,以成败论英雄而忽视了对成本—效益的不断追求,甚至危机处置过程中发生严重的渎职、腐败、挪用行为,也往往被解释为个人的品质原因,而忽略对现有制度的反思。

(三)"奢侈行政"

"奢侈行政"本质上是资源滥用,是资源低效配置的特殊表现,也是救援成本居高不下的重要原因。目前,关于"奢侈行政"内涵的认知并不统一,有学者将其定义为"亚腐败",即廉洁与腐败之间的"中间地带";[①]有学者称之为"炫耀性腐败",即通过挥霍公共资源获得虚弱满足;[②]还有学者将其界定为"隐性腐败"之一种[③]。虽然描述不同,但基本认识高度一致:滥用资源。因此,可以将"奢侈行政"描述为一种滥用资源解决问题的行政行为。私域危机救援实践中,也难免会存在"奢侈行政"现象。

私域危机救援中"奢侈行政"的现象主要有以下几种表现:一是从量上来看,政府动用救援人员和物资明显多于救援需要,甚至会以防患于未然为名大量征用其他居民的财物;二是从标准来看,政府要求以高出实际需要的

① 卢汉桥等:《公务员"亚腐败"现象的危害及成因分析述评》,《广州大学学报(社会科学版)》2010年第8期,第13—16页。
② 樊红敏:《炫耀性腐败透视》,《中州学刊》2010年第1期,第30—32页。
③ 胡鞍钢:《隐性腐败更应关注》,《当代经济》2001年第6期,第8页。

标准配备物资,这会极大地增加救援成本;三是从配置来看,在很多时候会强调装备或物资的平均分配,不能严格地控制相应物资的发放范围,喜欢造成"全民皆兵""全面动员"的形象;四是从结果来看,大包大揽造成不必要开支。如某些私域危机救援费用可以由当事人承担,甚至当事人就应承担一定的民事责任,但政府为了体现宽容大度随意减免部分甚至全部费用,本该由当事人承担的成本转嫁到公共财政,不仅仅造成财政资金浪费,而且是一种滥用,相应地大幅增加政府的行政成本。

导致危机救援中"奢侈行政"现象的原因包括:一是错误的政绩观,把有效救援和节约成本对立起来。二是专业素质欠缺,缺乏应急管理方面能力和技巧的训练,只能根据"多多益善"的原则筹集物资,以免因物资及人手不足等低级问题而承担责任。三是监督程序不完善,危机事件的处理需要原则也需要变通、需要灵活,如果恪守既定规则,不仅会丧失危机处理的黄金时间,而且会造成行政成本的增加。四是私心作祟,不可否认的是,很多基层官员一方面怕危机发生,另一方面也希望通过危机凸显自己的工作成绩,希望通过扩大救援规模和层次,闹出更大的动静,吸引更多的眼光,以使自己及自己的政绩能够为上级所肯定。

"奢侈行政"对资源的浪费虽然非常隐蔽,但危害非常明显,大幅度增加救援成本,显著降低行政效能,严重损害政府形象和公信力。"奢侈行政"还会逐步侵害腐蚀社会肌体,负面影响会逐步传导到社会之中,衍生出其他多种多样的以奢靡为荣、以形式主义为荣的奢侈文化,导致整个社会价值被扭曲。但必须指出的是,评价某些举措是否为"奢侈行政"比较困难,一方面,"奢侈"本身即是一种相对概念;另一方面,在"人命关天""事急从权"等理念下,基层政府加大投入力度防止危机发展为最坏的结果并不难理解。此外,"奢侈行政"不一定是为了炫耀,因为政治行为本身就存在一定的仪式性,即通过一定的仪式或形式,增强政府的影响和合法性,"奢侈行政"很可能目的是发挥危机事件处理在增强政治认同、集体认同等方面的作用。更重要的是,"奢侈行政"虽然可能内涵有救援者私利行为,但这种自利行为一般实现的并不是现实的物质利益,而更多的是声誉、形象等隐性收益,无法从法律上予以追责。

(四)降低私域救援成本

有效降低危机救援成本,不仅可以降低基层政府财政压力,更重要的是可以有效降低民众对政府私域救援的反对,重点要做好以下几个方面工作:一是切实加强思想教育。增加基层政府的成本意识、责任意识和道德教育,同时要加强公众教育,提高公众自救互救能力、志愿精神和互助品质,减少突发事件带来的生命财产损失。二是优化资源配置机制。健全政府危机管理资源的整合机制,深化财政预算管理体制改革,逐步完善行政法规体系。三是有序推进危机治理多元化。承认非政府组织的独特作用,积极主动与其发展良好的合作关系。四是加强内部和外部控制。主动完善政府的内控制度建设,提升自我预防、自我发现、自我遏止、自我纠错等一系列内部监督机制。同时,加强行政应急权外部监督,积极引入加强第三方评估,深入推进政务公开。

四、政府私域救援的成本承担

政府私域救援成本承担问题实际上是关于公共资源能否用于私人利益维护问题的另一种表达,二者是一体的。从理论上讲,谁损害谁赔偿、谁受益谁付费是天经地义的事情,但在私域危机的善后中,关于救援成本的承担问题的争议十分激烈。私域危机善后赔偿问题涉及两个方面:危机本身造成的损失和救援成本,前者的责任一般是由当事人承担,后者则涉及较多的理论和实践问题。目前,关于救援成本分担的问题存在三种态度,都有其合理性和内在的矛盾性。

(一)政府全部承担

这种态度认为,人身权利是与生俱来的权利,不因人的冒失的行为而丧失。公民的生命权受到法律保护,政府维护公民生命权利的责任也由法律明确规定。《世界人权宣言》《公民权利和政治权利国际公约》等国际条约对人的生命权都有明确的规定,《中华人民共和国宪法》第二章第三十三条也明确规定"国家尊重和保障人权"。这里的"人权"即包括生命权,对生命权的保护是无条件的,即非经正常的法律程序外,生命权是无需证明的。除《中华人民共和国宪法》外,其他法律也就政府维护生命权的职责做了相应的规定,如《中华人民共和国地方各级人民代表大会和地方各级人民政府组织法》第五十九条规定,县级以上政府应"保障公民的人身权利、民主权利和其他权利"。《中华人民共和国人民警察法》第十三条规定,"公安机关接到溺水、坠楼、自杀、走失、公共设施出现险情等危及公共安全、人身、财产安全的紧急求助,应当立即进行先期处置,同时通报相关部门,并积极参与救助"。有学者从经济角度出发,认为地方政府是各种探险活动的受益主体,无论是从人道的角度还是从权利义务的角度,也应该承担救援的责任。[①]

但这种主张无疑会导致公私不分和无限责任政府,与现代政治所主张的公私分开、私域自治、有限政府等基本理念相悖,而且会导致其他的问题。如新华社曾报道,英国有名叫埃米·贝丝·达拉缪若的女子,5 年内先后 50余次在英国多处海岸试图投海自杀,为营救该女子,英国政府的营救费用高达百万英镑,警察、海岸警卫队甚至空军和海军先后参与救援行动,动用了救生艇和救援直升机等装备,人力、物力、财力连续支出让当地政府背上沉重负担。为此,2007 年,当地政府被迫对她下达反社会行为令甚至起诉了她,但仍未能阻止其我行我素。[②] 虽然英国警方践行敬畏生命、生命优先的理念值得赞赏,但对该女子一而再再而三的救援,不仅增加了政府负担,而且极大地威胁了救援人员的生命安全,政府必须客观面对。

---

① 孔令学等:《我国野外探险救援机制的法律思考》,《河北法学》2014 年第 4 期,第 104—108 页。

② 丁文曦:《投海 50 次英女子遭起诉》,2007 年 7 月 15 日,见 http://news.sina.com.cn/w/2007-07-15/103212207568s.shtml。

（二）政府部分承担

这种态度又可以分为两种基本主张。一种主张认为,从来源来看,救援成本可以分为政府直接支出和间接支出两个部分,其中,直接支出指的是政府自身活动产生的人工、物资和资金的支出;间接支出包括政府委托的救援组织和个人救援活动所产生的费用,以及因救援活动需要而征用其他组织和个人物资而产生的费用。政府的直接支出应该由政府承担,而间接支出应该由受益者承担。这种主张是基于私域救援活动中政府与其他社会组织及个人的不同的责任假设而提出的,认为政府无条件地负有维护公民生命权责任,而其他社会组织和公民则没有同样的责任和义务,特别是对于营利性组织而言,根据受益者付费的原则进行补偿或赔偿是天经地义的事情。当前对被救援者收取费用基本上是根据这种主张实施的。如2011年"驴友"违规穿越四姑娘山遇险案例中,14名"驴友"仅需负担四川省山地救援总队志愿者的食宿及补贴等3600元以及1500元罚款,四姑娘山景区管理局的2.6万救援费用由政府承担,当地政府因出动上千人耗费的10万余元,则被"免单"了。此案例中的成本分担方式引起了较大的争议,一方面,认为处罚太轻,10年前的标准已经不能适应当前的现实;另一方面,成本分担方式有问题,对于其他费用"免单"没有法律依据。

这种主张理论上可行,但实践中则面临着技术上的挑战:首先,如何区分政府的直接支出和间接支出没有科学的标准。私域救援的一切支出都可以视为政府的支出。在政府主导的私域救援过程中,一般会涉及三个主体:政府、受委托的救援组织或个人、当事人。一般情况下,偿付行为应该在两个层次、三个方向上发生:一是政府与受委托的组织或个人之间,政府应当向受委托参加救援的组织和个人提供相应的工资或补偿;二是政府与物资征用对象之间,政府应当对救援过程中被征用的物资进行补偿;三是政府与当事人之间,当事人应当为政府的救援行动提供赔偿(政府被视为普通的民事主体和市场主体)。无论是从哪种角度来看,在政府主导的私域救援善后中,当事人都不应该直接向受委托的组织或个人以及其他社会组织或个人进行赔偿,其他的组织或人员一般情况下也无需直接向当事人要求赔偿。其次,从操作的层面上看,政府完全可以通过会计手段使政府直接支出变成间接支出,这无疑会损害被救助者的利益;同样,政府也可以使间接支出变为直接支出,这又侵害了公共利益,因此,划分两种属性的支出意义不大。最后,并不是所有的私域救援都有社会组织和个人参与,在没有间接支出的情况下,被救援者就无需支出,这又没有达到"受益者付费"假设中暗含的惩罚、警醒、警示等目标。

另一种基本主张,不考虑救援成本的支出方式和来源,而是从政府行为的价值目标和被救援者的承受力出发,主张按比例付费,即被救援者按比例承担救援总成本中的一部分,但设定负担的上限,超过上限由政府买单。这种主张坚持公私分立,认为政府维护公民生命权的职责与私域自治并不矛盾,实现公民的个体权利和自由是政府公共行政的最根本目标,而不是相反。从政府的角度来看,政府进行私域危机救援的本意是为了帮助公民度过危机,恢复正常的生活状态,如果公民因偿付救援成本而使自己陷入生存危机和生活困境,等于在解决一个问题的同时制造另一种危机,从根本上违背了私域危机救援的初衷和公共服务的本意。从被救者的角度来看,这种主张在强调个体对集体责任的同时,也承认人是一种感性的动物,情感和意志是人类活动的重要组成部分。更重要的是,理性本身也具有不完备性,理性判断并不足以使人类远离危险。对于人类固有的缺陷而言,无限的惩罚对于改进人类的理性和行为并没有太多的意义,对于个人也是极不公平的。从实践的角度来看,如果不对当事人面对的偿付压力进行限制,在很多情况下当事人根本无法承担救援成本。但这种建议也不具有普遍意义,如自杀,消防队救助自杀者需不需要收费,对艾滋病患者的帮助需不需要收费。

(三)受助人全部买单

这种态度认为,公私是截然两个不同的领域,私人在享有私域自由的同时也应该为一切行为负责。政府应该是公共利益的代表和守护人,不应该为私域行为买单,否则会造成公私不分、私权侵害公众利益。为私人危机支付费用不仅会造成资源的低效利用,而且由于某些非弱势群体对公共资源的过多占用,一方面会挤占其他公民应该享有的公共资源,影响其他公民享受公共产品和公共服务;另一方面其他公民会因为被转嫁额外的财政负担而增加不必要的负担。在实践中,已经有一些国家政府对违规者救援行动进行收费,如美国,相关的高成本救援行动导致了公众的不满,推动了八个州通过相关法律,允许政府向求救者收费。

我国在针对一些市场主体的危机救援行动中,已经明确了由市场主体承担成本。《国家安全生产事故灾难应急预案》关于"资金保障"就规定,"生产经营单位应当做好事故应急救援必要的资金准备。安全生产事故灾难应急救援资金首先由事故责任单位承担,事故责任单位暂时无力承担的,由当地政府协调解决。国家处置安全生产事故灾难所需工作经费按照《财政应急保障预案》的规定解决"。该规定明确了三个内容:生产经营单位应该承担危机救援成本;政府仍然有追偿权;政府解决救援成本应该有法律法规依据。虽然安全生产事故可能涉及很多人的安全,但作为一种市场主体,生产经营单位的一切活动均为私域活动,如同私域危机一样,有些安全生产事故并不需要政府救援;需要政府施以援手的危机是因为企业自身无法处置,而政府有保护公民及法人权利的义务,但并不能因此否定政府有追偿权利。

一些地方法规也就个人承担救援费用做出探索,如《四川省登山管理办法》第二十九条就规定,如果登山者未经批准擅自开展海拔 3500 米以上山峰登山活动;违反有关法律法规及安全警示规定从事登山活动;对采取的暂时限制、安全防范和应急处置措施等不予配合,应当依法承担相应责任;接受相关组织和机构的救助后,应当支付应由个人承担的费用。但以海拔 3500 米为追责标准并不能阻止其他的危机事件发生。

完全否认政府的义务而强调当事人的绝对责任,要求当事人承担一切费用甚至支付一定报酬,虽然可以激励救助者的积极性,但也会造成不容忽视的道德风险和实践风险,很可能产生对生命的价值判断,救助者甚至可能根据被救对象的身份地位及偿付能力而决定是否开展救援。事实上,即使在户外探险运动高度发达的美国,关于政府对违规的户外险情救援是否应该收费也充满了争议,绝大多数州政府和公众对此仍是持否定态度,一些如虚报险情、恶意浪费公共资源的行为的特例除外。即便允许政府对救援服务收费的八个州,也附加了诸多限制,将收费对象限制在因违反规定而使自己深陷生命危险的求救者,且这并不是收费的充分条件。如加利福尼亚州和爱达荷州的法律规定,政府主要是针对那些刻意违规或疏忽大意的求救者,如擅闯禁区等。又如新罕布什尔州曾有一名童子军远足时扭伤了脚,但由于其远足离开规定的线路,因而州政府援引1999年法律,对其家人罚款2.5万美元。一般而言,这些处罚都是以"滥用国家资源"的名义诉诸法律,具有惩罚性质,与救援成本并不直接挂钩,因而赔偿金额非常高昂。

就我国而言,目前政府救援收费面临的问题包括以下几个方面:一是法律空白。这种空白不是法律条文的空白,而是收费行为找不到能够得到一致认可的法理解释。虽然部分省份出台了关于成本分担的规定,但目前还没有执行的案例。二是理念障碍。几千年来,我国形成了强烈的集体主义思想传统,个人服从集体和集体保护个人都被视为理所当然,救援收费将会极大地冲击个体对国家的认同和归属。三是技术难度。救援行动如何定价,也是难以评估的。四是逻辑困惑。如果政府能够对救援行为收费,那么是否可以推而广之,公安破案、消防灭火等行为都应该成为有偿行为?如果公共机构提供的服务成为一种可收费行为,那么如何防止这些行为成为一种垄断的营利行为,又如何防止这种服务成为强势群体或特权者独享的政府服务项目,等等。五是交易难题。如果政府救援收费,那么政府与被救者之间就形成了一种交易关系,但这种关系是不平等的,在生命受到威胁的情况下,被救者几乎没有讨价还价的权利。更重要的是,由于生命是无价的,在垄断经营的情况下,政府及其代理机构完全可以漫天要价,这种情况下如何保证交易公正呢?

从已发生的案例来看,由被救者全部承担救援费用,在实践中还面临一些具体的问题。一是如何能保证当事人能够承担起所有费用。如美国海岸警卫队110英尺长的巡逻艇每小时花费1147美元,C-130涡轮螺旋桨飞机每小时花费 7600 美元,普通人根本无法承受救援成本。即便普通的直升机收费普通人也无法承受,如武汉空中 120 直升机造价 1.35 亿元,每小时 4 万—7 万元服务费。二是如何避免有人因救援费用高企而拒绝救援。如美国曾有一女子滑雪时受伤,因救援费用高昂而拒绝被救助。三是如果当事人并未提出救援请求应如何处理。如果当事人并未提出请求,而是其亲属提出,这种请求关系仍然存在。但如果是其他了解情况的人提醒政府可能存在这种情况,这些人算不算委托人,如果当事人不接受救援,政府是否可以拒绝救援;如果当事人认为事先无救助合同,求偿权不存在合法性,又如何应对? 四是如果救援失败即有人伤亡,政府是否应该继续收费,当事人家属是否可以以政府未能有效履行合同而拒绝支付费用,甚至要求政府赔偿?

表 5-2　私域危机救援成本承担主要主张

	理论依据	基本主张	面临难题
政府全部买单	生命权至高无上	政府承担全部救援成本	导致公私不分和无限责任政府;给基层政府带来巨大压力
政府部分承担	公共资源投入也应该强调效率价值;受益者付费	政府承担直接支出;其他社会组织和个人费用则由被救者承担	难以准确确定直接支出和间接支出;参与救助的社会与个人与被救者之间的关系难以确定
		被救者按比例付费,承担总成本的一部分,但有上限	仅适用少数危机,不具有普遍意义
受助人全部买单	公私分立	私人在享有私域自由的同时也应该为一切行为负责	存在道德风险和实践风险:当事人无力承受费用或因费用高昂而拒绝被救助,导致悲剧

第四节　沟通与隐私

沟通是为了实现不同主体思想与情感的一致。私域危机救援也需要通过加强与公众的沟通,使人们理解政府和有关部门为处置事件所采取的思路和举措,了解真相,消除疑惑,凝聚力量。与公共危机相比,私域危机救援过程中政府与公众沟通的目标、重点以及敏感性有着自身的特点。

一、私域危机与公共沟通

公共沟通是私域危机救援目标得以实现并防止衍生危机的重要手段。从政府层面看,可以增强政府决策和行动的透明性,提升政治文明程度;从社会层面看,有助于引导公众增强风险意识和自我保护意识;从个体层面看,可以增强个体对危机危害性的直观感受,提升个体的警惕性。

(一)公共沟通的基本功能

公共沟通的核心目标是实现政府与社会各界的有效互动,特别是要让社会公众及时掌握事件真相,关键环节包括:信息准备,即信息收集、整理、分析和核实;信息选择,即选择沟通的重点和沟通的时机;沟通方式选择,即要根据不同危机和不同的沟通对象的危机承受能力选择不同的沟通方式;效果确认,即根据救援效果以及舆情反馈评估信息沟通效果并对其进行调整。与保障措施相比,具有自身独特功能。

1. 信息交流功能

公共沟通最核心的功能是信息交流,一方面是为了满足社会各方对危机信息的需求,另一方面是为了实现救援主体间的信息互动,更好地凝聚救援力量。信息交流的内容包括危机信息和救援信息两个方面,其中,危机信息指的是危机基本情况以及应对危机的各种需要;救援信息指的是地方政府的救援能力以及救援举措,包括人力、物力、财力方面的准备以及现实已经采取的相应救援行动。信息交流既可以是正式的,也可以是非正式的,私域危机救援过程中,应设法畅通正式沟通渠道,提高正式沟通的效率,坚决避免产生非正式沟通,避免和终止谣言、小道消息的产生和传播,将各种非正式消息的消极作用降到最低,控制危机事态、稳定社会秩序、避免社会恐慌。

2. 情绪表达功能

情绪是一种非理性的心理状态,私域危机也会激发社会公众的兴奋情绪。不一样的是,面对私域危机及相应的救援行动,不同社会主体情感背后的价值判断是不同的,有些是正面的,有些是负面的。虽然私域危机激发的各种情感都较为微弱,但如果任其发展会触发众多的非理性行为,不仅可能会影响当前的救援行动和救援效果,而且会为未来的社会管理埋下祸根。公共沟通为各种情绪表达提供了良好的平台和渠道,一方面能够为公众情绪宣泄提供良好的出口,另一方面通过有目的的引导,将部分情绪表达转化为观点阐述,引导社会公众的非理性表达转化为理性思考,推动破坏性力量转化为建设性力量,在赢得危机救援胜利的同时引导社会健康稳定发展。

3. 行动支持功能

行动支持是指对某种实践目标具有直接、现实帮助的行为。沟通的行动支持功能主要是通过沟通中的媒体提供的信息资源支持来实现的。作为一种独特的资源和社会力量,媒体在私域危机救援中扮演着重要的角色,通过发挥其看守功能,为公众选择提供有效依据;通过发挥其决策功能,为决策者提供有效信息;通过发挥其教育功能,进一步为大众传递危机预防与救助信息,在危机预警、信息支持、社会协调、善后反思等方面承担着不可替代的作用。

4. 形象塑造功能

有效的危机沟通能够塑造与提升政府形象。一方面,危机处置展示的政府的整体素质,让人们感受到政府的执政理念、工作作风、人员素质、对居民的情感态度以及维护居民利益的能力。另一方面,在公共沟通中,政府始终处于主导地位,能够按照上级和社会的期望选择最有利于自己的方式和内容与社会大众交流,展示自己工作成功的一面,同时弱化甚至忽略不利于自己的负面信息。当然,一味地强调危机沟通的政府形象塑造功能,可能会导致政府沟通中心的偏离,甚至导致奢侈行政或弄虚作假的情况发生,最终会导致社会对政府的不信任。

(二)私域危机公共沟通的主要特征

1. 主体态度的一致性

由于不同社会主体的利益不同,导致了其对于公共危机相关信息的关注点不同,对于如何处理危机的态度和主张也不相同甚至是激烈冲突的。但在面对私域危机时情况则不同:首先,参与沟通的主体较少,一般而言仅仅包括政府、媒体及当事人家属,有时候会包括当事人所在地政府以及工作单位等,但一般情况下地方政府与媒体是其中最关键的两个主体。其次,与公共危机应对相比,私域危机救援的目标非常单纯,沟通各方面几乎不存在根本的利益冲突。最后,沟通各方的信息来源及信息内容几乎是相同的,彼此之间无需进行信息矫正和检验。

2. 沟通目标的纯粹性

一般而言,公共沟通的目标很多:满足社会公众知情权,开展公共安全教育,加强舆论监督,挖掘危机背后的根源,改进危机管理,等等。但私域危机救援的目标并没有这么复杂,主要是为了向社会通报危机及救援工作相关情况,原因在于私域危机的起因、发展和结果较为简单,救援的过程也较为简单,几乎一切都是透明的。更重要的是,政府与媒体都认为自身是公共利益的代言人和监督者,都视被救援者为公共利益的对立面,双方沟通的唯一目标就是为了防止私人利益侵犯公共利益。

3. 信息流动的单向性

完整的沟通是由信息的传播和反馈共同组成,没有反馈意味着沟通失败。公共危机沟通重视信息的反馈,力图从反馈中丰富危机信息,反映监督的成效,提出危机管理改进建议。但私域危机的沟通过程中的反馈过程非常不明显,遵循的是政府—媒体—公众这一单向的传递过程,公众或媒体的反馈非常微弱,更像单纯的信息传递过程。原因在于,面对私域危机时,政府一般都能确认自己行为的正确性且符合社会对政府的期望,因而将沟通定位为宣传,沟通的内容或者说媒体报道的内容已经被设定为事实陈述和政府形象宣传,前者满足知情权,后者实现政府自我形象塑造,没有议题设定,甚至没有为信息反馈提供渠道和平台,公共沟通被简化为一种单向的情况通报。

（三）私域危机公共沟通中的问题

在新的传播环境下,特别是随着网络媒体的发展,危机传播能力已经极大增强,传播范围大大扩大,自媒体议题设置能力大幅度增强,地方政府对沟通内容的掌控能力大大削弱,危机沟通能力欠缺等问题逐步暴露出来,传统的政府发布信息—媒体传播信息—公众被动接受信息三个阶段危机沟通方式已经不再适应危机救援的需要,主要表现为以下几点。

1. 信息沟通渠道单一

有效的沟通必须依靠多元化的信息沟通渠道。但在私域危机沟通中,由于区域社会发展水平不同,很多地区只存在自上而下的单向沟通体制。其原因在于,在私域危机救援过程中,地方政府是危机信息的垄断者,是危机信息的唯一来源,社会无法对其发布的信息的真实性、及时性以及充分性进行研判,造成了纵向上的信息不对称和横向上的信息交互性缺失,公众和新闻媒体无法准确获知危机信息,难以充分实现沟通的各项功能。

2. 公众参与十分有限

充分的信息沟通是公众参与的前提。虽然私域危机对其他社会公众的直接影响有限,但潜在的影响是巨大的。对于其他公众而言,通过充分的信息沟通,一方面能够较好地了解危机的前因后果,强化自己的风险意识并丰富自己防范风险的知识;另一方面能够了解政府对待公众私人利益的态度,判断政府维护公民利益的决心和能力。但在私域危机救援中,地方政府无能力扩大沟通的范围,公众参与的渠道和机会有限,不仅无法参与危机的处置,而且无法以此为契机更好地维护自身的利益。

3. 沟通效率较为低下

首先,由于政府是信息的垄断者,其他社会主体在危机沟通中处于相对被动的地位。其次,一般情况下,地方政府都缺乏独立的信息管理部门,在危机沟通方面存在诸多不足,沟通不足甚至会让政府饱受诟病和质疑。最后,公开信息不够充分。信息沟通机制不够健全,危机和救援信息传递的连续性和及时性难以保证。实际上,地方政府很多时候是被动地公开相关信息,要么是被上级政府责令公开的,要么是被媒体推动公开的,不具备主动积极公开信息的意识和条件。

4. 舆论控制能力较弱

危机沟通有一定的风险。虽然在私域危机过程中媒体往往会成为政府的同盟军,共同维护公共利益,批评公共利益的破坏者,但并不能排除不利舆论的产生和影响。首先,即便当地媒体坚定地与地方政府站在一边,也无法排除其他地区或层次更高的媒体对地方政府救援工作的批评指责;其次,社会舆论并不总是认同地方政府的宣传内容,即便是政府内部对私域危机救援的态度也不一定完全一致;最后,自媒体为关注社会问题的公众提供了设置公共议题的平台,在不同社会公众的不断挖掘和解读下,某个私域危机可能会成为热点问题。从实践来看,地方政府应对和控制社会舆论的能力较弱,不仅无法左右强势媒体的话语倾向,也无法左右社会大众的舆论走向。

二、公共沟通与隐私保护

隐私权包含着个体自由的本旨,是私域得以存留的核心价值和实践边界之一。但私域危机情境下,由于政府的一切行动都会被严肃审视,与政府行动相关的一切人和事也成为公共沟通的重点内容,当事人作为个体被置于社会的聚光灯下,公共权力乃至其他私权堂而皇之进入私人领域,私域的神圣边界难以保全,个人隐私面临着极大威胁。在私域危机救援中,存在着以隐私权为代表的个体私益与以政府为代表的公共权力之间的博弈和平衡,如何处理公共沟通与隐私保护的关系是必须面对的重要现实问题。

(一)私域危机隐私权特征

隐私权是一种基本的人格权,是一些具体权利的综合,但更多时候指的个人利益的界限,涉及隐私隐瞒权、隐私利用权、隐私维护权、隐私支配权等方面,具体包括个人财产状况、私生活秘密、个人身份关系、个人身体秘密、个人心理秘密以及个人的纯属私人内容的数据等涉及个人安全和利益的信息和数据。隐私权具有宪法上的强制性,不仅可以用来防御其他个人或组织对个人隐私的侵犯,更重要的是防范公权力对公民权利的侵犯。政府及个人不能公开或者暗地里调查搜集公民的个人信息,干涉其他公民的私人生活,其中,政府一方面要创造条件确保公民有条件实现和享受此项权利,另一方面要禁止其他公民侵犯其他人的隐私权。

正如前文所述,隐私权虽是一种绝对权,但它不同于生命权,在范围上具有相对性,在受保护方面也不具有优先性。在私域危机背景下,鉴于公民的生命权高于隐私权,不能盲目地将公民的隐私权放在首要位置,相反应坚守生命权第一的信念。政府为了保障公民的生命权有时候必须对公民的隐私权进行适当的限制和克减,否则公民的隐私权及各种人权也将无从谈起。值得指出的是,限制和克减隐私权仅仅是手段,是为了更好地实现公民的各项权利。私域危机情境下,一方面当事人的民事能力受到当然限制,另一方面公共沟通又需要对当事人的隐私权有所克减,因而当事人的隐私权与正常情况下的公民隐私权相比具有以下不同的特点:

一是当事人隐私权的客体范围有所收窄,特别是有关健康状况、家庭背景等私人信息政府必须掌握。二是当事人隐私权的行使受到相应限制,因为政府私域救援使用的是公共资源,社会公众有权了解公共资源的使用方向及效果,进而了解当事人行为的个人隐私情况。三是隐私权的限制和克减是阶段性的,但某项具体的隐私可能会长期受到社会的追问,如在私域危机救援完成后,公众可能会追问当事人的收入情况以决定是否收取费用。四是部分隐私被侵犯时无法寻求法律保护。五是私域危机救援工作中限制和克减隐私权的目标是为了挽救当事人生命,其他情况下限制和克减隐私权则是为了维护公共利益。

(二)公共沟通与侵权

隐私权被侵害主要是指当事人私生活秘密被他人所知悉。侵犯当事人隐私权的最主要的主体是新闻媒体。新闻媒体侵害当事人隐私权的形式主要有以下两种:一种情况是千方百计获得私域危机当事人的相关隐私,如个人成长经历、家庭背景等,甚至侵入、窥视其私人领域,干扰其私生活安宁。另一种情况是在新闻采访报道中擅自公布当事人隐私,未经当事人同意,公开有关当事人的姓名、地址或其他使人足以辨认的特征、灰色经历以及生理缺陷、疾病史等个人隐私。

当事人隐私极易受到损害的原因多种多样:一是未能正确区分公共利益与公民权利。新闻媒体侵犯当事人隐私并不都是出于自私的考虑,相反,很多情况下新闻媒体深挖当事人信息本意都是维护公共利益。从政府的角度来看,公开当事人隐私被视为是落实公开行政的具体行动。二是危机传播中媒体的伦理责任和伦理原则使然。追求真实是被媒体和新闻从业者普遍认同的伦理准则,面对私域危机,媒体同样以此原则为导引深挖事件背后的信息,并将其解释为对公众负责。三是经济利益和不良趣味使然。媒体的市场主体属性使其不得不关注现实的经济利益,从而导致消费主义和不良趣味大行其道,在新闻报道中奉行观众至上,一切以观众的欲望为目的。四是当事人隐私保护意识较弱。一方面,很多当事人不会拒绝政府和媒体窥探隐私的行为;另一方面,舆论环境使得当事人不敢维护自己的正当权益。

对当事人隐私权侵犯会导致当事人私人生活遭到侵扰、名誉受损、精神受到损害甚至财产损失,因而有时候会引起争议。2008 年 1 月 24 日一名美国游客在西双版纳野象谷遭到野象攻击而受伤。虽然在事件原因尚未查明之前,云南省外办曾正式要求媒体必须保护伤者的隐私。但仍有媒体不顾要求,在事件处置阶段就对其进行公开报道,不仅披露了伤者的详细资料、暴露个人隐私并无端推测伤者可能没有购票、私自进入野象谷等未经证实的信息。这一报道引起了伤者亲属的不满,并通过美国领事馆向云南省外办反映了情况,云南省外办全面通报了案件实际情况及处理情况后此事才得以解决。除当事人自己隐私有可能遭到侵犯外,还会出现当事人近亲隐私权被侵犯的现象。当事人的近亲仅仅由于与当事人之间的家庭关系而成为报道的对象,其近亲成为"非自愿型公众人物"被过度报道、过度消费,造成了对当事人隐私权的二次侵犯。

(三)"人肉搜索"

"人肉搜索"是私域危机沟通的特殊问题,本质上仍是对当事人的隐私权侵犯。所谓"人肉搜索"指的是部分网民就共同关注的问题动员成百上千的网友参与,以不同方式,从不同途径、不同角度通过网络充分挖掘,探索某一特定的人或事件详细信息的一种活动。"人肉搜索"是一种议程设置过程,公众或媒体能够以此互相影响,或者影响政府行为,让"私域危机"转变成典型的"媒介事件"和"公共议题"并提升其显著性,进而垄断社会的注意力,影响社会对事件重要性的判断。"人肉搜索"具有巨大的威力,体现了社会集体对"政府私域危机救援"的态度和情感,体现了民众公共伦理意识的觉醒和对自由平等意识的追崇,发现了新的道德他律方式,[①]具有一定的社会意义。如正是迫于强大的网络民意,2011 年"四姑娘山'驴友'失踪事件"中,政府和"驴友"都各自检讨了自己的工作,对于我国户外活动的健康发展起到了重要的推动作用。

"人肉搜索"的初衷是为了实现对政府和特定个人行为的监督,同时表达自我的观点。然而这种集体意志的表达过程不可避免地会侵犯特定个人隐私,产生严重的负面效应,会给被搜索对象的工作和生活带来极大不便,会对私域危机当事人的人格权、隐私权造成伤害。2010 年"野黄山"事件后,一名获救者与同学在网上的对话被网友截屏放到猫扑网上,即所谓"夺权帖",同时其他知情人又透露了复旦登山协会内部的一些问题,引起了网络媒体的极大的反响。此后不久又有网友在天涯论坛贴出了复旦大学 bbs 的几封站内信,暴露了复旦内部关于危机公关、平复社会情绪等的讨论,不仅对当事人的学习生活造成了极大的困扰,而且引起了网友对学校教育的指责。

"人肉搜索"不仅是个道德问题,也是个法律问题,被认为是隐私权与

---

① 吕敏璐等:《"人肉搜索"的伦理困境与超越》,《南京林业大学学报(人文社会科学版)》2010 年第 2 期,第 34—38 页。

公众知情权、言论自由权的冲突的突出表现,反映了"私域危机救援"过程中私人利益与公共权力的紧张关系。但"不能因为'人肉搜索'与网络暴力有关系,就简单地将'人肉搜索'纳入网络暴力盲目叫停"①。首先,"人肉搜索"是公民意志的平民化表达,是公民行使言论自由权的重要表现之一;其次,"人肉搜索"的根源在于社会对政府的不信任,公民自发寻求真相为监督政府提供了强有力的支持;再次,"人肉搜索"很少是针对个人的娱乐消遣,绝大多数情况下其目标是公众维护公序良俗,具有很强的道德倾向。就"私域危机救援"而言,为了监督个别公民浪费公共资源的行为,有助于防止发生更多的同类事件,避免更多的悲剧发生。最后,"私域危机救援"的"公""私"属性并不清晰,对于其他社会公众来说,这是一种涉及公共道德和社会伦理的行为,是彻头彻尾的公共事件,不仅侵犯了很多人的道德情感,而且实实在在侵犯了其他人的利益。此外,从法律的角度来看,"人肉事件"与日常生活中打听某个人的信息的行为并无不同,如果后者不违法,前者也不应该是违法行为。

三、公共沟通与媒体审判

媒体审判又被称作媒介审判,指的是媒体对社会事件进行预设性报道的行为。媒体审判实际上是媒体对社会舆论的倾向性引导,通过公开或隐蔽地掺杂媒体意见,引导社会舆论方向,对特定个体或政府形成舆论压力。在私域危机沟通过程中,媒体也会或明或暗地掺杂媒体甚至记者个人的态度和立场,不仅侵犯了当事人的隐私权,而且影响了政府对处理危机的判断。

(一)媒体审判及其影响

在面对公共危机时,媒体往往将自己塑造成私人利益的代表,而政府则

---

① 刘晗:《隐私权、言论自由与中国网民文化:人肉搜索的规制困境》,《中外法学》2011年第4期,第870—879页。

是其审判的对象,且对这种审判往往非常严格。但在面对私域危机时,媒体往往将自己定位为公共利益的代表,监督、批判的矛头则指向危机当事人,对当事人进行道德上甚至法律上的评判。由于私域危机涉及人员非常明确,媒体也相应有所收敛,媒体审判的方式要隐蔽得多,批评的调门也要低得多。

在私域危机情境中,媒体审判具有一些明显的行为特点。首先,媒体的专业主义严重缺失。新闻媒体从业原则被损害,语言非常具有导向性和煽动性,力图激起公众对当事人憎恨或者同情一类情绪,甚至将自身置于利益攸关者的地位,而不是坚守信息传播者的角色。其次,媒体容易产生"自我赋权"幻觉。在私域危机中,媒体与政府、公众结成同盟军,而其对手是几乎毫无还手之力的当事人,在权力强弱对比悬殊的背景下,几乎所有的媒体都会产生权力幻觉,把自己从真相挖掘者、监督者的定位转变为事件判决者,赋予自己专家学者、司法机关等能力和权力,甚至不惜超越司法程序。再次,"媒介审判"通过"权力审判"来实现。在私域危机中,媒体审判的核心是公民权的范围,争议的中心是私权的界限,通过对私权范围的界定来审判公民的行为是否违法或者违背公共道德。最后,媒体审判具有明显的"议程设置"倾向。媒体通过对私域危机相关内容的取舍或重新编排,左右受众对私域危机的兴趣和意见,如有意或无意忽略当事人的声音,救援者、政府和媒体的态度就是一切,决定了社会舆论的走向。

媒体审判的影响既有当前的也有长远的,既有对政府的也有对当事人的,且都较为负面。其中,对政府行为的影响主要表现为影响政府的独立判断、影响政府的权威、影响司法裁决甚至导致同罪异罚。但与政府受到的压力相比,私域危机导致的媒体审判中,当事人受到的压力要比政府大得多,也直接得多。一方面,缺乏人文关怀的媒体审判会直接危害当事人的身心健康和隐私权。媒体审判将当事人预设成违法者或不道德的人,忽略对人的主体地位和个性差异的尊重,通过将细节放大,甚至通过移花接木、断章取义、捏造事实等方式获得轰动的社会效应。另一方面,媒体审判会引发强烈的次生危害。如 2007 年的"自杀博客事件",众多网友动用"人肉搜索"

查出了跳楼女子出轨丈夫及第三者的详细个人资料,找到了其丈夫的父母和单位,甚至有人通过恐吓、泼油漆等方式对当事人及其家属、单位表达心中不满,导致丈夫遭单位辞退,其他单位也不敢接收,被逼无奈起诉相关媒体。

(二)媒体审判的主要方式和实现途径

媒体审判力图"以煽情式的叙述激起公众对当事人的憎恨或者同情一类的情绪"①,拥有一套系统的实现方式和实现途径,其共同特征是占据道德高地,激发受众兴趣,引导受众参与,避免公开态度,以隐秘的方式压制反对意见并表达自己的主张。

道德审判是私域危机中媒体审判最常见的手段。媒体以匡扶道德危机结构,运用自身的话语权力和传播优势,把当事人的言行夸大、歪曲甚至改造,如集中列出当事人非正常情绪下的言行,或者对当事人说过的话进行裁剪,只保留对其不利的部分,在复旦"黄山门"事件中,有媒体就非常详细地记录了学生们离开黄山的过程,用了"冷漠""都没参加""匆匆回去""很平静""车门重重地关上""有些东西比天气还冷"等词语,暗示了学生的无情无义,触发了广泛的道德批评。但实际上,学生的话语反映了这些学生总体上还是很稚嫩,还不足以冷静面对一些突发事件,不应简单对此进行粗暴的批评。

法律预判是媒体审判的另外一种重要形式。媒体超越自己的职能定位,也越过司法程序,或明或暗地对当事人做出定性,并通过单向度地宣传对当事人的不利信息或猜测,从而实现压制相反意见甚至引导司法走向的目标。此种情况在户外活动引发的私域危机中经常可见,媒体在报道此类危机事件时,往往会根据政府或者管理方的说法,将当事人的行为认定为违规或者违法。虽然有些报道事后被证实,但单方面宣布当事人的行为是违法或违规却是一种违法行为。

---

① 魏永征:《新闻传播法教程》,中国人民大学出版社 2006 年版,第 134 页。

为了隐蔽自己的预设倾向,媒体经常通过以下方式引导公众对私域危机当事人进行审判:一是"拟态环境"。即预设情境,有意识地选择与自我猜测一致的社会反应进行报道,在媒体——民众之间造成虚假信息——激烈情绪的恶性循环。二是"营造对立"。即通过使用一些灰暗色调的词汇给当事人贴上强势的标签,如"富二代""官二代"等敏感身份,营造当事人与普通大众的强弱对比,影响受众情绪判断。在"野黄山"事件中,媒体成功制造出了悲情的救援者和冷血的被救者之间的对立和冲突。三是"激情演绎"。即通过杜撰情节或想象当事人心理活动的方式详细演绎危机发生的整个过程,并突出其中对当事人不利的情节,将一种意外事件变成蓄意而为的阴谋,塑造当事人的专横自大、藐视社会的形象,激发社会对当事人行为的厌恶,激化社会对立。此外,媒体的审判策略往往是通过专家之口或普通公民之口来实现的,自己并不站在前台进行宣传。

引致媒体审判的,既有正义的原因,也有非正义的原因;既有功利的原因,也有非功利的原因,但非功利的原因也不一定就是正义的。具体原因包括:司法制度的不完善,社会大众普遍法律意识淡薄且情绪化严重;危机信息的模糊性,社会大众对政府提供信息的可靠性存在疑虑;经济利益驱动媒体行动偏离宗旨,使得私域危机的报道也容易走上娱乐化;媒体的自我膨胀,自觉地充当起社会大众代言人和审判者的角色;网络空间言论自由和"把关人"的缺失。

(三)"污名化"

"污名化"是某个群体将某些被认为是低劣人性的东西强加给另外某个人或某个群体的过程,是"媒体审判"的重要表现和实现方式。在私域危机沟通过程中,也存在对当事人"污名化"的现象。媒体报道与当事人有关的信息时,总是带有某种有意或无意的负面的定位,引导受众将当事人与某种特定的低劣品质或刻板印象联系起来,形成一种"污名化"效应,从而为社会对私域危机当事人采取一致性行动提供合法性支撑。"污名化"是具有破坏性、负面标签快速污染性以及负面影响不易消除性等特征的一种负面行为,当事人或机构被贴上各种"异类""危险"或"不道德"的标签,不仅会造成人员伤亡和财产损失这类可见的损失,而且会导致当事人的形象破坏,其带来的文化、经济和政治方面的负面影响超乎想象。

私域危机当事人的"污名化"反映了部分社会群体对政府滥用公共资源以维护私人利益的担忧。在私域危机高发的社会背景下,部分社会群体总是感觉自己的合法利益会受到或明或暗的威胁,"污名化"某些群体或行为,能够更方便、更肯定地证明自己的担忧。导致"污名化"的直接原因在于社会大众的知情权得不到满足。由于政府不可能完全满足所有人了解私域危机事实真相的要求,特别是考虑当事人的隐私保护等问题,一些社会公众真正感兴趣的信息反而不能予以充分公开,社会公众就会自发地对自己所关注的对象进行定义和解释,并遵照自己的负面情绪赋予对象负面形象,让被"污名化"的对象作为自己情绪缓解的出口。

总体来看,针对不同类型的私域危机,媒体所进行的"污名化"策略是不同的,当事人往往被贴上不同类型的标签。在突发型私域危机中,很多当事人往往被视为鲁莽的人、自私的人以及违法者。如在关于2011年四姑娘山"驴友"遇险的报道中,往往会出现这样的话:"安全的背后,驴友们是否该量力而行""'驴友'可以为了美景不顾个人安危,但是景区不可能为了方便而将驴友的安全置之不理""登山者事前未向主管部门登记,属于违规登山,当地正组织力量搜寻"等。在缓释型私域危机中,当事人的私人生活方式往往会遭到道德指控,如艾滋病患者往往被不假思索地贴上"越轨""不道德""肮脏"等标签,这些标签最终将艾滋病患者塑造成不可接触的"异类的群体",被整个社会公众所排斥。在涉外型私域危机中,很多国家的民众态度并不跟我国政府和同胞一样,相反,会给自己的同胞贴上标签,使其"污名化",如2015年日本人后藤建二和汤川遥菜在叙利亚被恐怖组织绑架后,日本政府及国民不仅表现冷漠,相反,将其贴上了"麻烦制造者"标签,将其被绑架归罪于自身,认为他们行事鲁莽,去叙利亚之前就应该知道可能的后果。甚至有网友竟然把恐怖分子威胁杀死人质的视频截图进行PS,并上传网络,娱乐大众。

　　"污名化"是两个社会群体之间的"单向"命名过程，私域危机情境下，作为施加污名者的媒体以及其所代表的部分社会大众会赋予私域危机当事人负面标签并使其遭受丧失机会、遭受歧视等种种社会压力，这一过程主要包括三个步骤。首先，个体标签化。即为某个具体私域危机的当事人贴上某种标签，如"不守纪律者""自私者""不道德的人"等标签，其最直接的后果是让当事人怀疑自己是否真的具有这种特性，并产生严重的负面情绪。其次，群体区隔化，即将某个具体的当事人归入某个被广泛认同的具体群体，并将这个标签化的群体与媒体所代表的群体区分出来，形成一种"我们"—"他们"的话语结构，提升施加"污名者"行为的合法性，削弱"受污名者"的群体空间和权力空间。如在富士康跳楼事件中，有媒体将自杀者贴上"自轻自贱者"标签，并进而将富士康的员工列为与正常人不一样的"异族"。最后，社会排斥化。"我们"和"他们"的划分，使社会自然形成了两个截然对立的群体：维护公平正义的道德守护人和自私莽撞的规则破坏者，前者代表着社会的主流意志和社会发展方向，后者则是社会排斥的对象。

　　"驴友"一词内涵的变化较好地证明了私域危机沟通中"污名化"的过程和危害性。户外运动刚萌芽时，"驴友"是前卫、时髦、自由等代名词，被赋予了丰富的社会美好想象，代表着整个社会的发展需求和精神状态，担负着引领社会文化前进的重要任务，其行为存在的问题也被视为整个社会向前发展中面临的不可避免的共同的问题。但"黄山门"事件和四姑娘山等危机爆发后，经过媒体的贴标签式的报道和审判，社会逐渐改变了对"驴友"的认知，"驴友"逐渐被污名化，在涉及"驴友"的报道或其他文章中，"驴友"往往和"道德""法律""规范"等词联系在一起，"驴友"从正常社会群体的一部分逐渐演变成需要被特别法律或道德约束的"异类"，成为一群不容于社会主流的群体。这个过程并不漫长，从对个别"驴友"贴标签，到将所有"驴友"形象类型化、刻板化，再到形成一种社会排斥思潮，仅仅用了几年时间。这种污名很容易转化成结构性的文化固着，即便政府或其他社会组织动用再多的资源，也很难给被污名的对象"正名"。目前，各种要求为"驴友"立法的呼声即可证明。

如果说信息缺失是"污名化"的点火器,那么媒体则是"污名化"的加速器和放大器。在私域危机情境下,媒体是当事人"污名化"关键外部推手和传播渠道,特别是新媒体环境下,"污名化"逐渐显露并表现出自身的特殊性:一是"污名化"标签更容易获得民众共鸣。新媒体为私域危机议题提供了传播空间,对私域危机当事人所贴的各种标签都极容易被社会大众所接受,导致了对当事人不确定性质的确定性放大。二是"污名化"呈现出群体化传播。由于网络社群更容易呈现出"反智化"状态,因而关于私域危机当事人的信息更容易加入冲突元素和经过标签化了的属性,集体不满更容易以"污名化"的形式呈现出来,并呈几何放大趋势。三是"污名化"更容易导致社会情绪的极化。新媒体由于把关机制的缺失,使得民众情绪形成一个又一个的舆论场,由于这些舆论场的共振和情绪的传染,会加速不同情绪和能量的集聚,最终形成相互对立的两极。

四、公共沟通与自媒体管理

自媒体是参与式互联网文化最具代表性的平台,使每个个体拥有了前所未有的使用媒介的能力,极大地改变了私域危机情境下的信息沟通方式,改变了私域危机信息的传播生态、舆论格局和话语结构。

(一)自媒体对私域危机沟通的改变

自媒体作为新闻媒体的新兴力量,个人或组织通过自媒体向不特定的大多数或者特定的群体传送信息,从而实现了"所有人向所有人传播",极大地改变了私域危机的沟通方式和效果。

首先,实现了时段性沟通向即时性沟通转变。电视、广播与报纸等传统媒体的信息发布与传播都具有明显的时段性特征。自媒体环境下,私域危机信息的传播实现了即时发布、即时传播、即时反馈。

其次,实现了单向沟通向网络沟通转变。传统媒体是一种"点对面、一对多"的传播方式,而自媒体是一种一对一、一对多、多对多、多对一的放射状传播方式,让信息的传播从传统的媒体发布、受众接收,变成自媒体传播中的"大家发布、大家接收",形成了一种信息传播中"你来我往"的局面。

再次,推动官方发布信息向官民互动。多种多样的自媒体形式给大众提供了快速方便的信息传递渠道,社会大众不仅能传递和分享信息,还可进行互动式个性意见交流。

最后,实现了沟通内容的单一性向多样性转变。自媒体的信息交互以及共享功能,使每个用户全面发挥自身的特点,成为推动自媒体传播信息的根本源泉,从而实现"人人都是新闻传播者""人人都能说话",沟通实现了信息的个性化、内容的多样化、沟通方式多样性和主体的多元化。

(二)自媒体对私域危机沟通的积极意义

自媒体的传播特征决定了其在私域危机沟通中具有传统媒体无可比拟的影响,一个匿名用户的一条不经意的信息或许就能在瞬间改变人们对私域危机或政府行动的看法,产生重大而深远的社会影响。

一是有利于获得真相。传统媒体往往是以政府喉舌的角色出现的,特别是在面对私域危机时,政府与传统媒体往往结成同盟,有意无意地引导社会舆论向有利于政府的方向倾斜,不仅不会反映社会公众的声音,而且会有意忽略一些不同的声音或社会公众对私域危机或政府行为的疑问。而自媒体则汇集更详细、更清晰、更精确的信息,使得公众的声音真正意义上得到了表达,从而达到信息的真实化。

二是自媒体释放了普通民众的话语权。在自媒体的平台上,人人都有"进场"的权利,或多或少地表达自己的态度和价值观,实现了真正意义上的"无限制"的话语权。在私域危机沟通过程中,普通公民也可以通过自媒体对社会公共事务发表意见和看法,并通过广泛传播自己的观点使自己的意见获得政府的重视,从而为改善社会治理建言献策或加强监督。

三是自媒体增强了普通公民的公共意识。自媒体让私域危机变成了公共议题,并为渴望参与公共话题的广大公众提供了全新的机会和平台,极大地增强了普通公众的社会意识或公共意识,也扩大了普通民众的信息交流圈子,增强了普通民众之间的联系。普通民众不再接受原本的精英体系对私域危机的认知和处理方式,也不会满足于来自精英体系的信息灌输、价值判断和思想支配,相反,更多的人通过积极表达意见来表达自己的态度,反对被代表,最大限度地维护自己的基本权益。

四是监督政府采取更多利他行为。当政府与社会公众的利益发生冲突时,传统媒体更容易采取有利于政府的态度。但自媒体在民意的及时传达与监督舆论效果上都要比传统媒体表现突出,"人人都是记者"、人人都有一支话筒,人们能够自由发挥自己的意见,迫使政府更多地考虑社会公众的利益或私域危机当事人的利益,而不是仅仅从维护自身声誉或利益出发。

(三)自媒体对私域危机沟通的负面影响

自媒体的即时传播与快速扩散等传播特性,使其在私域危机沟通过程中成为沟通议程构建的重要主体,甚至迫使政府和传统主流媒体逐渐成为其议程设置的追随者。这种议程设置与传播能力导致了自媒体沟通在信息质量、行为自律、社会责任等方面存在一系列的问题,这些问题给私域危机沟通带来挑战,甚至造成了许多负面影响。

一是自媒体干扰了私域危机处置。危机沟通中,自媒体具有双重的角色与功能,既能通过监督政府使其采取更多的措施维护和实现公众的利益,也可能因为其不恰当的信息传播从而成为私域危机问题公共化的重要推手。自媒体信息生产者构成比较复杂,有关私域危机的舆论具有很强的自发性,且传播过程也是一个信息不断变异的过程,加上自媒体对私域危机信息的传播又不受传统管理机构的监管,各种意见和观点纷繁复杂,使自媒体对私域危机信息传播的真实性失去了制度屏障。如自媒体关于艾滋病的情绪化传播,很可能会引起社区舆论的变化,引发社区居民焦虑情绪。

二是自媒体激发了非理性沟通。自媒体的开放性、匿名性和随意性特征容易造成个人理性的缺失,使得信息传播具有高度的情绪化特征,很多时候都缺乏逻辑和理性,网民有意无意地发布随意、轻率乃至情绪化的言论,容易煽动社会情绪,从而易产生非理性思想和冲动偏激情绪,并引起群体盲目跟风,引发不理智的反应,推动网络舆情越演越烈,会在短时间内形成无法控制的网络舆情。

三是自媒体加重了网络侵权。由于自媒体行为规范的缺乏和网络媒体监管的滞后性特征,目前政府对自媒体的传播方式和内容的监管还面临诸多挑战。同时,自媒体时代,信息传播的"碎片化""去中心化"等特征和趋势,也导致自媒体更容易发生网络侵权行为:网络语言非规范性和网络语言暴力更加明显,无法恪守公与私的界限,触发草根民众的社会责任失范。

四是自媒体容易触发社会对立。自媒体是个开放的平台,将每个人都塑造成信息的传播者、接受者甚至是制造者,人人都可以是传播者也可以是接受者,信息传播速度快,影响范围广,加上"把关人"的缺乏,从而更容易引发不同群体文化价值之间的碰撞与对立。在私域危机情境下,特别是政府与私域之间的理论有冲突时,各种不同群体之间的价值观就会产生激烈的碰撞,特别是在网络推手或网络大 V 的引导下,更容易触发社会的撕裂和对立。如在私域危机情境中,关于政府是否应该向被救者收费,引起了广泛争议,这种争议将社会分成了针锋相对的两个阵营,容易形成集体狂欢。

第五节　信息与决策

信息获取和流动效率是影响危机救援效率的关键因素之一。传统危机信息保障体系建立在分工—效率的理论假设基础上,存在信息获取和流动障碍、沟通与共享障碍和信息准确性障碍等问题。信息技术的发展改变了危机信息的获取、传递和共享方式,极大地提升了危机救援的有效性,特别是从根本上提升了危机决策信息的可获得性、可识别性和可交流性。

一、信息与政府私域救援

一切危机管理活动都是通过信息来维系和实现的。政府私域救援是一个系统工程,是复杂系统支持下的管理活动。根据信息论的观点,可以把政府私域救援这一系统的运行过程看成"信息传递和信息转换的过程"①。其中,系统是对信息运动状态或存在方式的描述,包括信源、编码器、信道、译码器、信宿五种要素;信息流的畅通是保证系统人流、物流畅通的前提条件,并调节着人流和物流的数量、方向、速度、目标;信息传递过程有其基本模式,且会受信道的组织方式及噪音的影响。根据信息方法,私域危机决策机制可以简化为一个信息获取、传递和控制的系统,信息获取、传输、存储、加工、利用和反馈的方式和效率决定了其运行规律、运行效率以及转型发展趋势。

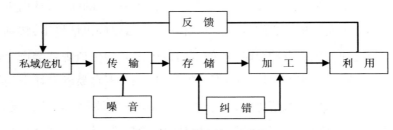

图5-3 危机信息流动过程

信息不仅仅是政府私域救援的重要资源、重要支撑,而且已经成为救援活动赖以顺利进行的凭借。在整个救援活动中存在着物质流动和信息流动两种流动方式,前者指的是人力、物资、设备等物质流,后者则是依托各类载体的信息流;前者是救援组织的主体流程,而后者则是前者的描述、表现、规范,已经成为规定危机救援行动方式方法的重要约束因素,引导和调节着人流、物流、财流的数量、质量、方向和速度。如果信息流遭到任何干扰、阻塞或中断,必然会严重干扰救援活动,甚至导致救援行动中断或失败。可以说,政府私域救援的过程已经成为各种信息读取、研判和运用的过程。之所以如此,是因为信息流通具有双向反馈功能,信息的高效有序流动实现了救援者与被救者之间、物质供应和现场需求之间、社会期待与政府响应之间的良性互动。

---

① 肖峰:《信息方法与方法论信息主义》,《中国人民大学学报》2009年第6期,第62—68页。

信息保障能力对于政府私域救援的意义是具体的、现实的。首先,为私域危机预警、预测、预控提供了依据。危机预警、预测、预控是对危机信息进行监测、识别、评价和反馈的过程,是编制各种预案、采取各种预防手段的关键依据。其次,为私域危机处置提供了依据。决策机构只有对私域危机信息进行深入而全面的分析与评估,才能准确研判形势、正确做出决策,科学地分配救援资源,有效控制局面。最后,为私域危机善后提供了依据。各种信息是危机善后方案制定和修订的支撑,危机管理体系的完善也需要相应的信息支撑。

二、私域危机决策的一般特征

危机决策机制是为实现危机救援而构造的结构关系及其运行规则。完善有效的危机决策机制,是确保在有限时间内及时、准确、有效地进行决策,顺利完成危机救援的关键。我国基层政府权力小、功能弱、责任大,并长期处于被"代替决策"状态,决定了私域危机决策有其自身不同的属性,并不能完全套用公共危机决策机制的一般认知。

(一)决策行为的经验性

由于长期面临和处理各种具体的、层出不穷的新问题,基层政府摸索出许多符合当地实际情况、切实可行的处理问题的方式,足以应对日常工作要求。在私域危机情境下,基层政府一般仍然依靠日常积累的工作经验,使得私域危机决策表现出强烈的经验性特征。首先,决策受主观意志影响太大。私域危机决策权往往集中在基层组织党政领导之手,个别领导的个人意志对危机决策影响特别明显。其次,决策具有很强的随意性。私域危机决策是一种"满意决策",所谓"满意"不仅仅是指结果令人满意,而且指必须让利益相关方满意。追求"满意"使得私域危机决策的价值标准充满了随意性,极容易受到外界因素的影响,如随意对危机定性、随机划分危机阶段甚至武断地宣布救援结束。再次,决策程序不规范。

一般而言,基层政府将自己定位为执行层面的组织,是一种服从和执行的角色,对于危机决策的程序并不关注,私域危机决策基本上不经过相应的程序。最后,决策方式方法较为原始。基层政府进行私域危机决策近似于本能反应,没有条件也没有愿望去学习应用科学决策方法和现代技术手段。

(二)决策沟通的低成本性

决策成本本质上是一种交易成本,指的是决策过程中所付出的经济价值。一般而言,决策成本高低与决策沟通的环节多少成正比。在信息量激增和信息加速流动的背景下,科层制组织的弊端越来越明显:细化分工会增加信息流动和转换成本,多层级的危机决策组织会造成垂直历时性的信息封锁、水平共时性信息的隔离和社会环境信息的封闭,[①]等等。虽然基层政府也是科层制结构,部门繁多,但由于很多部门实际上是合署办公,一个机构多块牌子,真正参与危机管理的部门和人员极其有限,且多数为集中办公,因而信息流动非常方便,沟通效率非常高。与其他层级的政府相比,组织内部沟通成本较低。

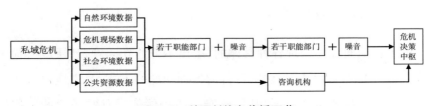

图 5-4　科层制信息传播环节

(三)决策结果的政治风险性

所有的危机决策都是一种压力情境下的风险行为。基层政府是私域危机救援的责任主体,意味着其不仅面临社会的监督,而且要接受上级政府的

---

① 钟开斌:《危机决策:一个基于信息流的分析框架》,《江苏社会科学》2008 年第 4 期,第126—131 页。

评估考核。值得指出的是,上级政府感受到了来自社会或其他方面的压力,很可能会将这种压力转嫁给基层政府,使得私域危机决策的政治风险性大大增加。私域危机决策的政治风险性可以具体分为两种情况:一种情况是,从结果来看,救援的结果未能达到目标,即决策无效。一般情况下,救援失败会产生一些负面的影响,但一般不会处分官员,只是影响上级对其印象。另一种情况是,从过程来看,私域危机决策过程中极有可能受到上级部门的干预,但这种自上而下的"压力型"决定,带有极强的主观随意性和功利性,使得私域危机决策者必须在"对上负责"与"尊重实际"之间进行选择,如果两者之间有冲突,将会使私域危机决策者面临较大的风险。当私域危机决策者处于两难境地时,往往会对上级政府指示采取顺从的态度,以减少自己的政治压力。如前面提到的"野黄山"事件中,当时夜黑雨大,从技术的角度来看,并不适合派人前往山里搜救——即便警察负有维护人民生命安全的职责也不应该冒无谓的风险,但由于学生的报警电话引起了上海市和安徽省领导的高度关注,当地政府受到了强大压力,不得不决定派警察进山搜救,结果导致一名年轻的警察牺牲,以十分惨重的代价化解了自己的政治风险。

(四)决策过程的封闭性

基层政府的动员能力有限,其决策以及具体行动一般都得依靠自身的力量进行,具有非常明显的封闭性。这种封闭性取决于两个方面,一方面,政府可动员资源有限;另一方面,基层政府也不愿意过多地曝光自己的行为。这种封闭性主要表现在决策信息获取方式方法上:以公共部门为主体,其他来自媒体和专门机构的信息受重视的程度要低得多;以常规方法为手段,主要是通过查阅资料和现场观察获得信息的方法;以内部信息为对象,只重视自己掌握的且仅与危机有直接关系的信息;以非公开来源为渠道,即公共部门自己的渠道。这种封闭性可能会造成危机信息滞后,且会造成重大信息的疏漏。

三、私域危机决策存在的问题

基层组织在私域危机救援中充当了主要角色,从救援行动的角度来看,是符合私域危机救援的现实情况的。但从危机决策本身来看,基层组织风险决策存在一些不足。这些不足部分是主观因素造成的,有些则是客观因素决定的。

(一)应急预案科学性不足

应急预案是为了人们面对突发事件特别是各种危机时有备而来、有章可循,提高危机处置的效率,避免延误时机、造成不可挽回的损失。但许多基层组织缺乏行之有效的应急预案,或者,虽然有应急预案,也建立了预警和应急机制,但无论是应急预案还是应急机制,均是上级政府文件的照搬照抄,很少结合本地实际进行适应性的调整和深化。特别是很多基层政府及其工作人员缺乏相关的工作经历和培训,因而制定出的方案既不适用于当地情况,也不适用于危机救援,与实际需要相差甚远。这样的应急预案往往缺乏针对性和可操作性,无法发挥其应有的效果,还会影响和误导基层组织的决策和其他处置措施。

(二)危机信息处理能力不足

虽然基层政府深处危机一线,对于危机的现实感受要优于其上级政府,但这并不意味着基层组织就拥有强于其上级政府的信息处理能力。从实际情况来看,基层政府由于人员、技术以及时间等条件限制,面临危机预警机制不健全、决策信息的非充分性、信息沟通难度较大、媒体沟通能力欠缺等问题,信息处理能力较弱。

(三)危机决策的科学性和规范性不足

决策的科学性和规范性指的是决策目标的合理性和行为的程序性。在私域危机救援过程中,决策程序是否科学、是否被遵守并不一定与救援的最后结果有直接关系,但遵守一定的决策程序能够有效提升决策质量。在前面提及的"野黄山事件"中,当救援队员找到学生时就面临立即下山和就地驻守等待天明再下山两种选择,如果能够遵守一定的决策规范,有可能可以避免随后的悲剧。

(四)危机现场处理能力不足

所谓现场处理能力指的是救援现场的人员、物资、设备的动员能力以及相应的专业技术水平,是一种建立在物质条件和专业能力基础上的现实因素,不仅会影响救援行动的进程,而且会影响决策者的决策内容和态度。从实践来看,如果基层政府危机现场处置能力较强,则决策效率更高,采取的举措更为有力,但也有可能使决策者轻视面临的困难,认为自己能够"快刀斩乱麻"处理好危机,从而使得决策不符合实际,增加救援成本甚至造成更大的损失;相反,决策者则会瞻前顾后、犹豫不定,但政府谨慎的行为也会减少救援行动的投入,使得危机救援更经济。

四、信息化与危机决策

随着新一代信息技术在更大范围、更深层次上加速"释放"渗透效应,通过推动社会要素的数据化、身份化、智能化和可视化,打破要素边界,深刻改变信息的获取、传递和共享方式,极大地提升了信息获取和流动效率,并通过新的链接方式实现危机管理过程中人、物和信息的重新组合,对传统的纪律化、程序化、封闭性、可预期的危机决策机制产生根本性影响。这种影响是全面的、深刻的,即便是最基层的政府也无法置身事外。

(一)信息获取:从离散信源传送向连续信源传送转变

危机是一个连续信源,即输出连续信息的信源,很难将其分成一个个独立的环节进行观察,要求信息获取系统具有连续、互联、整合的功能。但传统的危机信息获取和传输机制是基于这一假设:危机是一种多符号离散信源,即危机发出的信息是离散的,多个符号表示一条信息,代表着一个独立的、完整的事件。鉴于每一个符号代表着危机的不同方面,为了提高信息收集效率,将危机信息获取分散到各个相关的专业部门,而这些部门相当于一个个信息编码器,其获取和编码的效果将会对危机决策产生重大的影响。这种假设很容易导致信息研判失误。

如 2008 年"瓮安事件"中,当地政府部门无意中将学生的自杀行为视为一个多符号离散信源,看到的仅仅是一个孤立符号,并将这种符号视为危机本身。作为一个大概率事件的表征,其所代表的私域危机的确没有任何特殊之处。但事实上,该学生的自杀仅仅是一个小概率事件的开始,是一个连续信源。由于没能及时跟踪收集信息,全面研判事态的发展全局,导致了危机决策的重大失误。

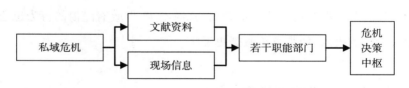

图 5-5　传统危机信息获取路径

信息化背景下,私域危机的数据呈现出较大规模的增长,除了危机当事人、一线的处理人员会提供大量数据外,各种感知设备、互联网终端等都会源源不断地产生数据。信息网络不仅"生产出"了海量的危机信息,而且依赖于信息技术的强大的数据处理能力,推动了危机信息获取系统的适应性调整:信息获取实施主体不仅包括公共部门,还包括各种媒体和专业机构,多个主体参与危机信息收集和传递,使得敏感性信息得以及时传递;危机信息的获得不但可以通过公开渠道,而且可以通过各种非公开、半公开渠道,更能确保信息的完整性;不仅可以跟踪常规信息而且可以挖掘文献型信息、电子型信息和网络型信息。

（二）决策组织：从科层制结构向扁平化结构转变

传统危机决策组织是建立在分工产生效率这个假设基础上的，认为分工可以提升专业化水平，进而提升资源的使用效率，具有专门化、等级制、规则化、非人格化、技术化、公私分明化等众多特点和优点。

但在信息量激增和信息加速流动的背景下，政府危机决策组织随着环境变化而进行相应垂直分化和水平分化以及平行部门和不同层次部门之间的整合，带来危机决策组织的改变：危机决策组织从科层制走向结构扁平化，减少信息流动环节，打破纵向封锁，噪音干扰有效降低；各单元之间的联系从层级单线沟通转向网络化沟通，突破横向隔离，实现信息的横向整合与共享；权力从高度集中向分散配置，通过授权或其他规则设定，围绕不同的工作任务而形成权力节点；各单元分工从固定化转向柔性化，整个系统会被分为一个个功能更加具体的模块，模块之间的结构关系是相对的，可以根据任务的需要及时、方便地进行组合，具有更强的环境适应性；组织从封闭自足转向兼容开放，能够兼容不同的信息单元和结构单元。

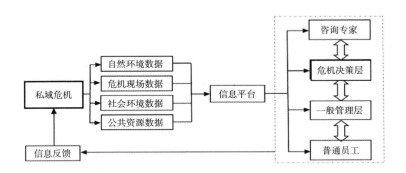

图5-6　信息化背景下危机决策组织

应该强调的是，上述转变都是建立在强大的扁平化的信息平台基础上的。由于所有危机信息都是由数据中心统一采集、处理与配送的，信息横向、纵向以及内外传播完全依靠智能技术直接完成，减少了个人和部门利益对信息传递和社会沟通过程中的有意和无意干扰甚至破坏，避免了层层上报信息与层层落实指示带来的信息失真、迟缓以及阻滞现象。同时,由于网络化的信息贡献,使得危机决策系统各组成部分透明化,彼此能够更好地互动,确保具有弹性的、开放的、动态的、柔性化的危机决策机制良性运转。此外,在实践中,危机决策组织的转型是非常缓慢的,而且并不是按照理想的扁平化模式实现的,更多的是科层制和扁平化组织的混合。

(三)决策中枢:从决策权集中向决策权分散转变

危机决策中枢是指决定危机决策进程和结果的人或组织,是危机决策活动乃至危机管理的核心。实践中,危机决策主体往往是一个临时组织,一般采取项目组织结构形式,由危机管理组织的最高主管或地方政府的主要负责人负总责,分管领导和部门负责人乃至地方政府组成部门负责人参加,所有信息汇聚于此、所有行动由此指挥、所有结果由此判定。

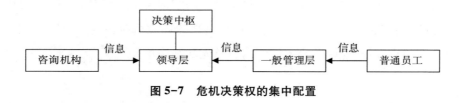

图 5-7　危机决策权的集中配置

信息化对危机决策中枢的影响主要体现在两个方面:一方面,提高了危机决策中枢的决策能力和效率,在精确的数据分析和可视化操作系统的支持下,极大地突破了危机决策中枢信息匮乏的问题,弥补了决策者经验的不足,提高了决策的精确性。另一方面,改变了危机决策中枢结构。在信息化背景下,危机决策权可以在危机决策系统中较低层次上予以分散配置,危机决策权不再由危机管理高层独占,一般管理人员和普通员工获取非局部信息更方便、更多,也能够站在全局进行思考,并逐步参与到危机决策的过程中,推动危机决策向主体多元化、决策者关系复杂化、全员参与化等方向转化。除此之外,咨询专家也作为一种重要的力量,进入决策中枢,保证危机决策的效率。

对于危机决策权分散式配置应该有正确的认识。在信息化背景下,危

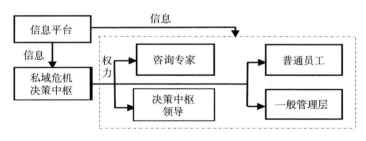

图 5-8　信息化条件下危机决策权的分散配置

机决策中枢的合作性和开放性的确有了较大提高,适度地推动危机决策权分散配置的确有其基础和优势。但这种分散式权力配置模式有两个前提:一是信息体系十分完善,信息传递和转换成本非常低,能够保证各方能够及时、完整地获取危机信息;二是危机决策各方面参与主体的总体目标高度一致,决策主体的目标容易协调,保证多元化、网络化和分散化决策的效率。

(四)决策流程:从闭合环状结构向开放辐射结构转变

　　危机决策流程是指危机决策活动步骤的次序或顺序的布置和安排,是危机决策思想、规律和特征的反映和实践标准。传统的危机决策按照相似功能和权力层次划分为不同的功能阶段,并按照时间顺序进行排列,强调信息的时间指向,决策过程一般由较低层次部门收集信息开始,经过中层管理部门提出危机应对方案,再经过高层次部门对方案进行评估和选择而结束。由于信息流动是线性的和局部的,前一阶段决定了后一阶段信息的反应速度和质量,危机信息不完全、不及时、不准确等问题没有得到根本解决。

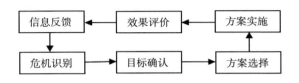

图 5-9　传统危机决策流程

　　信息化为危机决策流程进行彻底的、结构性的转型提供了良好的契机,通过改变危机信息资源组织、危机处理知识构建、危机处理技术系统而实现对危机决策机制的影响。一是流程设计理念的转变,新的流程式设计取代了传统的职能型设计,强调信息的空间指向,即以某项具体任务、项目或活动任务为方向,推动信息向决策中枢集聚。二是信息流动路径呈现网状结构,既能实现信息纵向流动,又能推动信息横向流动。三是危机信息流动从环式结构向辐射式结构转变,使得危机决策的各项任务可以同时进行,而不是按时间顺序推进,使得决策组织可以一组一组地去完成各项任务,而不是一件接一件地推动。新的决策流程的优点在于:可以克服信息的不确定性,提高决策质量;可以提升危机决策系统快速反应能力,节约反应时间;提升了危机决策体系的预见能力,为危机决策提供了新的视角。

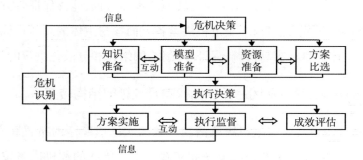

图 5-10　信息化背景下危机决策流程

主要参考文献

一、专著

1.[奥]阿·菲德罗斯:《国际法》,李浩培译,商务印书馆1981年版。

2.[德]马克思:《1844年经济学哲学手稿》,人民出版社1985年版。

3.[德]《马克思恩格斯全集》(第1卷),人民出版社1995年版。

4.[德]黑格尔:《法哲学原理》,范扬等译,商务印书馆1979年版。

5.[德]卡尔·拉伦茨:《德国民法通论》(上),王晓晔等译,法律出版社2003年版。

6.[法]莱昂·狄骥:《宪法学教程》,王文利等译,辽海出版社、春风文艺出版社1999年版。

7.[法]莱昂·狄骥:《宪法论》(第一卷),钱克新译,商务印书馆1962年版。

8.[法]涂尔干:《社会分工论》渠东译,生活·读书·新知三联书店2013年版。

9.[法]安德烈·比尔基埃:《家庭史》(第3卷),袁树仁等译,生活·读书·新知三联书店1998年版。

10.[法]孟德斯鸠:《论法的精神》(上册),商务印书馆1982年版。

11.[荷]伯纳德·曼德维尔:《蜜蜂的寓言》,肖聿译,中国社会科学出版社2002年版。

12.[美]A.艾伦·斯密德:《财产、权利和公共选择——对法和经济学的进一步思考》,黄祖辉等译,上海三联书店1999年版。

13.〔美〕布莱克:《现代化的动力论》,段小光译,四川人民出版社 1988年版。

14.〔美〕赫伯特·西蒙:《管理行为》,徐立等译,北京经济学院出版社 1988 年版。

15.〔美〕房龙:《宽容》,秦立彦等译,湖北少年儿童出版社 2011 年版。

16.〔美〕约翰·罗尔斯:《正义论》,何怀宏等译,中国社会科学出版社 1988 年版。

17.〔美〕曼瑟尔·奥尔森:《集体行动的逻辑》,陈郁等译,上海人民出版 社 1995 年版。

18.〔美〕B.盖伊·彼得斯:《官僚政治》,聂露等,中国人民大学出版社 2006 年版。

19.〔美〕库伯:《行政伦理学》,张秀琴译,中国人民大学出版社 2001 年版。

20.〔美〕吉尔伯特·罗兹曼:《中国的现代化》,比较现代化课题组译, 江苏人民出版社 2003 年版。

21.〔美〕保罗·萨缪尔森等:《经济学》,萧琛译,人民邮电出版社 2007 年版。

22.〔美〕罗纳德·德沃金:《认真对待权利》,信春鹰等译,中国大百科 全书出版社 1998 年版。

23.〔美〕C. 赖特·米尔斯:《社会学的想象力》,陈强、张永强译,生 活·读书·新知三联书店 2001 年版。

24.〔日〕芦部信喜:《宪法》(第三版),高桥和等译,北京大学出版社 2006 年版。

25.〔日〕阿部照哉:《宪法》(下册),周宗宪译,中国政法大学出版社 2006 年版。

26.〔日〕佐佐木毅、〔韩〕金泰昌:《社会科学中的公私问题》,刘荣等 译,人民出版社 2009 年版。

27.〔日〕佐佐木毅、〔韩〕金泰昌:《公与私的思想史》,刘文柱译,人民出版社 2009 年版。

28.［日］佐佐木毅、［韩］金泰昌:《欧美的公与私》,林美茂等译,人民出版社 2009 年版。

29.［英］霍布斯:《利维坦》,黎思复等译,商务印书馆 1985 年版。

30.［英］伯林:《自由四论》,陈晓林译,联经出版公司 1987 年版。

31.［英］R.道金斯:《自私的基因》,卢允中等译,科学出版社 1981 年版。

32.［英］哈耶克:《通往奴役之路》,王明毅等译,中国社会科学出版社 1997 年版。

33.［英］哈耶克:《自由秩序原理》,邓正来译,生活·读书·新知三联书店 1997 年版。

34.［英］约翰·密尔:《论自由》,许宝骙译,商务印书馆 1998 年版。

35.［英］尼古拉斯·布宁:《西方哲学英汉对照词典》,余纪元译,人民出版社 2001 年版。

36.［英］洛克:《政府论》(下),叶启芳等译,商务印书馆 1996 年版。

37.［英］约翰·穆勒:《政治经济学原理及其在社会哲学上的若干应用》(上卷),赵荣潜译,商务印书馆 2009 年版。

38.陈光中:《法学概论》,中国政法大学出版社 2007 年版。

39.陈鼓应:《庄子今注今译》,商务印书馆 2007 年版。

40.陈世瑞:《公共危机管理中的沟通研究》,上海人民出版社 2011 年版。

41.丁俊萍等:《中国化的马克思主义概论》,武汉大学出版社 2003 年版。

42.董保华等:《社会法原论》,中国传媒大学出版社 2007 年版。

43.多吉才让:《中国最低生活保障制度研究与实践》,人民出版社 2001 年版。

44.高培勇等:《公共部门经济学》,中国人民大学出版社 2002 年版。

45.郭沫若:《十批判书》,载《郭沫若全集》(历史编,第 2 卷),人民文学出版社 1982 年版。

46. 韩非子校注组:《韩非子校注》,江苏人民出版社 1982 年版。

47. 黄健荣:《公共管理学》,社会科学出版社 2008 年版。

48. 黄克武:《从追求正道到认同国族——明末至清末中国公私观念的重整》,载自许纪霖等编:《现代中国思想的核心观念》,上海人民出版社 2010 年版。

49. 黄亮宜:《马克思主义国家理论与当代中国》,河南人民出版社 2011 年版。

50. 黄顺康:《公共危机管理与危机法制研究》,中国检察出版社 2006 年版。

51. 江亮演:《社会救助的理论与实务》,桂冠图书公司 1990 年版。

52. 黎翔凤:《管子校注》(下),中华书局 2004 年版。

53. 李怀:《自然垄断理论研究》,东北财经大学出版社 2003 年版。

54. 李明志等:《产业组织理论》,清华大学出版社 2014 年版。

55. 李青:《自然垄断行业管制改革比较研究》,经济管理出版社 2010 年版。

56. 李军鹏:《责任政府与政府问责制》,人民出版社 2009 年版。

57. 李贽:《藏书》(卷三二),中华书局 1959 年版。

58. 李震山:《人性尊严与人权保障》,元照出版公司 2000 年版。

59. 林来梵:《从宪法规范到规范宪法》,法律出版社 2001 年版。

60. 刘霞等:《公共危机治理》,上海交通大学出版社 2010 年版。

61. 刘军宁:《保守主义》,天津人民出版社 2007 年版。

62. 卢现祥:《西方新制度经济学》,中国发展出版社 1996 年版。

63.《论语》,杨伯峻译注,中华书局 2006 年版。

64. 毛寿龙:《政治社会学》,中国社会科学出版社 2001 年版。

65.《孟子》,中华书局 2006 年版。

66. 钱进等:《公共安全危机策论》,江苏人民出版社 2010 年版。

67. 沈中等:《隐私权论兼析人格权》,上海人民出版社 2010 年版。

68. 时正新：《中国社会救助体系研究》，中国社会科学出版社 2002年版。

69. 邵鹏：《西方政治思想》，西方知识产权出版社 2008 年版。

70. 孙嘉奇：《民生主义意识形态与现行社会救助政策之研究》，正中书局 1992 年版。

71. 谭安奎：《公共性二十讲》，天津人民出版社 2008 年版。

72.《徐中舒历史论文选辑》，中华书局 1998 年版。

73. 万俊人：《现代公共管理伦理导论》，人民出版社 2005 年版。

74. 王伟等：《行政伦理学》，人民出版社 2005 年版。

75. 王乐夫：《公共管理学：原理、体系与实践》，中国人民大学出版社 2007 年版。

76. 王骚：《政府应急管理》，天津大学出版社 2013 年版。

77. 王卫平等：《社会救助学》，群言出版社 2007 年版。

78. 魏永征：《新闻传播法教程》，中国人民大学出版社 2006 年版。

79. 肖鹏军：《公共危机管理导论》，中国人民大学出版社 2012 年版。

80. 西方法律思想史编写组：《西方法律思想史资料选编》，北京大学出版社 1983 年版。

81. 谢彦君：《旅游体验研究——一种现象学的视角》，南开大学出版社 2005 年版。

82. 许耀桐：《西方政治学史》，外语教学与研究出版社 2009 年版。

83. 杨适等：《中西人论及其比较》，东方出版社 1992 年版。

84. 姚尚建等：《地方政府公共危机管理》，古吴轩出版社 2007 年版。

85. 袁国敏：《中国民生保障评估与对策研究》，中国经济出版社 2014 年版。

86. 于良春：《自然垄断与政府规制——基本理论与政策分析》，经济科学出版社 2003 年版。

87. 余文烈：《当代国外社会主义流派》，安徽人民出版社 2000 年版。

88. 章尚锦等：《国际私法》，中国人民大学出版社 2007 年版。

89. 张成福等:《公共危机管理:理论与实务》,中国人民大学出版社2009年版。

90. 张海波:《中国转型期公共危机治理——理论模型与现实路径》,社会科学文献出版社2012年版。

91. 张康之:《公共管理伦理学》,中国人民大学出版社2009年版。

92. 张明楷:《法益初论》,中国政法大学出版社2000年版。

93. 张小明:《公共部门危机管理》,中国人民大学出版社2006年版。

94. 张文显:《二十世纪西方法哲学思潮研究》,法律出版社1996年版。

95. 张永理等:《公共危机管理》,武汉大学出版社2010年版。

96. 赵建国:《政府经济学》,东北财经大学出版社2014年版。

97. 郑杭生:《社会学概论新修》,中国人民大学出版社2003年版。

98. 郑功成:《社会保障学》,商务印书馆2000年版。

99. 邹永贤:《马克思主义国家学说概论》,厦门大学出版社1990年版。

100. 朱贻庭:《当代中国道德价值导向》,华东师范大学出版社1996年版。

101. 北京大学社会学习社会学理论教研室编写:《社会学教程》,北京大学出版社1997年版。

二、论文

1. 陈平等:《政府行为外部性的界定和分类探讨》,《广东外语外贸大学学报》2007年第18期。

2. 陈成文:《社会学视野中的社会弱者》,《湖南师范大学学报》1999年第2期。

3. 陈水生:《整体性救助:社会救助制度的功能性整合研究》,《浙江社会科学》2013年第11期。

4. 董成惠:《从信息不对称看消费者知情权》,《海南大学学报(人文社会科学版)》2006年第24期。

5. 董溯战:《论作为社会保障法基础的社会连带》,《现代法学》2007年第 1 期。

6. 杜洪义：《早期公私观念的尚公取向及其社会价值》，《辽宁师范大学学报（社会科学版）》2012 年第 4 期。

7. 樊红敏：《炫耀性腐败透视》，《中州学刊》2010 年第 1 期。

8. 樊崇义等：《论我国反恐怖主义犯罪特别诉讼程序的构建》，《国家检察官学院学报》2008 年第 2 期。

9. 范德茂等：《关于"厶"字的象意特点及几个证明》，《文史哲》2002 年第 3 期。

10. 高小平：《"一案三制"对政府应急管理决策和组织理论的重大创新》，《湖南社会科学》2010 年第 5 期。

11. 高兆明：《应当重视"道德风险"研究》，《浙江社会科学》2000 年第 3 期。

12. 耿步健：《从马克思恩格斯经典论述谈集体利益高于个人利益》，《求索》2005 年第 9 期。

13. 顾銮斋：《由私有制形态看英国中古赋税基本理论》，《华东师范大学学报（哲学社会科学版）》2004 年第 4 期。

14. 何贵兵等：《保护性价值观及其对决策行为的影响》，《应用心理学》2005 年第 1 期。

15. 黄裕生：《论保守主义的原则及其理论难题》，《人民论坛·学术前沿》2014 年第 15 期。

16. 胡鞍钢：《隐性腐败更应关注》，《当代经济》2001 年第 6 期。

17. 胡范秀：《集体可不可以为个人牺牲》，《濮阳职业技术学院学报》2015 年第 1 期。

18. 胡敏中：《论公共价值》，《北京师范大学学报（社会科学版）》2008 年第 1 期。

19. 胡石清等：《外部性的本质与分类》，《当代财经》2011 年第 10 期。

20. 贾绘泽：《社会整合：涵义述评、分析与相关概念辨析》，《高校社科动态》2010 年第 2 期。

21. 简佩茹等:《公域与私域的划分及其制度建设指向》,《大江周刊·论坛》2011 年第 8 期。

22. 康健:《关于个人与社会的关系问题的六种直观》,《理论前沿》2000 年第 21 期。

23. 孔令学等:《我国野外探险救援机制的法律思考》,《河北法学》2014 年第 4 期。

24. 黎昌珍:《基于 CMSS 模式之"综合救灾理念"的灾难应急保险研究》,《牡丹江大学学报》2012 年第 9 期。

26. 李真等:《外溢性、公共产品与经济增长——基于空间面板模型的实证检验和效应分解》,《统计与信息论坛》2012 年第 10 期。

27. 李红春:《当代中国私人领域的拓展与大众文化的崛起》,《天津社会科学》2002 年第 3 期。

28. 李铁映:《国体和政体问题》,《政治学研究》2004 年第 2 期。

29. 李龙等:《宪法财产权与民法财产权的分工与协同》,《法商研究》2003 年第 6 期。

30. 刘霞等:《我国应急管理"一案三制"建设:挑战与重构》,《政治学研究》2011 年第 1 期。

31. 刘畅:《〈关于"厶"字的象意特点及几个证明〉商略》,《史学集刊》2004 年第 1 期。

32. 刘晗:《隐私权、言论自由与中国网民文化:人肉搜索的规制困境》,《中外法学》2011 年第 4 期。

33. 刘鑫淼:《比较视域中的公私观念及其理论维度》,《广东工业大学学报(社会科学版)》2007 年第 4 期。

34. 刘雪斌:《法定权利的伦理学分析》,《法制与社会发展》2005 年第 2 期。

35. 逯鹰:《传统公私观念与现代公民观的歧义与差距》,《天津社会科学》2003 年第 6 期。

36. 逯改:《伦理视野下生命权的国家保障》,《华北电力大学学报(社会科学版)》2012 年第 3 期。

37. 卢汉桥等:《公务员"亚腐败"现象的危害及成因分析述评》,《广州大学学报(社会科学版)》2010 年第 8 期。

38. 吕敏璐等:《"人肉搜索"的伦理困境与超越》,《南京林业大学学报(人文社会科学版)》2010 年第 2 期。

39. 庞凌等:《安全·自由·自主——住宅不受侵犯的价值蕴含》,《法律科学》2005 年第 6 期。

40. 庞玉珍:《中国社会结构变迁与新型整合机制的构建》,《社会科学战线》1999 年第 3 期。

41. 钱福臣:《宪政基因概论——英美宪政生成路径的启示》,《法学研究》2002 年第 5 期。

42. 钱广荣:《中国早期的公私观念》,《甘肃社会科学》1996 年第 4 期。

43. 钱叶六:《参与自杀的可罚性研究》,《中国法学》2012 年第 4 期。

44. 强恩芳:《危机、公共危机和公共危机管理》,《行政论坛》2008 年第 1 期。

45. 孙鳌等:《政府外部性的政治经济学》,《学术论坛》2006 年第 3 期。

46. 宋金兰:《"私(厶)"字的语源及嬗变——兼论"私"所引发的先秦思想观念之变革》,《汉字文化》2008 年第 2 期。

47. 苏敬勤等:《情境内涵、分类与情境化研究现状》,《管理学报》2016 年第 4 期。

48. 陶东风:《"艳照门"公共领域和私人领域的双重危机》,《采·写·编》2008 年第 4 期。

49. 滕宏庆:《海外公民权利保障的三维研究》,《学术研究》2015 年第 5 期。

50. 王冰等:《铁缺乏对认知能力的影响》,《国外医学(卫生学分册)》2008 年第 4 期。

51. 王钢:《法外空间及其范围》,《中外法学》2015 年第 6 期。

52. 王钢:《自杀行为违法性之否定——与钱叶六博士商榷》,《清华法学》2013 年第 3 期。

53. 王海明:《集体主义之我见》,《上海师范大学学报(哲学社会科学版)》2004 年第 5 期。

54. 王磊:《公共产品供给主体选择——基于交易费用经济学的理论分析框架及在中国的应用》,《财贸经济》2007 年第 8 期。

55. 王南湜:《哲学的分化:公域哲学与私域哲学》,《江海学刊》2000 年第 1 期。

56. 王天红:《外交保护中的国家责任问题研究》,《山西大学学报(哲学社会科学版)》1998 年第 1 期。

57. 王晓升:《"公共领域"概念辨析》,《吉林大学社会科学学报》2011 年第 4 期。

58. 王亚南:《情境心理学的若干问题》,《心理学动态》1996 年第 4 期。

59. 王祯军:《从权利限制看不可克减的权利的价值功能》,《南京航空航天大学学报(社会科学版)》2009 年第 11 卷第 2 期。

60. 王中江:《中国哲学中的"公私之辨"》,《中州学刊》1995 年第 6 期。

61. 闻德锋:《论信息不对称的经济法规制》,《河南师范大学学报(哲学社会科学版)》2004 年第 4 期。

62. 吴海刚:《韩国民主化:私域意识的转变》,《战略与管理》2000 年第 4 期。

63. 徐志达:《社会民主主义的时代精神观评析:改良的资本主义》,《南昌航空大学学报(社会科学版)》2010 年第 12 卷第 3 期。

64. 郑贤君:《宪法的社会学观》,《法律科学》2002 年第 3 期。

65. 肖峰:《信息方法与方法论信息主义》,《中国人民大学学报》2009 年第 6 期。

66. 徐邦友:《论公共服务与公民自由的关系》,《中共宁波市委党校学报》2014 年第 3 期。

67. 燕继荣:《私域、公域的分野自由、权威的统一 ——论自由主义政治理论及其启示》,《探索》1994 年第 3 期。

68. 杨金丹：《从财产权到隐私权：一个历史流变的考察》，《法制与社会》2010 年第 2 期。

69. 杨信礼等：《论社会整合》，《理论学习》2000 年第 12 期。

70. 曾丽洁：《当代中西隐私权的研究及其启示》，《湖北大学学报（哲学社会科学版）》2007 年第 4 期。

71. 曾培芳等：《议"家庭"概念的重构——兼论家庭法学体系的完善》，《南京社会科学》2008 年第 11 期。

72. 张东峰等：《政府行为内部性与外部性分析的理论范式》，《财经问题研究》2008 年第 3 期。

73. 张夺等：《传统公私观念的内在悖论及其对中国社会的影响》，《社科纵横》2013 年第 8 期。

74. 张惟英：《社会民主主义的基本价值观》，《团结》2002 年第 3 期。

75. 张小明：《从 SARS 事件看公共部门危机管理机制设计》，《北京科技大学学报（社会科学版）》2003 年第 3 期。

76. 赵晓峰：《公域、私域与公私秩序：中国农村基层半正式治理实践的阐释性研究》，《中国研究》总第 18 期。

77. 郑雄飞：《"土地换保障"权益协调机制建设——基于"公域"、"私域"与"第三域"的法社会学探索》，《北京社会科学》2014 年第 3 期。

78. 郑雄飞：《"域际关系"视角下"土地换保障"权益冲突的原因探析》，《华东师范大学学报（哲学社会化科学版）》2013 年第 6 期。

79. 朱连增：《"私人领域"与"积极自由"》，《西藏民族学院学报（哲学社会科学版）》2011 年第 3 期。

80. 朱鲁子：《个性化创作呼唤私域哲学》，《求是学刊》2002 年第 2 期。

81. 朱志勇：《"应然"的实践阐释——论马克思的实践应然观》，《中国人民大学学报》2004 年第 5 期。

82. 郑杭生等：《个人与社会的关系——从前现代到现代的社会学考察》，《江苏社会科学》2003 年第 1 期。

83. 郑巧：《主持人的个人危机管理》，《赤峰学院学报（汉文哲学社会科学版)》2011 年第 3 期。

84. 郑雨明:《决策判断中认知偏差及其干预策略》,《统计与决策》2007
年第 10 期。

85. 周菲:《决策认知偏差的认知心理学分析》,《北京行政学院学报》
2008 年第 5 期。

86. 钟开斌:《"一案三制":中国应急管理体系建设的基本框架》,《南京
社会科学》2009 年第 11 期。

87. 钟开斌:《危机决策:一个基于信息流的分析框架》,《江苏社会科
学》2008 年第 4 期。

88. 邹焕聪:《行政私法行为的价值阐释》,《天津商业大学学报》2006
年第 5 期。

89. 朱海林:《论伦理关系的特殊本质》,《道德与文明》2008 年第 4 期。

90. 宗寒:《全心全意为人民服务的宗旨与社会主义核心价值观》,《学
习论坛》2013 年第 4 期。

91. Blake, Michael, *Comparative Youth Culture: the Sociology of Youth Cultures and Youth Subcultures in America, Britain, and Canada*. London, Boston: Routledge & K. Paul, 1985, p.8;转引自孟登迎:《"亚文化"概念形成史浅析》,《外国文学》2008 年第 6 期。

三、法律法规

1.《世界人权公约》

2.《世界人权宣言》

3.《公民权利和政治权利国际公约》

4.《中华人民共和国宪法》

5.《中华人民共和国民法通则》

6.《中华人民共和国物权法》

7.《中华人民共和国地方各级人民代表大会和地方各级人民政府组
织法》

8.《中华人民共和国人民警察法》

9.《中华人民共和国突发事件应对法》

10.《社会治安管理处罚条例》

11.《国家突发公共事件总体应急预案》

12.《国家安全生产事故灾难应急预案》

13.《国家自然灾害救助应急预案》

14.《国家突发公共事件医疗卫生救援应急预案》

15.《关于加强基层应急管理工作的意见》

四、字典辞典

1.〔英〕戴维·M.沃克:《牛津法律大辞典》,光明日报出版社 1988 年版。

2.〔英〕尼古拉斯·布宁:《西方哲学英汉对照词典》,余纪元译,人民出版社 2001 年版。

3.谢大任:《拉丁语汉语词典》,商务印书馆 1988 年版。

4.夏登峻:《英汉法律词典》,法律出版社 1995 年版。

5.许慎:《说文解字》,中华书局 1978 年版。

6.《中国大百科全书·社会学卷》,中国大百科全书出版社 1991 年版。

7.《中国大百科全书·法学卷》,中国大百科全书出版社 2006 年版

五、媒体报道

1.《"超级玛丽"2 女孩死伤案二审裁定重审》,《北京晚报》2007 年 11 月 20 日。

2.陈栋:《一年自掏腰包上百万民间救援能走多远》,2010 年 8 月 14 日,见 http://news.qq.com/a/20100814/000208.htm。

3.陈蕾:《游客苍山迷路救援事件引发争论:"任性"驴友获救后该不该担责》,2016 年 3 月 23 日,见 http://toutiao.com/a6265046938313179393/。

4.丁文曦:《投海 50 次英女子遭起诉》,2007 年 7 月 15 日,见

http://news.sina.com.cn/w/2007-07-15/103212207568s.shtml。

5. 樊思思:《90 后男子在济南跳河身亡　拒绝救援将施救民警推下水》,2016 年 1 月 19 日,见 http://sd.dzwww.com/sdxwjxs/cfzx/201601/t20160119_13716554.htm。

6.《肯尼亚 19 岁女生感染艾滋后报复男人　已致 300 余人染病》,《国际在线》2014 年 4 月 2 日,见 http://gb.cri.cn/42071/2014/04/02/5411s4489399.htm。

7. 刘敏辉:《读大学张扬个性得有道德底线》,见 http://news.hustonline.net/article/86602.htm。

8. 刘秀玲等:《日法院认定东电应为福岛居民自杀负责》,2014 年 8 月 27 日,见 http://news.xinhuanet.com/world/2014-08/27/c_1112249914.htm。

9.《凭什么给公平贴"危险"的标签》,2010 年 5 月 28 日,见 http://www.bjnews.com.cn/opinion/2010/05/28/37897.html。

10. 申东:《银川一月发生两起探险被困事件　官方民间施救获冷淡回应　获救"驴友"为何毫无感恩之心》,2012 年 2 月 16 日,见 http://www.legaldaily.com.cn/report_supervise/content/2012-02/16/content_3354584.htm?node=31928。

11 王洪智:《崂山 7 年来 704 名被困驴友获救　八成是新手》,2016 年 7 月 18 日,见 http://www.dzwww.com/shandong/sdnews/201607/t20160718_14638110.htm。

12. 王刚:《韩"岁月号"遗属频频自杀令韩国人更为心痛》,2014 年 5 月 12 日,见 http://world.huanqiu.com/exclusive/2014-05/4992240.html。

13. 杨羽:《搜救费让"驴友"承担是否合理》,2011 年 10 月 14 日,见 http://www.chinadaily.com.cn/hqpl/zggc/2011-10-14/content_4062222.html。

14. 泽清:《驴友违规探险,谁为救援买单》,2012 年 12 月 18 日,见 http://view.163.com/12/1218/14/8J0VVOMU00012Q9L.html。

15.《直升机救援该不该收费?》,《中国新闻周刊》2012 年 1 月 16 日。

责任编辑:陈 登

图书在版编目(CIP)数据

政府私域救援研究/陈红霞 著. —北京:人民出版社,2018.9
ISBN 978 - 7 - 01 - 019736 - 4

Ⅰ.①政… Ⅱ.①陈… Ⅲ.①社会救济-研究-中国 Ⅳ.①D632.1

中国版本图书馆 CIP 数据核字(2018)第 203581 号

政府私域救援研究

ZHENGFU SIYU JIUYUAN YANJIU

陈红霞 著

人民 出版 社 出版发行

(100706 北京市东城区隆福寺街 99 号)

天津文林印务有限公司印刷 新华书店经销

2018 年 9 月第 1 版 2018 年 9 月北京第 1 次印刷
开本:710 毫米×1000 毫米 1/16 印张:21.75
字数:312 千字

ISBN 978 - 7 - 01 - 019736 - 4 定价:65.00 元

邮购地址 100706 北京市东城区隆福寺街 99 号
人民东方图书销售中心 电话 (010)65250042 65289539